“十三五”国家重点出版物出版规划项目

国别商务环境研究系列丛书

总主编　杨言洪

加拿大商务环境

主编　刘宝成　张梦莎

对外经济贸易大学出版社
中国·北京

图书在版编目（CIP）数据

加拿大商务环境 / 刘宝成，张梦莎主编. —北京：对外经济贸易大学出版社，2019.8

（国别商务环境研究系列丛书）

ISBN 978-8-5663-2062-9

Ⅰ. ①加… Ⅱ. ①刘… ②张… Ⅲ. ①国际商务–经济环境–研究–加拿大 Ⅳ. ①F737.11

中国版本图书馆 CIP 数据核字（2019）第 135053 号

加拿大商务环境

刘宝成 张梦莎 **主编**

责任编辑：董 黛

对 外 经 济 贸 易 大 学 出 版 社

北京市朝阳区惠新东街 10 号 邮政编码：100029

邮购电话：010－64492338 发行部电话：010－64492342

网址：http://www.uibep.com E-mail：uibep@126.com

三河市少明印务有限公司印装 新华书店经销

成品尺寸：170mm×230mm 15.5 印张 286 千字

2019 年 8 月北京第 1 版 2019 年 8 月第 1 次印刷

ISBN 978-7-5663-2062-9

印数：0 001－2 000 册 定价：62.00 元

序　言

改革开放以来，中国经济持续快速发展，如今已成为世界第二大经济体。随着开放型经济建设水平和质量的不断提升，中国参与世界经济活动的广度与深度与日俱增。仅以国际贸易为例，世界贸易组织公布的贸易统计数据显示，2018 年中国货物进出口总额约 4.623 万亿美元，居世界第一。其中，出口额 2.487 万亿美元，占全球出口总量的 12.8%，居世界第一；进口额 2.136 万亿美元，占全球进口总量的 10.8%，居世界第二。

在经济全球化深入发展的新形势下，党的十九大报告中提出，“要主动参与和推动经济全球化进程，发展更高层次的开放型经济，不断壮大我国经济实力和综合国力。”

开放型经济是一种全方位、宽领域、深层次开放的经济形态，一种内外联动、互利共赢、安全高效的经济体系。随着中国建设“开放型经济”战略的不断深化，相信未来将有更多的中国企业走出国门投资建厂或从事工程承包等业务。因此，我们比以往任何时候都更加需要对世界各地区和国家的了解。

在这个多元的世界上，各个地区、各个国家、各个民族历史经历不同，文化背景迥异，经济和社会发展程度存在差异，政治体制、社会结构、法律法规千差万别。这就需要我们对经济合作与贸易往来对象国的商务环境进行认真研究，为中国企业“走出去”投资经商、工程承包提供智力支撑。

1999 年 12 月底成立的 20 国集团，又称 G20，由原来的八国集团（美国、日本、德国、法国、英国、意大利、加拿大、俄罗斯）和中国、阿根廷、澳大利亚、巴西、印度、印度尼西亚、墨西哥、沙特阿拉伯、南非、韩国和土耳其等 11 个新兴工业国家以及欧盟组成，其 GDP 总量约占世界的 85%，人口约为 40 亿，占世界总人口的将近 2/3。

由对外经济贸易大学区域与国别研究院支持编写的“国别商务环境研究系列丛书”（第一批和第二批）聚焦 G20 成员国的商务环境，并相继得到国家出版基金项目支持。相信这些图书的出版，对于服务国家建设开放型经济发展战略，创新对外投资方式，促进国际产能合作，增强中国企业国际化经营能力和竞争力将会大有裨益。

杨言洪

2019 年 7 月

目　　录

第1章
加拿大概况

1.1 加拿大国家概况

1.1.1 地理环境

加拿大位于北美洲北部，东临大西洋，西濒太平洋，北靠北冰洋，东北部隔巴芬湾与丹麦属地格陵兰岛相望，西北部与美国阿拉斯加州毗邻，南部与美国本土接壤。加拿大的国土面积约为 9 984 670 平方公里，仅次于俄罗斯，居世界第二位。加拿大领土的东西距离约为 5 514 公里，南北距离约为 4 634 公里，均居世界首位。此外，加拿大还拥有世界上最长的海岸线，长约 243 042 公里。①

加拿大地域辽阔，根据地形特征可大致分为 6 个地区。一是东南部山地，位于圣劳伦斯河东南部，系美国东部阿巴拉契亚山脉向东北的延伸部分，多为低山和丘陵。二是圣劳伦斯河谷地区，包括圣劳伦斯河沿岸和安大略湖沿岸地区，那里土地肥沃，资源丰富，人口稠密。三是加拿大高地，也称加拿大地盾地区。地盾东部的突出部分为拉布拉多高原，中部的陷落部分为哈德逊湾及其沿岸平原，西部至大熊湖、大奴湖、阿萨巴斯卡湖、温尼伯湖一线，为湖泊成群的高平原，南部与美国交界处乃著名的五大湖。四是西中部大平原区，位于大熊湖、大奴湖、阿萨巴斯卡湖、温尼伯湖一线以西直至科迪勒拉山麓。五是西部的科迪勒拉山区，包括落基山脉、喀斯喀特山脉和太平洋沿岸山脉以及山脉之间的高原，是加拿大

① http://www.statcan.gc.ca/pub/11 – 402 – x/2012000/chap/geo/geo – eng.htm.

最高的地区。六是北极地区，位于北极圈内，包括散落在北冰洋中数以千计的群岛，其中最大的是巴芬岛，为加拿大第一大岛和世界第五大岛。

圣劳伦斯河畔

加拿大各地区的气候差异较大，北方大部分地区气候寒冷，而南方靠近美国边界的地区则四季分明。加拿大大部分地区属于大陆性气候，冬季严寒，夏季炎热，气温年较差很大。北部地区属于寒带苔原气候，冬季漫长，夏季短暂，全年大部分时间为冰雪所覆盖，降雨量较少。西部太平洋沿岸地区属于温带海洋性气候，冬季温和湿润，夏季凉爽干燥。

加拿大自然资源丰富。根据加拿大自然资源部的数据，截至 2016 年底，加拿大已探明原油储量达到 1 714 亿桶（其中 97%来自油砂），占全球总量的 10%，居世界第 3 位；2016 年的原油产量为 390 万桶/天，占全球总产量的 5%，居世界第 4 位；出口量为 310 万桶/天，占全球出口总量的 8%，居世界第 3 位。①加拿大已探明天然气储量在 864－1 773 万亿立方英尺之间，占全球总量的 1%，居世界第 17 位；天然气产量为 154 亿立方英尺/天，占全球总产量的 5%，居世界第 5 位；出口量为 81 亿立方英尺/天，占全球出口总量的 7%，居世界第 4 位。②截至 2014 年底，加拿大已探明煤炭储量约 985 亿吨，占全球总量的 1%，居世界第 15 位；2016 年的煤炭产量为 6 100 万吨，占全球总产量的 1%，居世界第 12 位；出口量为 3 000 万吨，占全球出口总量的 2%，居世界第 8 位。③加拿大已开发的矿产资源达 60 余种，2016 年，其钾盐、铀、铂族金属的年产量分别居世界第 1、2、3 位。④《2017 年度加拿大森林状况报告》显示，加拿大的森林面积为 34 706.9 万公顷，占全球森林面积的 9%，仅次于俄罗斯和巴西，居世界第 3 位。⑤

---

① http://www.nrcan.gc.ca/energy/facts/crude－oil/20064.

② http://www.nrcan.gc.ca/energy/facts/natural－gas/20067.

③ http://www.nrcan.gc.ca/energy/facts/coal/20071.

④ http://www.nrcan.gc.ca/mining－materials/publications/18423.

⑤ http://cfs.nrcan.gc.ca/pubwarehouse/pdfs/38871.pdf.

1.1.2 国家标志

加拿大国旗呈横长方形，长与宽之比为2:1。旗面中间为白色正方形，中央绘有一片11个角的红色枫树叶；旗面两侧为两个相等的红色竖长方形。白色正方形代表加拿大辽阔的国土，因加拿大大部分国土全年积雪期在100天以上，故用白色表示；左右两侧的红色竖长方形分别代表太平洋和大西洋，因加拿大西濒太平洋、东临大西洋；红色枫树叶代表全体加拿大人民。枫叶是加拿大的国树，加拿大素有“枫叶之国”的美誉。

加拿大国徽图案中间为盾形，盾面下部为一枝三片枫叶，上部的四组图案分别为：三头金色的狮子、一头直立的红狮、一把竖琴和三朵百合花，分别象征加拿大在历史上与英格兰、苏格兰、爱尔兰和法国之间的联系。盾形外环是一圈缎带，上面用拉丁文写着加拿大的格言“他们渴望更美好的国家”。盾形之上有一头举着一片红枫叶的狮子，这既是加拿大民族的象征，也表示对第一次世界大战期间加拿大牺牲者的悼念。这头狮子之上是一顶金色的王冠，象征英国女王是加拿大的国家元首。盾形左侧的狮子举着一面英国国旗，右侧的独角兽举着一面原法国的百合花旗。盾形之下是一条绶带，上面用拉丁文写着“从海洋到海洋”，表示加拿大西濒太平洋、东临大西洋的地理位置（参见图1-1）。

图1-1 加拿大国徽

①英国国旗；②法国的原百合花旗；③英格兰的标志（金色狮子）；④苏格兰的标志（红色狮子）；
⑤爱尔兰的标志（竖琴）；⑥加拿大的标志（枫叶）；⑦君主的标志（金色王冠）；
⑧拉丁文，意为“他们渴望一个更美好的国家”；⑨拉丁文，意为“从海洋到海洋”
资料来源：https://lop.parl.ca/About/Parliament/Education/OurCountryOurParliament/pdfs/Booklet–e.pdf.

加拿大的国歌《啊，加拿大》由卡力沙·拉瓦雷作曲，阿多尔夫·贝西·卢提尔作词，1880 年被首次演唱。起初，加拿大国歌只有法文歌词，直到 1908 年罗伯特·斯坦利·维尔写下了英文歌词。1980 年 7 月 1 日，加拿大政府正式宣布其为国歌，并在首都渥太华举行了国歌命名仪式。

1.1.3 行政区划

加拿大全国分为 10 个省和 3 个地区，它们按地理位置分布在 5 个区域。其中，10 个省分别为不列颠哥伦比亚省、阿尔伯塔省、萨斯卡其旺省、曼尼托巴省、安大略省、魁北克省、新不伦瑞克省、纽芬兰及拉布拉多省、爱德华王子岛省、新斯科舍省，3 个地区分别为努纳武特地区、西北地区、育空地区（参见表 1-1）。

表 1-1　　加拿大行政区划

地理区域	省/地区	加入联邦时间	首府
大西洋沿岸省份	纽芬兰及拉布拉多省	1949 年	圣约翰斯
	爱德华王子岛省	1873 年	夏洛特敦
	新斯科舍省	1867 年	哈利法克斯
	新不伦瑞克省	1867 年	弗雷德里克顿
中部省份	魁北克省	1867 年	魁北克城
	安大略省	1867 年	多伦多
草原省份	曼尼托巴省	1870 年	温尼伯
	萨斯卡其旺省	1905 年	里贾纳
	阿尔伯塔省	1905 年	埃德蒙顿
太平洋沿岸省份	不列颠哥伦比亚省	1871 年	维多利亚
北部地区	育空地区	1898 年	怀特霍斯
	西北地区	1870 年	耶洛奈夫
	努纳武特地区	1999 年	伊魁特

资料来源：https://www.canada.ca/content/dam/ircc/migration/ircc/english/pdf/pub/discover.pdf.

维多利亚岛上的布查特花园

加拿大首都渥太华（Ottawa）地处安大略省，位于渥太华河南岸，与魁北克省隔河相望。渥太华共有居民70多万，在这里能同时领略魁北克的法国风格和渥太华的英式情调。这座城市风景秀丽，气氛宁静，文化气息浓郁。秀丽的里多河横贯全城，为首都平添了几分秀色。渥太华的两所高等学府——渥太华大学和卡尔顿大学位于里多河岸边，风光秀丽，学术成就卓著。此外，渥太华还有各式各样的博物馆，如加拿大国立美术馆、国立航空博物馆、加拿大文化博物馆、自然博物馆等，构成了渥太华的又一人文景观。渥太华每年五月都要举办郁金香节，届时能看到五颜六色的怒放的郁金香，让人如醉如痴。

多伦多（Toronto）是加拿大第一大城市，也是安大略省省会，位于安大略湖以东，公路、地铁等交通设施均十分完善。作为加拿大的金融中心，多伦多的工商业和银行业都很发达，可谓加拿大的银行总部之都。多伦多的标志性建筑之一是市政厅，也称多伦多大会堂，其半圆形的立式结构别具一格；标志性建筑之二是国家电视塔，登顶远眺，都市风景一览无余，令人赏心悦目。多伦多文化艺术繁荣，并拥有多伦多大学和约克大学等知名高等学府。

安大略省多伦多市

蒙特利尔（Montreal）坐落于渥太华和圣劳伦斯河交汇处，是加拿大第二大城市，人口约 290 万。作为魁北克省最大的城市，蒙特利尔的法语居民占多数，体现出独特的法国文化底蕴，被认为是北美的浪漫之都。在所有的北美大城市中，当属蒙特利尔的欧洲风情最浓郁。蒙特利尔的市旗图案由四朵小花组成，分别代表最早建设该市的英格兰、法兰西、苏格兰和爱尔兰移民。

魁北克省蒙特利尔市

温哥华（Vancouver）坐落于不列颠哥伦比亚省西南部，是该省第一大城市，也是加拿大第三大城市，人口约150万。特殊的周边地理环境形成了温哥华冬暖夏凉、四季宜人的舒适气候条件，可称得上是加拿大气候最好的城市。温哥华优越的地理位置和自然条件也使其成为加拿大西海岸最大的港口和国际贸易中心。同时，温哥华还是加拿大西海岸的文化中心。不列颠哥伦比亚大学和西蒙·弗雷泽大学是该市两所著名的高等学府。温哥华市内公园遍布，最负盛名的自然公园是史丹利公园，象征北美印第安文化的图腾柱是该公园的重要景观。

不列颠哥伦比亚省温哥华市

不列颠哥伦比亚省温哥华市（续）

卡尔加里（Calgary）是加拿大第四大城市，位于阿尔伯塔省南部、落基山脚下，是一座新兴的石油工业城市。石油工业和其他产业的蓬勃发展为该城带来了许多就业机会，景气的经济也吸引了众多的人才。目前，卡尔加里的工程师和科学家占城市总人口的比例居加拿大首位。卡尔加里的教育发达，幼儿教育系统十分完备，有许多大公司提供幼儿白天护理服务。虽然绝大多数居民说英语，但学校普遍采用双语教学，该城的卡尔加里大学是加拿大有名的高等院校。

卡尔加里市政大楼

埃德蒙顿（Edmonton）是阿尔伯塔省的首府、加拿大第五大城市。北萨斯喀彻温河横贯全城，是北美大陆上最靠北的大城市之一，被称为“通向北方的门户”。石油的发现给埃德蒙顿带来了滚滚财源，使其从一个农产品集散地一跃成为加拿大的富庶地区之一。埃德蒙顿的西埃商场号称北美最大的购物中心，其规模在世界上也是首屈一指。位于该市的阿尔伯塔大学是加拿大的知名学府，阿尔伯塔博物馆、埃德蒙顿太空科学中心等也是重要的文化景点。

魁北克城（Quebec City）是魁北克省的省会，是一座法兰西风情浓郁、历史悠久的文化名城，是北美洲唯一被联合国教科文组织列入世界遗迹保存名单的城市。走在鹅卵石铺成的旧魁北克城街道上，观赏着始建于 17 世纪的古老教堂和城堡，一种置身于历史的感觉油然而生。此外，国家战场公园、兵器广场、天主教圣主堂、小香兰区等都是该市的旅游胜地。

魁北克城

魁北克城（续）

总体而言，加拿大地广人稀，土地面积最大的 5 个省或地区依次为曼尼托巴省、努纳武特地区、魁北克省、西北地区、不列颠哥伦比亚省。2016 年的人口普查结果显示，加拿大的总人口为 3 515.2 万人，较 2011 年增长 5.0%，人口密度为 3.92 人/平方公里。其中，人口数量最多的 5 个省依次为安大略省、魁北克省、不列颠哥伦比亚省、阿尔伯塔省、曼尼托巴省，人口增长最快的 5 个省或地区依次为努纳武特地区、阿尔伯塔省、萨斯喀彻温省、育空地区、曼尼托巴省，人口密度最大的 5 个省依次为爱德华王子岛省、新斯科舍省、安大略省、新不伦瑞克省、阿尔伯塔省（参见表 1－2）。

表 1－2　加拿大人口的地理分布

地理区域	2016 年人口数量	2011 年人口数量	增长率（%）	土地面积（km^2）	人口密度（人/km^2）
加拿大	35 151 728	33 476 688	5.0	8 965 589	3.92
纽芬兰及拉布拉多省	519 716	514 536	1.0	370 514	1.40
爱德华王子岛省	142 907	140 204	1.9	5 686	25.13
新斯科舍省	923 598	921 727	0.2	52 942	17.45
新不伦瑞克省	747 101	751 171	－0.5	71 389	10.47
魁北克省	8 164 361	7 903 001	3.3	1 356 625	6.02
安大略省	13 448 494	12 851 821	4.6	908 699	14.8
曼尼托巴省	1 278 365	1 208 268	5.8	5 523 719	2.31
萨斯喀彻温省	1 098 352	1 033 381	6.3	588 244	1.87

续表

地理区域	2016 年人口数量	2011 年人口数量	增长率（%）	土地面积（km^2）	人口密度（人/km^2）
阿尔伯塔省	4 067 175	3 645 257	11.6	640 330	6.35
不列颠哥伦比亚省	4 648 055	4 400 057	5.6	922 503	5.04
育空地区	35 874	33 897	5.8	474 713	0.08
西北地区	41 786	41 462	0.8	1 143 794	0.04
努纳武特地区	35 944	31 906	12.7	1 877 779	0.02

资料来源：加拿大统计局网站。

1.1.4 历史沿革

1.1.4.1 原住民时期（17 世纪以前）

美洲大陆北部的原住民主要是印第安人和因纽特人。考古学家推测，他们的祖先是亚洲的蒙古人，在大约 2－3 万年前从亚洲东北部经白令海峡即西伯利亚和阿拉斯加之间的大陆桥进入美洲，主要以渔猎和采集为生。

11 世纪，维京人发现了纽芬兰岛并短暂定居。15 世纪末到 16 世纪初，欧洲的封建制度濒临崩溃，资本主义已经萌芽，使欧洲国家产生了向外扩张的内在要求，积极开拓通往富庶东方的新航路。以 1492 年哥伦布发现“新大陆”为标志，欧洲人纷至沓来，开展探查以及殖民活动。

1497 年，意大利探险家约翰·卡伯特奉英国政府之命乘船抵达纽芬兰。1534－1542 年，法国探险家雅克·卡蒂埃在法国王室的支持下 3 次航行至加拿大，沿着圣劳伦斯河这条通往加拿大内陆的重要水路，深入到今魁北克和蒙特利尔地区，确立了法国在圣劳伦斯河流域的权利，为新法兰西的建立奠定了基础。

1.1.4.2 法国殖民时期（1608－1763 年）

1604 年，被称为“新法兰西之父”的法国探险家萨缪尔·德·尚普兰和获得贸易垄断权的法国商人皮埃尔·德蒙，在芬迪湾附近的阿卡迪亚即今新斯科舍省建立了第一个居留地，后因德蒙在 1607 年失去贸易垄断权而被迫放弃。1608 年，德蒙取得圣劳伦斯河流域的贸易垄断权，并委派尚普兰在今魁北克城建立了第一个永久殖民地，该城也成为新法兰西的首府。

1627 年，在红衣主教黎塞留的支持下，法国成立了新法兰西公司。根据法国国王授予的特许状，该公司享有在新法兰西的统治权，包括行政管理、垄断贸易、司法权等，但每年须向新法兰西移民 200 人以上。由此，法国殖民者从大西洋沿岸逐步向内地深入，先后于 1634 年和 1642 年建立了三河城和维尔–玛丽（今蒙特利尔城），主要在当地开展毛皮贸易。

1661 年，法国国王路易十四亲政，谋求海外殖民扩张。1663 年，新法兰西成为法国的一个行省。新法兰西沿圣劳伦斯河流域向西呈扇形扩张，18 世纪初，其统治范围北达哈德逊湾，西至大湖区，南到密西西比河口，建立了以新奥尔良城为中心的路易斯安那殖民地。

从 17 世纪初期到 18 世纪，英法两国为争夺欧洲和海上霸权开展了长期的斗争，双方在北美地区的矛盾也日益激化。1756–1763 年，欧洲爆发“七年战争”，法国战败，于 1763 年同英国签订《巴黎和约》，放弃了密西西比河以东除新奥尔良及圣皮埃尔岛和密克隆岛以外的法属领土。加拿大由此成为英属北美殖民地的一部分。

1.1.4.3 英国殖民时期（1763–1867 年）

1763 年 10 月，英国政府颁布皇室公告，决定设立魁北克省，推行“英国化”政策，但遭到了当地法裔居民的强烈反对。鉴于当时英属北美十三州殖民地正在酝酿独立，英国政府作出让步，于 1774 年通过《魁北克法案》，宣布保留当地的封建领主土地制度和宗教传统，承认法国民法与英国刑法具有同等效力，法语和英语同为官方语言。该法案遭到北美十三州殖民地人民的猛烈抨击，加速了美国独立战争的爆发。但魁北克人民并未参与其中，相反，大批反对美国独立战争的亲英人士在此期间移居加拿大，从而改变了加拿大的民族构成。

1791 年，英国政府颁布宪法法案，以渥太华河为界，将魁北克分割为英裔居民聚集的上加拿大（今安大略省）和法裔居民聚集的下加拿大（今魁北克省），并允许其组建自己的议会。

18 世纪美国独立战争和法国大革命促进了资产阶级民主思想在加拿大的传播。19 世纪 20–30 年代，加拿大新兴资产阶级对英国殖民官吏、大地主、大商人和教会的专制统治越发不满，一批代表殖民地资产阶级和农场主利益的改革派在各省掀起改革运动，要求推翻特权集团的垄断统治，扩大议会权力。1837 年，上加拿大和下加拿大分别在威廉·里昂·麦肯齐和路易·约瑟夫·帕皮诺的领导下举行武装起义，但很快遭到英国政府的镇压。然而，这场起义给英国殖民当局以很大的震动，迫使其重新考虑制定对加拿大的统治政策。

1838 年，英国政府派遣德拉姆伯爵作为加拿大新任总督，调查起义爆发的原因并提出相应的对策。次年，德拉姆伯爵在《关于英属北美事务的报告》中提出了合并上下加拿大、建立责任政府、帝国和殖民地事务相分离等一系列改革建议。英国政府采纳了他的部分建议，于1840年通过《联合法案》，决定将上下加拿大合并，建立加拿大省。

在改革派的不断争取下，新斯科舍省和加拿大省于1848年相继建立了责任政府。此后，爱德华王子岛省、新不伦瑞克省、纽芬兰省也分别于1851年、1854年、1855年建立了责任政府。1864年，来自以上各省的33位代表经过讨论协商，起草并通过了《魁北克决议》，决定建立联邦，他们被称为“联邦之父”。在《魁北克决议》的基础上，英国议会于1867年通过了《英属北美法案》。该法案规定，加拿大省依照过去的上加拿大省和下加拿大省分为安大略省和魁北克省，同新不伦瑞克省和新斯科舍省共同组成加拿大自治领，定都渥太华。保守党领袖约翰·亚历山大·麦克唐纳出任自治领政府的首任总理。

1.1.4.4 自治领时期（1867－1931年）

加拿大自治领成立后不断向西北方向扩张，曼尼托巴省（1870年）、西北地区（1870年）、不列颠哥伦比亚省（1871年）、爱德华王子岛省（1873年）、北极群岛（1880年）、育空地区（1898年）、阿尔伯塔省（1905年）和萨斯卡其旺省（1905年）相继加入联邦，而纽芬兰及拉布拉多省直到1949年才加入联邦，努纳武特地区于1999年由西北地区分割而出。

第一次世界大战期间，加拿大随英国对德国宣战。战争结束后，加拿大第一次作为独立国家在《凡尔赛和约》上签字，并加入了国际联盟。战争刺激了加拿大经济的发展，同时也削弱了英国对加拿大的控制。

1926年，英国政府宣布承认加拿大在外交上的平等地位，加拿大由此获得外交自主权。1931年，英国议会通过《威斯敏斯特法案》，承认加拿大在宪法上的独立地位。加拿大成为英联邦成员国之一，加拿大议会获得了同英国议会平等的立法权，但并无修宪权。

1.1.4.5 现代发展时期（1931年至今）

20世纪20年代末至30年代初爆发的世界经济危机给加拿大以沉重的打击，直到第二次世界大战带动了加拿大军工产品和农产品的出口，加拿大走出了经济萧条，并实现了从农业国向工业国的转化。战争结束时，加拿大已成为世界第四大工业强国。

二战结束后，加拿大经济继续保持快速增长的趋势，国际影响不断扩大。

1950－1976 年，加拿大国内生产总值（GDP）的年均增长率为 4.4%，高于美国和英国。1970 年，加拿大的人均 GDP 在西方发达国家中排名第 3 位。1945 年，加拿大以创始成员国的身份加入联合国，后于 1949 年加入北大西洋公约组织，于 1976 年加入西方七国首脑会议（G7）。

1982 年，英国女王签署加拿大《宪法法案》。该法案以 1867 年颁布的《英属北美法案》（后改称《1867 年宪法法案》）为蓝本，在 115 年间经 23 次修正而成，主要特点是增加了《加拿大权利与自由宪章》和有关宪法修正程序的规定。加拿大议会由此获得了立宪和修宪的权力，标志着加拿大真正成为具有完整主权的独立国家。然而，魁北克省至今尚未签署该法案。

1.2 加拿大政治制度

1.2.1 基本制度

加拿大宪法由《1867 年宪法法案》《1982 年宪法法案》等一系列宪法文件组成。根据加拿大宪法规定，加拿大实行联邦制、君主立宪制和议会民主制，立法权、行政权、司法权三权分立。

不列颠哥伦比亚省议会大厦

根据加拿大宪法，加拿大联邦和地方各自享有一定的权力并保持相对独立。加拿大共设三级政府，分别为联邦政府、省和地区政府以及市政府。其中，联邦政府主要负责掌管国家和国际事务，包括国防、外交、公共财政、商贸管理、货币制度、银行、邮政、航海、刑事司法和公民权等。省政府有权对省内的教育、医疗保健、高速公路等事务进行独立管理，并对移民、农业和环境事务和联邦政府共同管理。地区政府由联邦政府直接管辖，但享有一定程度的立法权。市政府依据省级立法设立，有权对地方治安、消防、卫生、供水等事务进行独立管理。

蒙特利尔市政厅

加拿大尊英国君主为国家元首，其国家元首现为英国女王伊丽莎白二世，其行政职权多为象征性和礼节性的，由加拿大总督代表行使。总督由加拿大总理提名，女王任命，任期一般为5年，必要时可以延长。2017年10月2日，朱莉·帕耶特（Julie Payette）正式就任加拿大第29任总督，成为加拿大历史上第4位女性总督。

加拿大议会作为国家最高立法机构，由女王、参议院和众议院组成。其中，参议院成员由总理提名，女王任命；众议院成员由直接选举产生。加拿大总理作为联邦政府首脑，通常由众议院多数党领袖担任，负责组建内阁。其所在党派即为执政党，其他党派则成为反对党。加拿大司法系统可大体划分为联邦法院系统和地方法院系统，二者间没有从属关系；加拿大最高法院是最终上诉法院，其9名法官均由总理提名，总督任命（参见图1－2）。

1.2.2 立法系统

1.2.2.1 立法机关

根据加拿大宪法，加拿大联邦议会是加拿大的最高立法机关，行使国家立法权，由女王、参议院和众议院组成。

参议院共有105个席位，参议长和参议员均由总理提名，总督任命。议员名额按各省和地区人口比例及历史惯例进行分配。其中，安大略省占24席，魁北克省占24席，沿海诸省共占24席（新斯科舍省、新不伦瑞克省和爱德华王子岛省

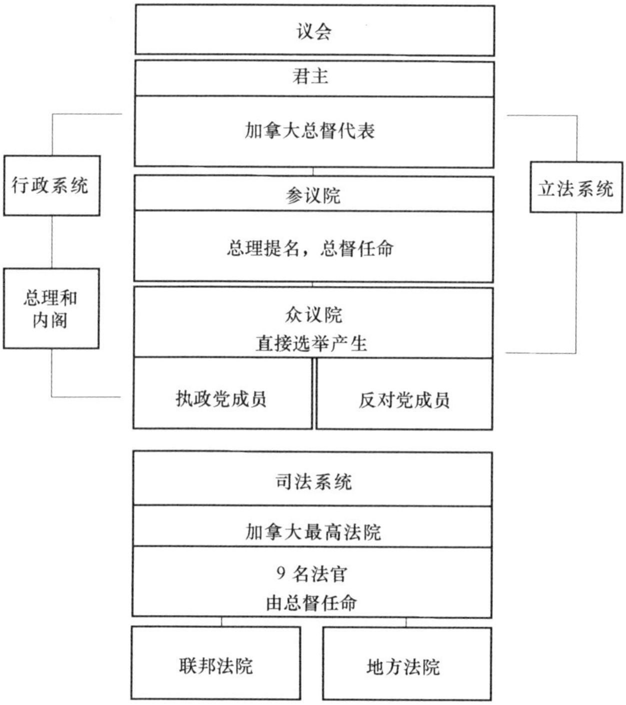

图 1－2　加拿大政府系统

资料来源：https://www.canada.ca/content/dam/ircc/migration/ircc/english/pdf/pub/discover.pdf.

分别占 10 个、10 个和 4 个席位），西部诸省共占 24 席（曼尼托巴省、不列颠哥伦比亚省、萨斯卡其旺省和阿尔伯塔省分别占 6 个席位），纽芬兰及拉布拉多省占 6 席，育空地区、西北地区和努纳武特地区各占 1 席。根据加拿大《1965 年宪法修正案》，1965 年 6 月 2 日前任命的参议员终身任职，此后任命的参议员可任职到 75 岁。加拿大现任参议长为乔治·富里（George Furey），于 2015 年 12 月正式就任。截至 2018 年 4 月，各党派在参议院的席位分布为：独立议员团体 44 席、保守党 33 席、自由党 11 席、无党派人士 5 席，空缺 12 席。[①]

众议院共有 308 个席位，众议员按各省和地区人口比例经直接选举产生。其中，安大略省占 106 席，魁北克省 75 席，新斯科舍省 11 席，新不伦瑞克省 10 席，曼尼托巴省 14 席，不列颠哥伦比亚省 36 席，爱德华王子岛省 4 席，阿尔伯塔省 28 席，萨斯卡其旺省 14 席，纽芬兰省 7 席，育空地区、西北地区和努纳武特地区各占 1 席。众议员任期 5 年，众议长在新一届众议院首次会议上经选举产

① https://sencanada.ca/en/senators/.

生。加拿大现任众议长为杰夫·里甘（Geoff Regan），于 2015 年 12 月正式就任。截至 2018 年 4 月，各党派在参议院的席位分布为：自由党 183 席、保守党 97 席、新民主党 44 席、魁北克议会团体 7 席、魁北克集团 3 席、绿党 1 席、独立党 2 席，空缺 1 席。①

参议院和众议院在立法方面的职责大致相同，任何议案都必须经过参、众两院通过方能提交总督签署而最终成为法律，但有关税收和财政拨款方面的法案只能首先向众议院提出。在实践中，大多数议案首先被提交到众议院审议，参议院的职能则主要涉及对议案的复议和修改以及对关乎公共利益的争议进行调查。

加拿大议会实行委员会制度。全院委员会由全体议员组成，作为审议议案的一种形式，在实践中已经较少启用，一般只有拨款和临时拨款议案以及政治性很强的议案才须交给全院委员会审议。参议院和众议院均设有若干委员会，负责对重要议题进行研究，并对相关领域议案进行审议。委员会一般分为常设委员会、特别委员会和联合委员会。其中，常设委员会是根据议事规则设立的委员会，通常与内阁各部门相对应；特别委员会是为调查或处理某些特殊事务而临时设立的委员会，通常在实现特定的目标后即告解散；联合委员会是参议院和众议院议员联合组成的委员会，分为常设联合委员会和特别联合委员会。截至 2018 年 4 月，参议院共设立了 17 个常设委员会和 3 个特别委员会，众议院共设立了 25 个常设委员、1 个联络委员会和 2 个特别委员会，参众两院共设立了 3 个联合委员会（参见表 1－3）。

表 1－3　　加拿大议会委员会

参议院委员会		
常设委员会		
• 外交和国际贸易委员会 • 农业和林业委员会 • 原住民委员会 • 银行、贸易和商业委员会 • 国内经济、预算和管理委员会 • 参议员伦理和利益冲突委员会	• 能源、环境和自然资源委员会 • 法律和宪法事务委员会 • 国家金融委员会 • 官方语言委员会 • 渔业和海洋委员会 • 人权委员会	• 规则、程序和议会权利委员会 • 国家安全和防御委员会 • 选举委员会 • 社会事务和科技委员会 • 交通和通信委员会
特别委员会		
• 北极委员会	• 参议院现代化委员会	• 慈善部门委员会

① http://www.ourcommons.ca/Parliamentarians/en/members.

续表

众议院委员会		
常设委员会		
• 退伍军人事务委员会 • 农业和农业食品委员会 • 加拿大遗产委员会 • 国际贸易委员会 • 公民和移民委员会 • 环境和可持续发展委员会 • 信息获取、隐私和伦理委员会 • 外交和国际发展委员会 • 女性地位委员会	• 金融委员会 • 渔业和海洋委员会 • 卫生委员会 • 人力资源、技能和社会发展及残疾人地位委员会 • 原住民和北方事务委员会 • 工业和科技委员会 • 司法和人权委员会	• 官方语言委员会 • 国防委员会 • 政府运行和评估委员会 • 公共账目委员会 • 程序和众议院事务委员会 • 自然资源委员会 • 公共安全和个国家安全委员会 • 交通、基础设施和社区委员会
其他委员会		
• 联络委员会		
特别委员会		
• 选举改革委员会	• 薪酬公平委员会	
联合委员会		
• 议会图书馆委员会	• 法规审查委员会	• 医助死亡委员会（特别联合委员会）

资料来源：https://sencanada.ca/en/committees/；http://www.ourcommons.ca/Committees/en/List.

1.2.2.2 立法程序

一般而言，提交至加拿大议会讨论的议案可分为私人议案和公共议案两种类型。其中，私人议案大多关乎个人、商业公司或其他组织的诉求，而公共议案则涉及广大社会公众的利益。根据提交议案的主体，公共议案又分为个人议案和政府议案。其中，前者由议员个人提出，后者由内阁代表政府提出。在实践中，加拿大议会审议的议案主要是政府议案。如果议案涉及税收或财政拨款方面的内容，则必须首先向众议院提出。

一项议案必须分别经众议院和参议院“三读”审议通过并经总督签署方能最终成为法律。以议案首先被提交给众议院为例。在“一读”阶段，相关部长会对议案主旨进行简要说明，并向议员分发纸质副本，但不安排辩论和表决。在“二读”阶段，议员将围绕议案的原则性问题展开辩论并进行表决，议案可能会获得原则性通过，也可能被搁置或否决。获得原则性通过的议案将被提交到相关委员会进行审议。委员会负责对议案细节进行推敲，对语言文字加以润色，并逐条进行表决。此后，委员会将向众议院报告其讨论结果，议员可在此阶段就议案的原则性和细节性问题进行辩论、提出修正意见，并就议案整体进行表决。若议案获得通过，则进入“三读”阶段，议员可继续进行辩论并作表决。在众议院通过的议案需提交到参议院，按照相似的流程进行审议。获得参众两院通过的议案还须经总督或其指定代表签署，才能正式成为法律（参见表 1－4）。

表 1－4　　　　加拿大立法程序

第 1 步	“一读”	议案被付印分发给议员，成为议会编号文件。
第 2 步	“二读”	议员就议案的原则性问题进行辩论并作表决。
第 3 步	委员会阶段	委员会对议案进行逐条研究和表决。
第 4 步	报告阶段	议员根据委员会讨论结果进行辩论并作表决。
第 5 步	“三读”	议员就议案进行最后的辩论和表决。
第 6 步	另一院审议阶段	另一院按相似流程对议案进行审议。
第 7 步	御批	获参众两院通过的议案经总督签署成为法律。

资料来源：https://www.canada.ca/content/dam/ircc/migration/ircc/english/pdf/pub/discover.pdf.

1.2.3　行政系统

1.2.3.1　行政机关

根据加拿大宪法，女王享有最高行政权力。但在实践中，行政实权掌握在总理的手中。

加拿大行政机关即联邦政府实行责任内阁制。内阁由总理和其他内阁成员组成，对议会尤其对众议院负责。内阁一旦失去众议院的信任，如政府提出的重要议案遭到众议院否决，或众议院通过对政府的不信任案，则必须提出辞职，或请求总督解散议会，重新举行大选。若内阁主动提出辞职，则总督可要求反对党领袖组建新政府。

加拿大总理作为政府首脑，通常由众议院多数党领袖担任，每届任期 4 年，可连选连任。总理的主要职责之一即组建内阁并确定内阁成员分工。内阁成员大多从众议院多数党议员中产生，且通常担任内阁部长的职务。每届政府的部门设置由总理决定，部长负责领导本部门的工作，并答复议会就政府政策提出的质询。

加拿大现任总理即第 23 任联邦总理为贾斯廷·特鲁多，于 2015 年 11 月 4

日正式就任。截至 2018 年 1 月 29 日，加拿大现任内阁即第 29 届内阁设立了 29 个部门，包括 30 名成员（参见表 1-5）。

表 1-5　　　　加拿大现任内阁成员名单

姓名	职务
贾斯廷·特鲁多（Justin Trudeau）	总理
纳伍迪普·辛格·班斯（Navdeep Singh Bains）	创新、科学和经济发展部部长
卡洛琳·贝内特（Carolyn Bennett）	皇家-原住民关系和北方事务部部长
玛丽-克劳德·比伯（Marie-Claude Bibeau）	国际发展和法语国家事务部部长
斯科特·布里森（Scott Brison）	国库委员会主席
詹姆斯·戈登·卡尔（James Gordon Carr）	自然资源部部长
巴迪什·查格（Bardish Chagger）	小企业和旅游部部长兼众议院政府领导人
弗朗索瓦-菲利普·尚帕涅（François-Philippe Champagne）	国际贸易部部长
让-伊夫·杜克洛（Jean-Yves Duclos）	家庭、儿童和社会发展部部长
科斯蒂·邓肯（Kirsty Duncan）	科学部部长兼体育和残疾人事务部部长
克里斯蒂娅·弗里兰（Chrystia Freeland）	外交部部长
马克·加尔诺（Marc Garneau）	交通部部长
拉尔夫·古德尔（Ralph Goodale）	公共安全和应急部部长
卡琳娜·古尔德（Karina Gould）	民主制度部部长
帕特丽夏·哈伊杜（Patricia A. Hajdu）	就业、劳动力发展和劳工部部长
艾哈迈德·胡森（Ahmed D. Hussen）	移民、难民和公民部部长
乔美兰（Mélanie Joly）	加拿大遗产部部长
多米尼克·勒布朗（Dominic LeBlanc）	渔业、海洋和海岸警卫部部长
黛安·勒布特里尔（Diane Lebouthillier）	国家收入部部长
劳伦斯·麦考利（Lawrence MacAulay）	农业和农业食品部部长
凯瑟琳·麦肯纳（Catherine McKenna）	环境和气候变化部部长
威廉·弗朗西斯·莫诺（William Francis Morneau）	财政部部长
玛丽亚姆·门舍夫（Maryam Monsef）	女性地位部部长
西莫斯·奥里根（Seamus O'Regan）	退伍军人事务部部长兼国防部副部长

续表

姓名	职务
吉内特·珀蒂帕·泰勒（Ginette Petitpas Taylor）	卫生部部长
简·菲尔波特（Jane Philpott）	原住民服务部部长
卡拉·夸尔特罗（Carla Qualtrough）	公共服务和采购部部长
哈吉特·辛格·萨吉安（Harjit Singh Sajjan）	国防部部长
阿玛吉特·索希（Amarjeet Sohi）	基础设施和社区部部长
乔迪·威尔逊-雷布尔德（Jody Wilson-Raybould）	司法部部长兼加拿大总检察长

资料来源：https://pm.gc.ca/eng/cabinet.

内阁下设若干委员会，其具体设置和人员构成由总理决定，一般由相关部门的部长组成，主要职责是研究和处理拟提交内阁批准的政策性议案。截至 2018 年 1 月 29 日，加拿大现任内阁设立了 11 个委员会，具体包括：议程、结果和沟通委员会，国库委员会，开放透明的政府和议会委员会，壮大中产阶级委员会，多元和包容委员会，加拿大国际事务和公共安全委员会，加拿大-美国关系委员会，情报和应急管理委员会，环境、气候变化和能源委员会，国防采购委员会，诉讼管理委员会。①

1.2.3.2 主要政党

长期以来，加拿大由自由党和保守党轮流执政（参见图 1-3）。现任总理贾斯廷·特鲁多为加拿大前总理皮埃尔·特鲁多长子，于 2013 年 4 月当选自由党领袖。该党成立于 1873 年，主要代表工业垄断资本集团利益，兼顾中小企业利益。

保守党由联盟党和进步保守党于 2003 年合并而成，是当前的正式反对党即最大反对党，属右翼政党。该党主要代表银行保险业、铁路运输业、能源工业垄断资本和大农场主利益，其现任领袖为安德鲁·希尔（Andrew Scheer），于 2017 年 5 月当选。

新民主党由平民合作联盟与加拿大劳工大会于 1961 年合并而成，属中左翼政党。该党主要代表中下劳动阶层利益，主张政府提供更多的公共产品以弥补市场缺陷。其现任领袖为贾格米特·辛格（Jagmeet Singh），于 2017 年 10 月当选。

① https://pm.gc.ca/eng/cabinet-committee-mandate-and-membership.

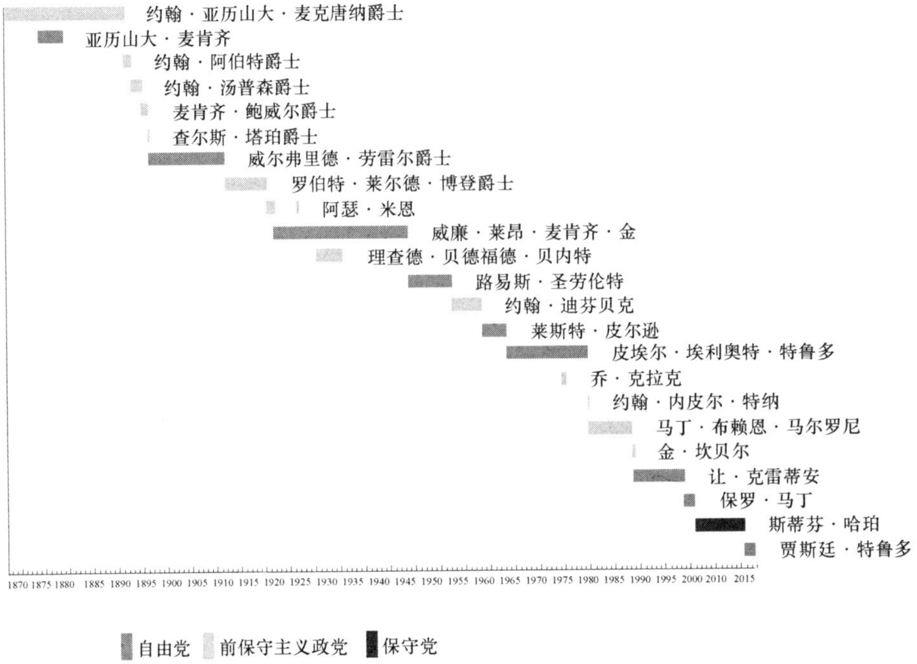

图 1-3 加拿大历任总理和所属党派

注：加拿大前保守主义政党包括自由-保守党、前保守党、统一党、国家自由和保守党、进步保守党。

资料来源：https://en.wikipedia.org/wiki/List_of_Prime_Ministers_of_Canada.

魁北克集团于 1990 年成立，主要代表魁北克人的利益，主张魁北克独立。其现任领袖为玛蒂娜·韦莱（Martine Ouellet），于 2017 年 3 月当选。

1.2.4 司法系统

1.2.4.1 联邦法院系统

加拿大法院系统由联邦法院系统和地方法院系统构成。其中，联邦法院系统包括加拿大最高法院、加拿大联邦法院、加拿大联邦上诉法院和两个专门法院，分别为加拿大税务法院和军事法院。加拿大联邦法院系统的法官均由联邦政府提名，总督任命。

加拿大最高法院于 1875 年设立，是加拿大的终审法院，主要负责审理来自加拿大联邦法院、加拿大联邦上诉法院及各省和地区法院的上诉案件，并有权就宪法以及私法和公法中具有争议性或复杂性的问题进行解释。加拿大最高法院由 1 名大法官和 8 名陪审法官组成，其中必须有 3 名来自魁北克省，可任职到 75 岁。

现任最高法院大法官为理查德·瓦格纳（Richard Wagner），于2017年12月18日正式就职。[①]

加拿大联邦法院于1971年设立，后于2003年重组成为现加拿大联邦法院和联邦上诉法院。联邦法院下设上诉庭和审判庭，主要负责审理针对联邦政府的诉讼案件以及联邦管辖范围的民事诉讼案件，如涉及省际或联邦和地方间冲突、移民和难民事务、知识产权诉讼、公民权申诉以及《竞争法案》调整范围的案件。此外，联邦法院有权对大多数联邦委员会或法庭的决定、命令和其他行政行为进行司法审查。加拿大联邦法院由1名首席法官和36名其他法官组成。截至2018年4月底，联邦法院有36名全职法官、8名编外法官和6名首席书记官。现任联邦法院首席法官为保罗·克兰普顿（Paul Crampton），于2011年12月15日正式就职。[②]

加拿大联邦上诉法院主要负责审理加拿大联邦法院和加拿大税务法院的上诉案件、针对某些联邦委员会或法庭的司法审查案件及其他与联邦立法相关的上诉案件。案件通常会涉及复杂、专业、新颖的法律问题，涵盖税法、海商法、移民法、原住民法、监狱法、社会法、航空法以及知识产权和国家安全等议题。加拿大联邦上诉法院由1名首席法官和12名助理法官组成。截至2018年4月底，联邦上诉法院有11名全职法官和4名编外法官。现任联邦上诉法院首席法官为马克·诺尔（Marc Noël），于2014年10月9日正式就职。[③]

加拿大税务法院于1983年设立，独立于加拿大税务局和其他政府机构，主要负责审理有关联邦税和税收立法的案件和上诉案件，管辖范围参照《所得税法案》的相关条款。税务法院旨在解决联邦政府和纳税人之间的争端，案件涉及所得税、商品和服务税、就业保险等事项。截至2018年4月底，税务法院有1名首席法官、1名副首席法官、19名全职法官和4名编外法官。现任税务法院首席法官为尤金·罗西特（Eugene P. Rossiter），于2014年12月11日正式就职。[④]

加拿大军事法院依《国防法案》设立，主要负责审理有关加拿大《军事纪律》的案件，其上诉案件由加拿大军事上诉法院审理。上诉法院法官自加拿大联邦法院和其他高级法院中选任，案件由3名法官组成合议庭进行审理。

1.2.4.2 地方法院系统

除努纳武特地区外，加拿大各省和地区级法院分为三级，自下而上依次为省

① https://www.scc – csc.ca/judges – juges/index – eng.aspx.

② http://cas – cdc – www02.cas – satj.gc.ca/portal/page/portal/fc_cf_en/Index.

③ http://cas – cdc – www02.cas – satj.gc.ca/portal/page/portal/fca – caf_eng.

④ http://cas – cdc – www02.cas – satj.gc.ca/portal/page/portal/tcc – cci_Eng/Index.

和地方法院即低级法院、高级法院和上诉法院。其中，低级法院的法官由省和地方政府提名任命，高级法院和上诉法院的法官由联邦政府任命。努纳武特地区仅设有一级初级法院，但具备与其他省和地区高级法院和上诉法院等同的权力。

省和地区法院的审理范围主要包括非重大刑事案件、家庭纠纷案件、青少年犯罪案件、交通违法案件、省和地区违规犯罪案件、财务纠纷案件、小额索赔案件和对重大刑事案件的预先审查等。对于涉及合同违约或伤害赔偿请求的民事案件，大多数省和地区适用普通法系法律，而魁北克省适用《魁北克民法典》（Quebec Civil Code）。省和地区法院还可设立专门法院，如少年法院、家庭法院、小型索赔法院等。

省和地区高级法院主要负责审理重大的刑事和民事案件，包括离婚案件、大额财务纠纷案件等，并有权对省和地区法院作出的决定进行审议。其上诉案件由省和地区上诉法院审理，案件可能涉及商业纠纷、财产纠纷、过失索赔、家庭纠纷、企业破产、公司重组等，与个人、政府或政府机关有关的上诉案件还有可能涉及宪法问题，通常由 3 名法官组成合议庭进行审理。

1.3 加拿大经济发展现状

1.3.1 经济体制

加拿大实行资本主义市场经济，经济资源归私人所有，资源配置由市场供求关系所决定。这种经济体制以自由竞争为核心，市场进入壁垒较低，政府对经济的干预通常是出于维护国家安全、促进公平竞争、保护自然环境和保障消费者权益的目的。

根据美国传统基金会（Heritage Foundation）发布的《2018 经济自由度指数》，加拿大的经济自由度指数为 77.7，在 180 个国家或经济体中排名第 9 位，在 32 个美洲国家中居首位。经济自由度的评价体系包括法治水平、政府规模、监管效率、市场开放共 4 个维度以及产权归属、司法效能、政府廉能、税收负担、政府支出、财政稳健、商业自由、劳工自由、货币自由、贸易自由、投资自由、金融自由共 12 个指标。总分越高，意味着政府对经济的干预水平越低。除“政府支出”以外，加拿大在其他各维度和指标上的得分均高于世界平均水平（参见表 1－6）。

表 1－6　　加拿大经济自由度指数

总分：77.7		世界排名：9	
法治水平		政府规模	
产权归属	87.5	税收负担	76.7
司法效能	77.1	政府支出	52.3
政府廉能	78.3	财政稳健	81.2
监管效率		市场开放	
商业自由	81.8	贸易自由	88.1
劳工自由	71.3	投资自由	80.0
货币自由	77.5	金融自由	80.0

资料来源：美国传统基金会网站。

1.3.2　宏观经济

1.3.2.1　国内生产总值

加拿大统计局的数据显示，2013－2017 年，加拿大国内生产总值（GDP）呈现平稳上涨的趋势。2017 年，加拿大的名义 GDP 为 21 444.0 亿加元。其中，最终消费支出为 16 853.3 亿加元，占比 78.6%；固定资本形成总额为 4 930.5 亿加元，占比 23.0%；存货投资为 150.9 亿加元，占比 0.7%；净出口为－489.8 亿加元，占比－2.3%。加拿大的人均 GDP 为 5.8 万加元，实际 GDP 增长率为 3.0%，较去年同期提高 1.6 个百分点，为近 5 年的最高值（参见表 1－7，图 1－4）。

表 1－7　　2013－2017 年加拿大国内生产总值　　单位：百万加元

	2013	2014	2015	2016	2017
最终消费支出	1 455 081	1 514 179	1 563 236	1 613 915	1 685 326
家庭	1 034 804	1 083 056	1 117 690	1 154 829	1 208 057
商品	456 369	477 203	487 180	504 453	530 832
服务	578 435	605 853	630 510	650 376	677 225
非营利机构	26 429	26 826	28 535	29 492	30 644
政府部门	393 848	404 297	417 011	429 594	446 625
固定资本形成总额	460 101	486 542	475 988	472 419	493 049

续表

	2013	2014	2015	2016	2017
企业	383 839	410 591	398 389	389 592	406 468
住宅建筑	129 109	135 230	143 874	154 082	164 757
非住宅建筑和机械设备	216 888	235 764	216 897	199 293	205 095
知识产权产品	37 842	39 597	37 618	36 217	36 616
非营利机构	2 913	3 145	2 981	3 065	3 107
政府部门	73 349	72 806	74 618	79 762	83 474
存货投资	13 705	9 563	3 940	–487	15 090
其中：企业的存货投资	13 160	9 699	3 886	–588	15 232
净出口	–31 247	–19 580	–49 310	–49 185	–48 983
货物	–8 146	4 673	–23 735	–25 872	–23 894
服务	–23 101	–24 253	–25 575	–23 313	–25 089
统计误差	–109	–521	1 057	–1 156	–87
名义 GDP	1 897 531	1 990 183	1 994 911	2 035 506	2 144 395
人均 GDP（万加元）	5.4	5.6	5.5	5.6	5.8
实际 GDP 增长率（%）	2.5	2.9	1.0	1.4	3.0

注：人均 GDP 按名义价格计算，实际 GDP 增长率按 2007 年价格计算。

资料来源：加拿大统计局网站。

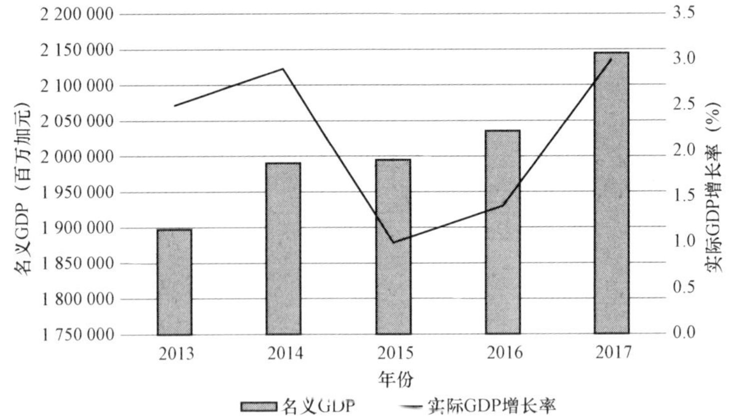

图 1–4　2013–2017 年加拿大国内生产总值

资料来源：加拿大统计局网站。

2017年，加拿大实际GDP增长的动力主要源于最终消费支出的增加，其对GDP增长的贡献率为2.4%，较2016年同期增加了0.6个百分点。其中，家庭最终消费支出的贡献率为2.0%，商品和服务消费的贡献率均较2016年同期有所增加。固定资本形成总额扭转了过去连续两年的负增长态势，对GDP增长的贡献率为0.6%。企业固定资本形成总额的增长是其中的主要原因，对GDP增长的贡献率由2015年的-0.9%增加到0.5%。存货投资（主要是企业的存货投资）在连续3年下降后首次出现上涨，对GDP增长的贡献率为0.8%。净出口对GDP的贡献率为-0.9%，为近5年的首次下降（参见表1-8）。

表1-8　　2013-2017年各项目对加拿大实际GDP增长的贡献率　　单位：%

	2013	2014	2015	2016	2017
最终消费支出	1.3	1.6	1.5	1.8	2.4
家庭	1.4	1.5	1.2	1.4	2.0
商品	0.7	0.7	0.5	0.6	1.0
服务	0.7	0.8	0.7	0.7	1.0
非营利机构	0.0	0.0	0.1	0.0	0.0
政府部门	-0.1	0.1	0.3	0.5	0.5
固定资本形成总额	0.3	0.6	-1.3	-0.7	0.6
企业	0.6	0.7	-1.3	-0.9	0.5
住宅建筑	0.0	0.1	0.3	0.3	0.2
非住宅建筑和机械设备	0.6	0.6	-1.4	-1.0	0.2
知识产权产品	0.0	0.0	-0.2	-0.1	0.0
非营利机构	0.0	0.0	0.0	0.0	0.0
政府部门	-0.2	-0.1	0.0	0.2	0.1
存货投资	0.5	-0.4	-0.2	-0.2	0.8
其中：企业的存货投资	0.5	-0.3	-0.2	-0.2	0.8
净出口	0.3	1.1	0.9	0.6	-0.9
货物	0.2	0.9	0.8	0.5	-0.9
服务	0.1	0.2	0.0	0.2	0.0
统计误差	0.1	0.0	0.1	-0.1	0.1
实际GDP增长率	2.5	2.9	1.0	1.4	3.0

注：因四舍五入，部分数据存在合计与分项统计不等的情况。

资料来源：加拿大统计局网站。

1.3.2.2 通货膨胀率

按消费者价格指数（CPI）计算，加拿大 2013－2017 年的通货膨胀率保持在较低的水平，其中 2017 年的通货膨胀率为 1.6%，涨幅较 2016 年提高 0.2 个百分点。除服装和鞋类以外，其他消费品的价格均出现了不同程度的上涨。其中，因受到汽油价格上涨的影响，交通运输价格指数同比上涨 3.9%，涨幅较 2016 年提高 2.8 个百分点，是推动 CPI 上涨的首要因素。酒精饮料和烟草制品价格指数同比上涨 2.7%，涨幅较 2016 年回落 0.5 个百分点。娱乐、教育和阅读价格指数同比上涨 2.4%，涨幅较 2016 年提高 0.7 个百分点。服装和鞋类价格指数则延续 2016 年的趋势，同比下降 0.7%，降幅增加 0.5 个百分点。食品价格指数同比上涨 0.1%，涨幅较 2016 年回落 1.4 个百分点。家庭经营、家具和设备价格指数同比上涨 0.2%，涨幅较 2016 年回落 1.5 个百分点（参见表 1－9，图 1－5）。

表 1－9　　2013－2017 年加拿大消费价格指数变化率　　单位：%

	2013	2014	2015	2016	2017
所有项目	0.9	2.0	1.1	1.4	1.6
食品	1.2	2.3	3.7	1.5	0.1
住宅	1.3	2.7	1.1	1.6	1.7
家庭经营、家具和设备	1.2	1.9	2.7	1.7	0.2
服装和鞋类	0.1	1.2	1.5	－0.2	－0.7
交通运输	0.7	1.1	－3.0	1.1	3.9
汽油	0.6	0.2	－16.5	－6.0	11.8
健康和个人护理	－0.3	0.6	1.3	1.4	1.7
娱乐、教育和阅读	0.3	1.1	1.9	1.7	2.4
酒精饮料和烟草制品	2.0	4.4	3.7	3.2	2.7

资料来源：加拿大统计局网站。

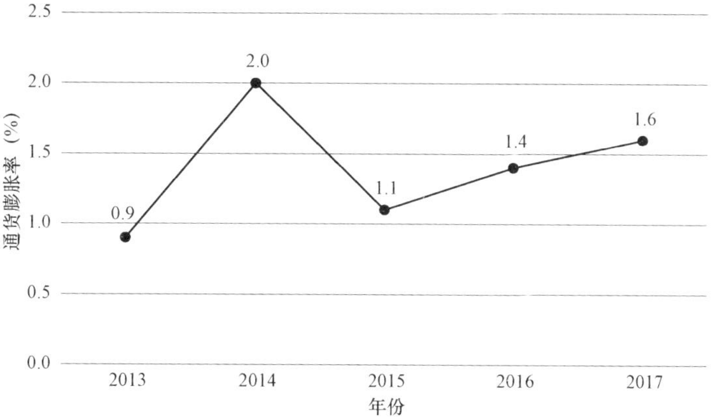

图 1-5　2013-2017 年加拿大通货膨胀率

资料来源：加拿大统计局网站。

1.3.2.3　失业率

2017 年，加拿大的全国失业率为 6.3%，较 2016 年下降 0.7 个百分点，为近 5 年的最低水平，但个别省份的失业率仍然居高不下。例如，纽芬兰及拉布拉多省的失业率为 14.8%，且近 5 年呈持续上涨的趋势。失业率高于全国水平的其他省份包括爱德华王子岛省、新斯科舍省、新不伦瑞克省、阿尔伯塔省，失业率分别为 9.8%、8.4%、8.1%、7.8%（参见表 1-10，图 1-6，图 1-7）。

表 1-10　　2013-2017 年加拿大失业率　　单位：%

	2013	2014	2015	2016	2017
全国	7.1	6.9	6.9	7.0	6.3
纽芬兰及拉布拉多省	11.6	11.9	12.8	13.4	14.8
爱德华王子岛省	11.6	10.6	10.4	10.7	9.8
新斯科舍省	9.1	9.0	8.6	8.3	8.4
新不伦瑞克省	10.3	9.9	9.8	9.5	8.1
魁北克省	7.6	7.7	7.6	7.1	6.1
安大略省	7.6	7.3	6.8	6.5	6.0
曼尼托巴省	5.4	5.4	5.6	6.1	5.4
萨斯喀彻温省	4.1	3.8	5.0	6.3	6.3

续表

	2013	2014	2015	2016	2017
阿尔伯塔省	4.6	4.7	6.0	8.1	7.8
不列颠哥伦比亚省	6.6	6.1	6.2	6.0	5.1

资料来源：加拿大统计局网站。

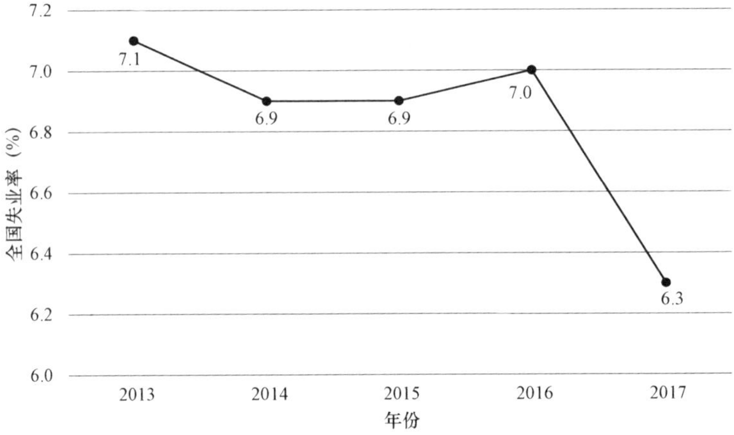

图 1-6　2013-2017 年加拿大全国失业率

资料来源：加拿大统计局网站。

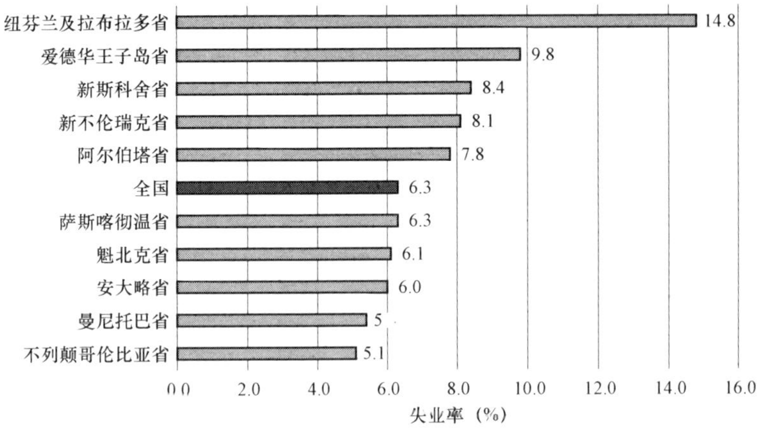

图 1-7　2017 年加拿大各省失业率

资料来源：加拿大统计局网站。

1.3.2.4 财政状况

2016 年 3 月，特鲁多政府公布了题为“壮大中产阶级”的首份 5 年期财政预算报告。该报告指出，“强大的经济始于一个强大的中产阶级”。为此，加拿大联邦政府推出了新的加拿大儿童福利金和中产阶级减税政策，计划增加高等教育和技能培训投资、完善就业保险制度。具体而言，根据新的加拿大儿童福利金政策，6 岁以下儿童每人每年最多可领取 6 400 加元、6－17 岁儿童每人每年最多可领取 5 400 加元的免税福利金。自 2016 年 1 月 1 日起，对应税收入在 45 282－90 563 加元的纳税者，其二级个人所得税税率由 22%降低至 20.5%。联邦政府对高等教育的支持主要体现在增加学生补助、放宽申请贷款条件、提高开始还款的最低收入水平等方面，对就业保险制度的完善措施主要包括放宽申请条件、提供临时保障、提高服务效率等。

特鲁多政府计划在未来 10 年投入超过 1 200 亿加元用于基础设施建设，以促进加拿大经济和就业的持续增长。该计划分两个阶段执行：第一阶段为期 2 年，重点包括公共交通、供水和废水处理系统的重建和现代化，经济适用房建设，保护现存基础设施免受气候变化的影响。第二阶段为期 8 年，目标包括实现加拿大经济的现代化和绿色发展、建设更加包容的社会、使加拿大更好地把握全球贸易机遇。

联邦政府提出了将加拿大建设成为世界创新中心的目标，并为此制定了“创新计划”。自 2006－2017 财年起，联邦政府将在 3 年内投入 20 亿加元用于设立新的高等院校战略投资基金，在 4 年内投入 8 亿加元以支持创新网络和创新集群的发展，在 5 年内投入近 2 亿加元以支持加拿大渔业和海洋部对海洋与淡水的科学监测和研究活动以及安大略省西北部实验湖区的发展；自 2017－2018 财年起，联邦政府将在两年内投入 20 亿加元用于设立低碳经济基金。①

特鲁多政府 2016 年发布的财政预算报告显示，联邦政府 2016－2021 财年的项目总支出预计为 15 421 亿加元，5 年合计产生的财政赤字为 1 130 亿加元（参见表 1－11）。预测结果显示，加拿大 2016－2021 年度的联邦政府债务总额、债务净额和联邦债务均将呈现逐年小幅上升的趋势，联邦债务占 GDP 的比重处于在 30%左右的水平，并有望逐年稳步下降（参见表 1－12）。

① https://www.budget.gc.ca/2016/docs/bb/brief－bref－en.html.

表 1-11　　加拿大联邦政府 2016-2021 财政年度财政预算

单位：十亿加元

	2016-2017	2017-2018	2018-2019	2019-2020	2020-2021	合计
预算收入	287.7	302.0	315.3	329.3	344.4	1 578.7
预算支出	317.1	331.0	338.0	347.0	358.6	1 691.7
项目支出	291.4	304.6	308.7	314.2	323.2	1 542.1
公共债务支出	25.7	26.4	29.4	32.8	35.5	149.8
预算平衡	-29.4	-29.0	-22.8	-17.7	-14.3	-113.0
占 GDP 的比重（%）						
预算收入	14.4	14.5	14.5	14.5	14.5	-
项目支出	14.6	14.6	14.2	13.8	13.6	-
公共债务支出	1.3	1.3	1.3	1.4	1.5	-
预算平衡	-1.5	-1.4	-1.0	-0.8	-0.6	-

注：因四舍五入，部分数据存在合计与分项统计不等的情况。

资料来源：加拿大财政部网站。

表 1-12　　加拿大 2016-2021 财政年度联邦债务状况预测

单位：十亿加元

	2016-2017	2017-2018	2018-2019	2019-2020	2020-2021
债务总额	1 095.5	1 138.3	1 171.5	1 201.2	1 229.4
金融资产总额	368.0	378.8	388.2	398.7	410.3
债务净额	727.5	759.5	783.4	802.5	819.1
非金融资产	78.8	81.8	82.9	84.2	86.6
联邦债务	648.7	677.7	700.5	718.2	732.5
联邦债务占 GDP 的比重（%）	32.5	32.4	32.1	31.6	30.9

注：加拿大联邦债务净额为债务总额与金融资产总额之差，联邦债务为债务净额与非金融资产之差。因四舍五入，部分数据存在合计与分项统计不等的情况。

资料来源：加拿大财政部网站。

1.3.2.5 对外贸易

加拿大统计局的数据显示，2013 – 2017 年，加拿大出口总额和进口总额均呈现温和上涨的趋势。2017 年，加拿大出口总额为 6 623.0 亿加元，较 2016 年同期增加了 5.1%。其中，货物出口额为 5 495.1 亿加元，同比增长 5.4%；服务出口额为 7 127.8 亿加元，同比增长 3.6%。加拿大进口总额为 7 112.8 亿加元，较 2016 年同期增加了 4.7%。其中，货物进口额为 5 734.1 亿加元，同比增长 4.8%；服务进口额为 1 378.7 亿加元，同比增长 4.3%。加拿大的货物贸易和服务贸易均处于逆差状态。其中，货物贸易逆差额为 238.9 亿加元，同比下降 7.6%；服务贸易逆差额为 250.9 亿加元，同比增加 7.6%。贸易逆差总额为 489.8 亿加元，同比下降 0.4%。加拿大的贸易总额为 13 735.7 亿加元，同比增长 4.9%，占 GDP 的比重为 64.1%，对对外贸易依存度较高（参见表 1 – 13，图 1 – 8）。

表 1 – 13　　　　2013 – 2017 年加拿大对外贸易额　　　　单位：百万加元

	2013	2014	2015	2016	2017
出口总额	572 359	627 641	628 955	630 353	662 295
货物	479 224	529 334	524 972	521 469	549 511
服务	93 135	98 307	103 983	108 884	112 784
进口总额	603 606	647 221	678 265	679 538	711 278
货物	487 370	524 661	548 707	547 341	573 405
服务	116 236	122 560	129 558	132 197	137 873
贸易差额	– 31 247	– 19 580	– 49 310	– 49 185	– 48 983
货物	– 8 146	4 673	– 23 735	– 25 872	– 23 894
服务	– 23 101	– 24 253	– 25 575	– 23 313	– 25 089
贸易总额	1 175 965	1 274 862	1 307 220	1 309 891	1 373 573
对对外贸易依存度（%）	62.0	64.1	65.5	64.4	64.1

资料来源：加拿大统计局网站。

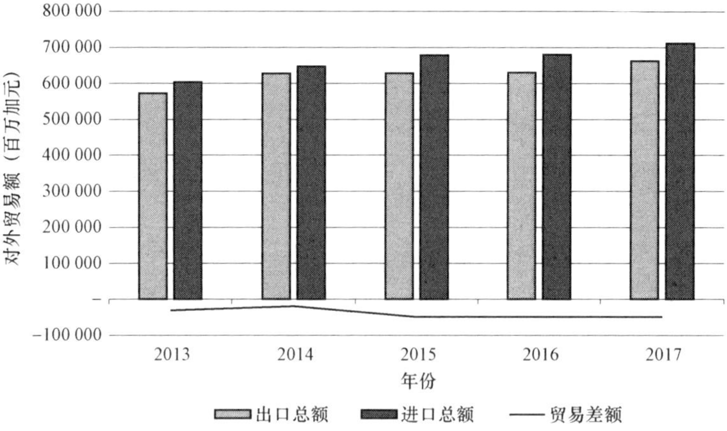

图 1-8　2013-2017 年加拿大对外贸易额

资料来源：加拿大统计局网站。

1.3.2.6　对外投资

加拿大统计局的数据显示，2013-2017 年，加拿大对外直接投资存量呈温和上涨的趋势。截至 2017 年底，加拿大对外直接投资存量达到 11 211.0 亿加元，较 2016 年同期增加了 3.4%。其中，加拿大对北美洲国家投资占比超过六成，同比增长 1.9%；对欧洲国家投资占比 25.7%，同比增长 7.7%；对亚洲和大洋洲国家投资占比 7.5%，同比增长 4.9%；对南美和中美洲国家投资占比 5.0%，同比下降 1.0%；对非洲国家投资占比不足 1.0%，同比增长 3.7%。（参见表 1-14，图 1-9）。

表 1-14　　2013-2017 年加拿大对外直接投资存量和区域分布

单位：百万加元

	2013	2014	2015	2016	2017
北美洲	467 506	510 042	637 833	672 794	685 898
南美和中美洲	52 730	52 410	57 096	56 479	55 915
欧洲	196 858	215 507	271 443	267 735	288 401
非洲	1 798	3 328	4 402	6 994	7 250
亚洲和大洋洲	59 478	63 916	73 048	79 728	83 639
合计	778 371	845 203	1 043 822	1 083 730	1 121 102

资料来源：加拿大统计局网站。

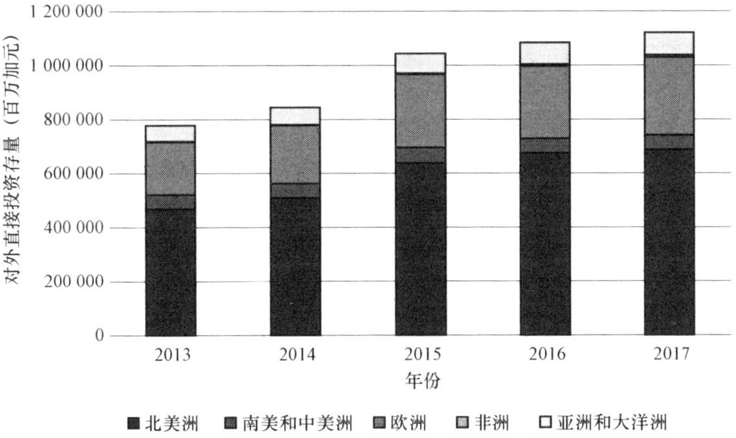

图 1－9　2013－2017 年加拿大对外直接投资存量和区域分布

资料来源：加拿大统计局网站。

截至 2017 年底，加拿大对外直接投资领域主要包括金融和保险业、矿产和油气开采业、公司和企业管理业、制造业、运输和仓储业等，投资存量分别为 3 957.8 亿加元、1 757.1 亿加元、1 408.6 亿加元、854.1 亿加元、711.0 亿加元，占比分别为 35.3%、15.7%、12.6%、7.6%、6.3%（参见表 1－15，图 1－10）。

表 1－15　截至 2017 年底加拿大对外直接投资存量行业分布

行业	投资存量（百万加元）	占比（%）
金融和保险业	395 783	35.3
矿产和油气开采业	175 705	15.7
公司和企业管理业	140 858	12.6
制造业	85 412	7.6
运输和仓储业	71 100	6.3
房地产和租赁业	63 179	5.6
信息和文化产业	48 975	4.4
公共事业	32 148	2.9
专业和科技服务业	31 460	2.8
其他行业	30 115	2.7
批发贸易业	25 484	2.3

续表

行业	投资存量(百万加元)	占比(%)
零售贸易业	13 192	1.2
农业、林业、渔业和狩猎业	3 458	0.3
住宿和餐饮服务业	2 899	0.3
建筑业	1 334	0.1
合计	1 121 102	100.0

资料来源：加拿大统计局网站。

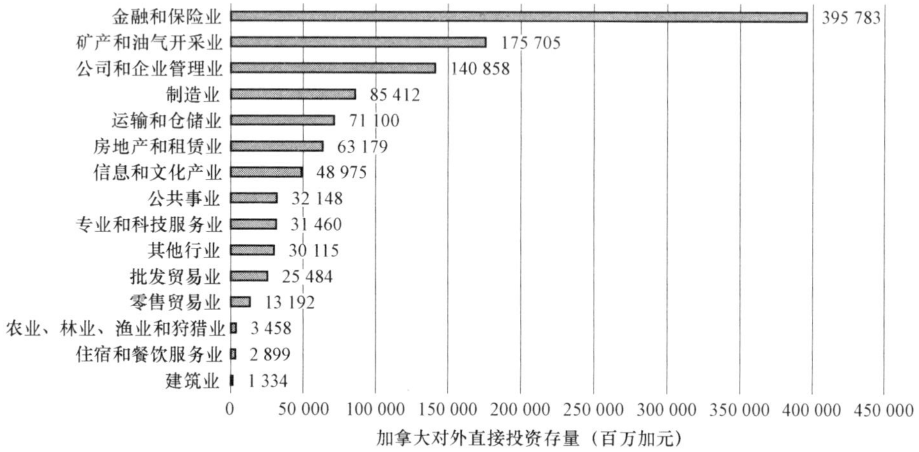

图 1-10 截至 2017 年底加拿大对外直接投资存量行业分布

资料来源：加拿大统计局网站。

1.3.3 产业结构

2017 年，加拿大生产型行业和服务型行业的总产值分别为 5 189.0 亿加元和 12 226.4 亿加元，占 GDP 的比重分别为 29.8%和 70.2%。其中，农业、林业、渔业和狩猎业的总产值为 278.7 亿加元，占 GDP 的 1.6%。矿石和油气开采业、公共事业、建筑业、制造业的总产值合计 4 906.2 亿加元，占 GDP 的 28.2%。当年产值最高的五大行业依次为房地产和租赁业、制造业、矿石和油气开采业、建筑业、金融和保险业，占 GDP 的比重分别为 13.0%、10.3%、8.5%、7.1%、7.0%（参见表 1-16）。

表 1-16　　2013-2017 年加拿大各行业国内生产总值　　单位：百万加元

	2013	2014	2015	2016	2017
生产型行业	489 471	507 142	498 755	496 106	518 902
农业、林业、渔业和狩猎业	28 066	25 798	26 788	27 831	27 866
矿石和油气开采业	130 628	141 258	138 024	137 139	148 521
公共事业	36 892	38 165	37 853	38 236	39 281
建筑业	124 601	127 895	122 058	118 078	122 740
制造业	168 087	173 092	173 389	174 416	180 080
服务型行业	1 111 290	1 139 727	1 163 774	1 188 910	1 222 642
批发贸易业	91 725	94 071	95 023	95 250	102 238
零售贸易业	85 555	86 419	88 912	91 779	96 512
运输和仓储业	66 797	70 797	72 775	74 782	78 349
信息和文化产业	50 270	51 890	51 825	52 320	52 893
金融和保险业	106 072	109 058	114 469	119 614	122 711
房地产和租赁业	200 269	205 910	212 868	219 653	225 714
专业和科技服务业	86 242	90 680	91 926	92 926	95 914
公司和企业管理业	12 120	11 297	11 485	11 287	10 895
行政支持、废物管理及修复服务业	41 594	43 243	43 061	42 940	43 032
教育服务业	84 792	85 987	87 687	88 845	89 878
医疗健康和社会救助业	105 808	107 420	109 587	112 613	114 669
艺术和休闲娱乐业	11 205	11 786	12 411	12 942	13 310
住宿和餐饮服务业	33 233	35 146	35 626	36 543	37 501
除公共管理以外的其他服务业	31 736	32 816	32 902	32 513	32 800
公共管理	104 874	104 347	104 781	106 661	108 753
合计	1 599 575	1 645 554	1 661 529	1 684 239	1 740 589

注：按 2007 年链式价格计算。因四舍五入，部分数据存在合计与分项统计不等的情况。
资料来源：加拿大统计局网站。

2017年，加拿大生产型行业和服务型行业的从业人员数量分别为387.6万和1 454.1万，占全国就业人口的比重分别为21.0%和79.0%。其中，农业和狩猎业、林业、渔业共有从业人员345.0万，占全国就业人口的1.9%。矿石和油气开采业、公共事业、建筑业、制造业共有从业人员353.1万，占全国就业人口的19.2%。当年从业人数最多的五大行业依次为医疗健康和社会救助业、零售贸易业、制造业、专业和科技服务业、建筑业，占全国就业人口的比重分别为12.9%、11.6%、9.4%、7.9%、7.7%（参见表1－17）。

表1－17　　2013－2017年加拿大各行业从业人数　　单位：千人

	2013	2014	2015	2016	2017
货物生产行业	3 910.1	3 897.1	3 870.4	3 833.0	3 875.9
农业和狩猎业	314.0	305.1	294.9	289.2	279.5
林业、渔业、矿石和油气开采业	368.1	372.6	354.9	326.8	329.6
林业	50.3	49.1	49.2	48.1	48.2
渔业	17.5	15.9	15.8	14.9	17.2
矿石和油气开采业	300.2	307.5	289.9	263.8	264.2
公共事业	135.0	136.9	137.0	137.2	132.6
建筑业	1 369.8	1 371.5	1 371.2	1 385.0	1 409.3
制造业	1 723.1	1 711.0	1 712.4	1 694.8	1 724.8
耐用品	1 029.3	1 029.5	1 030.1	1 032.9	1 043.0
非耐用品	693.8	681.5	682.3	661.9	681.8
服务业	13 781.0	13 905.1	14 076.2	14 246.9	14 540.5
批发和零售贸易	2 710.7	2 729.3	2 732.7	2 745.9	2 809.6
批发贸易业	605.0	622.2	666.9	678.1	673.4
零售贸易业	2 105.7	2 107.1	2 065.8	2 067.8	2 136.2
运输和仓储业	882.9	896.8	917.2	907.4	943.7
金融、保险、房地产、租赁业	1 078.8	1 083.8	1 102.9	1 127.0	1 171.3
金融和保险业	767.2	779.7	791.0	808.1	831.4

续表

	2013	2014	2015	2016	2017
房地产和租赁业	311.6	304.2	311.9	319.0	339.9
专业和科技服务业	1 310.9	1 333.3	1 365.8	1 393.7	1 448.8
企业管理和支持服务业	740.9	734.8	760.6	766.4	756.6
教育服务业	1 226.5	1 236.9	1 274.1	1 270.0	1 285.0
医疗健康和社会救助业	2 189.9	2 219.7	2 292.3	2 339.3	2 383.2
信息、文化和休闲业	756.7	757.2	750.6	782.4	789.3
住宿和餐饮服务业	1 169.6	1 207.5	1 210.6	1 212.7	1 210.8
除公共管理以外的其他服务业	795.3	795.1	761.8	774.9	781.3
公共管理	918.9	910.7	907.4	927.3	961.0
合计	3 910.1	3 897.1	3 870.4	3 833.0	3 875.9

注：因四舍五入，部分数据存在合计与分项统计不等的情况。

资料来源：加拿大统计局网站。

1.3.4 全球竞争力

根据世界经济论坛（World Economic Forum，WEF）发布的《全球竞争力报告 2017－2018》，加拿大的全球竞争力指数为 5.3（指数区间为 1－7，指数越高意味着国家的全球竞争力越强），在 137 个国家或经济体中排名第 14 位。根据该报告采用的评价体系，一个国家或经济体的全球竞争力源于 3 类要素，即基础条件要素、效率提升要素以及创新和成熟度要素。其中，基础条件要素包括制度、基础设施、宏观经济环境、医疗和基础教育共 4 项内容；效率提升要素包括高等教育和培训、商品市场效率、劳动力市场效率、金融市场发展、技术成熟度、市场规模共 6 项内容；创新和成熟度要素包括商业成熟度和创新两项内容。全球竞争力指数等于 3 类要素指标得分的加权平均值，加权比例依一个国家或经济体的发展阶段而定。发展阶段的划分标准以人均 GDP 为主，划分结果包括要素驱动阶段、效率驱动阶段、创新驱动阶段和两个过渡阶段。加拿大属于创新驱动型经济体，其医疗和基础教育、劳动力市场效率和金融市场发展水平均处于世界领先地位，但在宏观经济环境、技术成熟度、商业成熟度和创新方面尚有提升的空间（参见

表 1－18，表 1－19）。

表 1－18　　　　加拿大全球竞争力指数

	排名	指数
全球竞争力指数	14	5.3
基础条件要素（20%）	17	5.7
制度	15	5.4
基础设施	16	5.7
宏观经济环境	47	5.1
医疗和基础教育	8	6.6
效率提升要素（50%）	7	5.5
高等教育和培训	13	5.8
商品市场效率	18	5.2
劳动力市场效率	7	5.4
金融市场发展	7	5.4
技术成熟度	23	5.9
市场规模	16	5.4
创新和成熟度要素（30%）	24	4.8
商业成熟度	23	5.0
创新	23	4.7

资料来源：《全球竞争力报告 2017－2018》。

表 1－19　　　　全球竞争力评价体系中的发展阶段和要素权重

	发展阶段				
	阶段 1：要素驱动	第 1 到第 2 阶段的过渡	阶段 2：效率驱动	第 2 到第 3 阶段的过渡	阶段 3：创新驱动
人均 GDP（US$）	＜2 000	2 000～2 999	3 000～8 999	9 000～17 000	＞17 000
基础条件要素权重	60%	40～60%	40%	20～40%	20%
效率提升要素权重	35%	35～50%	50%	50%	50%
创新和成熟度要素权重	5%	5～10%	10%	10～30%	30%

资料来源：加拿大统计局网站。

根据世界知识产权组织、美国康奈尔大学和欧洲工商管理学院发布的《2017全球创新指数》，加拿大的创新指数为53.7，在127个国家或经济体中排名第18位。根据该报告采用的评价体系，一个国家或经济体的创新指数由创新投入要素和创新产出要素共同决定。其中，创新投入要素包括体制、人力资本与研究、基础设施、市场成熟度、商业成熟度共5项内容，创新产出要素包括知识与技术产出、创新产出两项内容，创新的产出投入比即为创新效率。加拿大的创新投入和创新产出均处于世界领先水平，但创新效率相对较低。其创新投入指数为65.6，排名第10位；创新产出指数为41.7，排名第23位；创新效率为0.6，排名第59位。具体而言，加拿大政治、法规、商业环境优良，基础设施条件优越，信用体系完善，投资便利化水平高，贸易和竞争自由，市场规模可观，但在教育和生态可持续性方面尚有较大的提升空间（参见表1－20）。

表1－20　　加拿大创新指数

		分数	排名
创新指数		53.7	18
创新产出指数		41.7	23
创新投入指数		65.6	10
创新效率		0.6	59
创新投入要素	体制	91.0	7
	政治环境	90.7	6
	法规环境	92.7	10
	商业环境	89.5	7
	人力资本与研究	53.3	20
	教育	44.9	74
	高等教育	–	–
	研究与开发	61.8	15
	基础设施	62.1	18
	信息通讯技术	83.9	12
	基础设施条件	59.7	7
	生态可持续性	42.6	75

续表

		分数	排名
创新投入要素	市场成熟度	73.7	3
	信用	67.3	8
	投资	74.3	2
	贸易、竞争和市场规模	79.4	9
	商业成熟度	47.8	24
	知识工人	56.7	27
	创新协同	41.5	27
	知识吸纳	45.3	21
创新产出要素	知识与技术产出	38.7	19
	知识创造	40.6	21
	知识影响力	36.2	44
	知识扩散	39.1	23
	创新产出	44.8	27
	无形资产	50.8	35
	创新产品与服务	20.7	57
	网络创新	56.9	11

资料来源：https://www.globalinnovationindex.org/gii－2017－report.

1.4 加拿大对外关系

1.4.1 加拿大和主要地区及国家的关系

1.4.1.1 加拿大和美国的关系

美国是加拿大的邻国和最重要的盟国，两国在政治、经贸、军事等领域均保持着密切的关系。加拿大历届政府均视对美关系为加拿大外交政策的基石。

2016 年 3 月，加拿大总理特鲁多对美国进行国事访问，时任美国总统奥巴马与之会见并为其举行国宴，双方承诺将加强在气候变化、反恐、经贸等多领域的合作。4月，特鲁多赴美国出席核安全峰会。6月，奥巴马正式访问加拿大，并出席在渥太华举行的北美领导人峰会。2017年2月，特鲁多对美国进行访问，美国总统特朗普与之会见并为其举行午宴，双方重申加美传统盟友关系，并承诺加强经贸、能源、环保和防务合作。10月，特鲁多访问美国首都华盛顿特区，并会见特朗普。12月，时任美国国务卿蒂勒森访问加拿大。

加拿大和美国互为重要的贸易伙伴，美国是加拿大最大的投资来源国。2017年，加美双边贸易额达到7 816.4亿加元。其中，加拿大对美出口额为4 110.9亿加元、自美进口额为3 705.5亿加元，分别占加拿大当年出口总额和进口总额的74.8%和64.6%。2017年8月，加拿大、美国、墨西哥三方启动了《北美自由贸易协定》重新谈判。截至2018年3月底，谈判已经进行了7轮。[①]

1.4.1.2 和亚洲主要国家的关系

加拿大认为亚洲将成为未来世界经济的中心，因而重视发展与亚洲的经济和战略关系。加拿大是亚太经合组织成员、东盟地区论坛成员和东盟对话国，亚太地区已成为加拿大重要的贸易伙伴，也是其资金、技术和移民的来源地之一。

日本、韩国、新加坡是加拿大的传统贸易伙伴，中国、印度、东盟等则是加拿大重视的新兴市场。2017年，加拿大与日本、韩国、印度的双边贸易额分别为257.2亿加元、129.0亿加元、74.8亿加元。加拿大政府制定了“亚太门户计划”，相关资金被重点用于基础设施建设，旨在将不列颠哥伦比亚省打造成连接北美和亚洲的航运枢纽，同时保护港口、货物和人员的安全。

2016年5月，加拿大总理特鲁多访问日本并出席七国集团峰会，时任加拿大国际贸易部长弗里兰访问韩国和日本。7月，时任加拿大外交部长迪翁赴老挝出席东盟地区论坛外长会，并访问老挝和斯里兰卡。8月，弗里兰访问老挝，并出席加拿大与东盟国家贸易部长会。9月，迪翁访问柬埔寨和越南。2017年6月，缅甸国务资政昂山素季访问加拿大。10月，加拿大总督帕耶特赴曼谷出席泰国国王普密蓬的葬礼仪式。11月，特鲁多访问越南并出席在岘港举行的亚太经合组织领导人非正式会议，之后赴菲律宾出席在马尼拉举行的第31届东盟峰会。[②]

---

① 中国外交部网站。

② 中国外交部网站。

1.4.1.3 和西欧国家的关系

加拿大是北约、英联邦、七国集团和法语国家首脑会议的成员国，重视发展和西欧国家的关系，认为其自身的繁荣和安全与西欧国家密切相关。加拿大和西欧国家在政治、经济、军事、文化等领域均保持着传统而密切的关系，在重大国际问题上经常与西欧各国协调立场。

加拿大与欧盟在外交和安全政策方面的立场相近。2016 年 2 月，时任加拿大国际贸易部长弗里兰与欧盟委员会贸易委员玛姆斯托姆宣布双方已经完成对《加拿大－欧盟全面经济贸易协定》（以下简称“《加欧全面经济贸易协定》”）的法律复核。5 月，时任加拿大外交部长迪翁赴比利时布鲁塞尔出席北约外长会。6 月，弗里兰访问欧盟总部布鲁塞尔，之后赴巴黎出席经济合作与发展组织部长会。7 月，迪翁访问荷兰、意大利。弗里兰访问英国并出席范堡罗航空展。9 月，弗里兰访问德国、奥地利和斯洛伐克，同欧盟各国贸易部长商谈推动《加欧全面经济贸易协定》尽早生效。9 月，英国王子威廉夫妇访问加拿大。10 月，加拿大总理特鲁多访问比利时布鲁塞尔并出席加拿大－欧盟领导人峰会，其间和欧盟委员会主席容克、欧盟理事会主席图斯克共同签署了《加欧全面经济贸易协定》。12 月，迪翁赴德国柏林出席欧洲安全与合作组织部长级会议，之后赴比利时出席北约外长会。2017 年 2 月，时任加拿大总督约翰斯顿对瑞典进行国事访问。5 月，特鲁多赴比利时布鲁塞尔出席北约领导人峰会，之后访问意大利并出席七国集团峰会。7 月，特鲁多访问爱尔兰首都都柏林和英国爱丁堡，并在爱丁堡觐见英国女王伊丽莎白二世，之后赴德国汉堡出席二十国集团领导人会议。9 月，英国首相特雷莎·梅访问加拿大。[①]

1.4.1.4 和独联体及东欧国家的关系

苏联解体后，加拿大立即承认独联体各国，并积极发展和这些国家的双边关系。加拿大向独联体国家和东欧国家提供援助，并给予俄罗斯、乌克兰、爱沙尼亚、拉脱维亚、立陶宛、亚美尼亚等国关税优惠待遇。其中，对独联体国家的援助主要用于推动其“结构性改革和民主进程”，以帮助其顺利完成向市场经济的转轨；对东欧国家的援助主要集中在政治、司法改革、技术和管理等领域。乌克兰危机爆发后，加拿大坚决支持乌克兰反对派上台执政，召回其驻俄大使并推出多轮对俄制裁措施。

2016 年 7 月，加拿大总理特鲁多访问乌克兰，并赴波兰出席北约峰会。波黑

---

① 中国外交部网站。

外交部长茨尔纳达克访问加拿大。时任加拿大外交部长迪翁访问拉脱维亚。时任加拿大国际贸易部长弗里兰访问乌克兰，双方签署《加拿大–乌克兰自由贸易协定》。11月，塞尔维亚第一副总理伊维察·达契奇访问加拿大。2017年9月和10月，乌克兰总统波罗申科和乌克兰总理格罗伊斯曼先后访问加拿大。12月，加拿大外交部长弗里兰访问乌克兰。①

1.4.1.5　和拉丁美洲国家的关系

拉丁美洲国家是加拿大重要的贸易伙伴和投资目的地。加拿大是美洲国家组织成员国，与拉美国家建立了“加拿大–拉美国家论坛”，与加勒比国家建立了不定期首脑会晤制度，与智利、哥斯达黎加等国签署了双边自由贸易协定，与墨西哥同为北美自由贸易区成员。加拿大关注海地局势，在海地派有维和部队。加拿大对古巴奉行接触政策，近年对古巴投资增长较快，现有数十家企业在古巴经营采矿等业务。

2016年6月，墨西哥总统培尼亚正式访问加拿大，并出席在渥太华举行的北美领导人峰会。11月，加拿大总理特鲁多先后访问古巴和阿根廷，并赴秘鲁出席亚太经合组织领导人非正式会议。6月，时任加拿大国际贸易部长弗里兰赴墨西哥与太平洋联盟成员国外长举行会见。10月，时任加拿大外交部长迪翁访问墨西哥、危地马拉和洪都拉斯。2017年6月，弗里兰赴墨西哥坎昆出席美洲国家组织第47届大会。10月，特鲁多首次对墨西哥进行正式访问。哥伦比亚总统桑托斯访问加拿大。②

1.4.1.6　和非洲国家的关系

近年来，加拿大提高了对发展与非洲国家关系的重视程度，关注并参与了联合国和非洲地区组织主导的对非洲地区冲突和内战的斡旋与调停。2016年9月，加拿大国际发展和法语国家事务部长比伯访问塞内加尔、马里和布基纳法索。11月，加拿大总理特鲁多访问利比里亚，并赴马达加斯加出席第16届法语国家组织峰会。时任加拿大外交部长迪翁访问尼日利亚、肯尼亚以及埃塞俄比亚和设于其首都的非盟总部。2017年3月，比伯宣布加拿大政府将提供约1.2亿加元紧急人道主义援助，以帮助尼日利亚、索马里、南苏丹、也门等国应对粮食危机。12月，加拿大移民、难民和公民部长胡森宣布加拿大政府将向索马里和肯尼亚分别提供

① 中国外交部网站。

② 中国外交部网站。

1 040 万加元和 1 500 万加元的人道主义援助。[①]

1.4.2 贾斯廷·特鲁多外交政策的特点

自贾斯廷·特鲁多于 2015 年就职加拿大总理以来，确立了以“加拿大重返世界舞台”为导向的外交政策，积极拓展参与国际事务的机会。根据其执政以来的外交实践，特鲁多外交的主要特点即以多边峰会为主要平台，强调加拿大多元文化主义和环境保护主义等国家核心价值观，阐明了加拿大外交议程中的优先议题。

第一，强调加拿大核心国家价值观。加拿大奉行多边主义外交，这一原则植根于加拿大的多元主义价值观，在特鲁多的竞选纲领和就职演讲中得到了突出体现。例如，特鲁多承诺放宽人口准入限制、积极应对气候变化、反军事主义、重返联合国维和行动、打击恐怖主义分子、援助世界最不发达国家、恢复自由贸易协定谈判等。自上任以来，特鲁多在多个国际会议和多边场合大力倡导加拿大的核心价值观。例如，在 2016 年达沃斯世界经济论坛上，特鲁多强调多元文化作为国家的核心价值观和软实力，是加拿大包容、尊重和创新精神的根本来源，也是其应对移民、难民、气候变化等问题的指导思想。在第 21 届联合国气候变化会议上，特鲁多向与会各国代表团宣布“加拿大回来了”，展现了加拿大在应对气候变化问题上的抱负，彰显了其独特的环保主义和绿色发展价值观。

第二，以多边峰会为主要外交平台。特鲁多在就职后出席了一系列多边外交活动，充分展现了加拿大参与全球治理的活力，相关机制包括二十国集团、亚太经合组织、英联邦政府首脑会议、七国集团峰会、法语国家组织峰会、北约峰会、北美领导人峰会、联合国框架下的多边会议等。联合国曾是加拿大最重要的多边外交平台，但此前的哈珀政府一度与联合国关系紧张，这一问题在特鲁多上任后得到了极大的改善。2016 年 2 月，特鲁多在会见时任联合国秘书长潘基文时，表达了加拿大“重返”联合国和争取联合国安理会席位的强烈意愿。3 月，特鲁多在出访联合国总部时，正式宣布加拿大将全力竞选 2021－2022 年任期的联合国安理会非常任理事国席位，表示加拿大致力于通过联合国讨论和处理全球事务，在反恐、维和、冲突管控、战后重建、人道主义救援等领域重新树立加拿大作为“调停者”和“维和者”的国际形象，并在气候变化、难民问题、核不扩散问题、对外援助等领域积极作为。

第三，多边外交议题凸显“绿色”优先。特鲁多的多边外交活动既涉及国防安全、经济发展等高政治议题，也涉及科技创新、女性权利、疾病防治等低政治

---

① 中国外交部网站。

议题。值得注意的是，特鲁多在外交场合多次提及绿色发展和气候变化议题，主张加强政府和私人部门间的合作，大力发展环境友好型经济，促进清洁技术的广泛应用。加拿大在绿色运输、垃圾处理技术、燃料电池等领域具有显著优势，特鲁多在多边外交场合突出“绿色”议题，不仅有助于改善加拿大的国际形象，还有助于推广加拿大的优势产业和相关技术。[①] 2016 年，加拿大和中国共同签署《中加清洁技术合作联合声明》，计划在技术推广、政策制定等方面加强合作。[②]

蒙特利尔地球生态实验室

1.4.3 加拿大和中国的关系

中加两国人民的友谊源远流长。据史料记载，加拿大和中国的贸易往来始于 1780 年， 到 18 世纪末，广州的丝绸、杭州的茶叶和景德镇的瓷器已远销加拿大，不列颠哥伦比亚的皮毛和木材也运往中国。1961 年《中加小麦贸易协定》的签署标志着双边贸易关系的正式确立。

1970 年 10 月 13 日，中国和加拿大正式建立外交关系。1973 年 10 月，时任加拿大总理皮埃尔·特鲁多访问中国，这是自两国建交后加拿大总理首次访华。此后，两国高层交往不断增多，中国国家主席、总理、全国人大常委会委员长和全国政协主席等先后访加，加拿大总督、总理和参众两院议长等亦多次访华。

---

① 樊冰．小特鲁多多边外交及其走势［A］．唐小松．加拿大发展报告（2017）［R］．北京：社会科学文献出版社，2017：142－157.

② http://www.mofcom.gov.cn/article/i/jyjl/l/201603/20160301266940.shtml.

自1973年中加两国签订政府间贸易协定以来，双边经贸关系发展顺利，友好合作保持良好的发展势头。近年来，中加经济贸易关系取得了较大的进展，从单一的商品贸易发展到全方位、跨领域、多元化的贸易和经济技术合作，商品、服务、人员和资本的流动日益频繁，两国间的经济联系不断加深。

2012年2月7日至11日，时任加拿大总理史蒂芬·哈珀对中国进行国事访问，双方表示愿意进一步加强政治、经济、文化和教育等领域的对话和交流，以增进了解，扩大共识。2012年9月，双方在亚太经合组织（APEC）峰会期间正式签署了《中加投资保护协定》。2013年10月18日至24日，时任加拿大总督约翰斯顿对中国进行国事访问，为中加战略伙伴关系注入了更多的内涵和活力。2014年11月，哈珀再次对中国进行正式访问，并出席在北京召开的亚太经合组织领导人非正式会议等有关活动。其间，习近平主席、李克强总理等分别与之会见、会谈。两国共同发布《中加联合成果清单》，宣布建立外交部长年度会晤和经济财金战略对话机制等一系列重要合作进展，并签署了相关的合作协议。

2015年10月13日，中国国家主席习近平和时任加拿大总督约翰斯顿就中加两国建交45周年互致贺电。2015年10月21日，国务院总理李克强向加拿大当选总理特鲁多致贺电，于10月28日应邀与之通电话。11月16日，习近平主席在出席二十国集团领导人安塔利亚峰会期间会见加拿大总理特鲁多。2016年8月30日至9月6日，特鲁多对中国进行正式访问，这是其2015年11月4日就任加拿大总理后首次访华。中国国家主席习近平、全国人大常委会委员长张德江分别与之会见，国务院总理李克强与之举行会谈。双方就中加关系以及共同关心的地区、国际和全球性问题进行了深入、坦诚、富有成果的交流。9月1日，中加两国发表联合新闻稿，宣布了17项主要成果，涉及政治、安全、金融、经贸、文化、旅游、环境等多个领域。9月4日，中加两国领导人在杭州出席二十国集团领导人峰会。

2016年9月21日至24日，李克强总理对加拿大进行正式访问，双方举行了两国总理首次年度对话并出席第六届中加经贸合作论坛。访问期间，双方宣布了一系列重要合作进展，并签署了相关合作文件，包括启动中加自由贸易协定探索性讨论、签署《中国政府和加拿大政府关于开展第三方市场合作的联合声明》、到2025年实现双边贸易额和双向人员往来在2015年基础上翻一番等。2017年5月，加拿大国际贸易部长驻议会秘书帕米拉·戈德史密斯－琼斯代表加拿大官方，出席在北京举行的“一带一路”国际合作高峰论坛。

自2015年以来，中加两国副部级以上官员互访频繁。目前，双方已就互为对方商务、旅游、探亲人员颁发长期多次签证达成互惠安排，并成功举办了中加第二轮领事磋商、中加海洋与渔业科技合作第七次联委会、中加执法合作工作组第12次会晤、中加第3次反恐磋商、中加科技联委会第6次会议、中加地质矿产磋商第18次会议、第16次外交部政治与安全磋商、第2次中加高级别国家安全与法治对话、中加议会定期交流机制第21次会议、第27次中加经贸联委会会议等机制性会议和磋商。[①]

① 中国外交部网站。

第 2 章
加拿大贸易环境

2.1 加拿大贸易概况

2.1.1 加拿大贸易数据

2.1.1.1 货物贸易

世界贸易组织（WTO）的统计数据显示，2016 年，加拿大的货物出口额和进口额分别居世界第 12 位和第 9 位，占世界货物出口总额和进口总额的比重分别为 2.45%和 2.57%。[①]

中国商务部有关研究显示，2017 年，加拿大的货物贸易总额为 8 531.1 亿美元，较 2016 年同期增加了 7.6%。其中，货物出口总额为 4 206.7 亿美元，同比增长 7.9%；货物进口总额为 4 324.4 亿美元，同比增长 7.3%。货物贸易呈逆差状态，逆差额为 117.7 亿美元，同比下降 9.5%（参见表 2－1，图 2－1）。

表 2－1　　2002－2017 年加拿大货物贸易额　　单位：百万美元

年份	货物贸易总额	货物出口总额	货物进口总额	货物贸易差额
2002	474 660	252 411	222 248	30 163
2003	512 753	272 440	240 313	32 127

① https://www.wto.org/english/res_e/booksp_e/trade_profiles17_e.pdf.

续表

年份	货物贸易总额	货物出口总额	货物进口总额	货物贸易差额
2004	591 700	317 500	274 200	43 300
2005	675 351	360 730	314 621	46 110
2006	738 543	388 298	350 245	38 053
2007	800 960	420 275	380 684	39 591
2008	865 418	456 509	408 909	47 600
2009	638 170	316 513	321 657	-5 144
2010	779 575	387 467	392 108	-4 641
2011	903 347	451 604	451 743	-139
2012	917 852	455 488	462 364	-6 876
2013	920 042	458 233	461 808	-3 575
2014	939 061	475 358	463 703	11 655
2015	829 316	410 065	419 251	-9 186
2016	792 733	389 867	402 867	-13 000
2017	853 110	420 670	432 440	-11 770

注：因四舍五入，部分数据存在合计与分项统计不等的情况。

资料来源：商务部综合司，商务部国际贸易经济合作研究院. 国别贸易报告：加拿大 2018 年第 1 期. https://countryreport.mofcom.gov.cn/record/qikan110209.asp?id=9901.

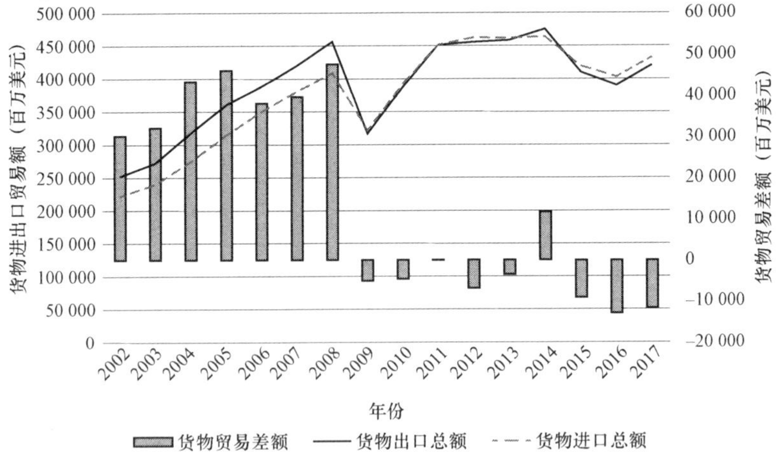

图 2-1 2002-2017 年加拿大货物贸易额

资料来源：商务部综合司，商务部国际贸易经济合作研究院. 国别贸易报告. 加拿大 2018 年第 1 期. https://countryreport.mofcom.gov.cn/record/qikan110209.asp?id=9901

2017 年，加拿大主要的货物出口对象国包括美国、中国、英国、日本、墨西哥等，其对上述国家的货物出口额分别为 3 196.5 亿美元、181.9 亿美元、135.9 亿美元、91.0 亿美元、60.5 亿美元，同比分别增长 7.4%、15.0%、5.3%、12.4%、4.8%，占加拿大货物出口总额的比重分别为 76.0%、4.3%、3.2%、2.2%、1.4%（参见表 2－2，图 2－2）；主要的货物进口来源国包括美国、中国、墨西哥、德国、日本等，其自上述国家的货物进口额分别为 2 220.0 亿美元、547.4 亿美元、273.6 亿美元、138.1 亿美元、134.8 亿美元，同比分别增长 5.6%、12.7%、9.2%、6.1%、12.9%，占加拿大货物进口总额的比重分别为 51.3%、12.7%、6.3%、3.2%、3.1%（参见表 2－2，图 2－3）。

表 2－2　　2017 年加拿大主要货物贸易伙伴　　单位：百万美元，%

主要的货物出口对象				主要的货物进口来源			
国家和地区	出口额	同比变化	占比	国家和地区	进口额	同比变化	占比
美国	319 651	7.4	76.0	美国	222 003	5.6	51.3
中国	18 199	15.0	4.3	中国	54 743	12.7	12.7
英国	13 590	5.3	3.2	墨西哥	27 362	9.2	6.3
日本	9 101	12.4	2.2	德国	13 813	6.1	3.2
墨西哥	6 051	4.8	1.4	日本	13 482	12.9	3.1
韩国	4 006	21.1	1.0	英国	6 833	9.4	1.6
印度	3 205	6.7	0.8	韩国	6 712	－16.4	1.6
德国	3 188	3.8	0.8	意大利	6 280	10.3	1.5
法国	2 624	2.2	0.6	法国	4 766	6.3	1.1
比利时	2 553	5.4	0.6	中国台湾	4 191	9.4	1.0
出口总额	420 670	7.9	100.0	进口总额	432 440	7.3	100.0

资料来源：商务部综合司，商务部国际贸易经济合作研究院. 国别贸易报告：加拿大 2018 年第 1 期. https://countryreport.mofcom.gov.cn/record/qikan110209.asp?id＝9901.

2017 年，加拿大货物贸易的逆差来源国主要包括中国、墨西哥、德国、意大利、日本，逆差额分别为 365.5 亿美元、213.1 亿美元、106.3 亿美元、45.1 亿美元、43.8 亿美元，同比分别增长 11.5%、10.4%、6.8%、14.4%、13.9%；顺差来源国和地区主要包括美国、英国、中国香港、阿联酋、博茨瓦纳，顺差额分别为 976.5 亿美元、67.6 亿美元、14.2 亿美元、10.9 亿美元、37.4 亿美元，同比分别增长 11.6%、1.4%、－7.2%、－13.2%、11.4%（参见表 2－3）。

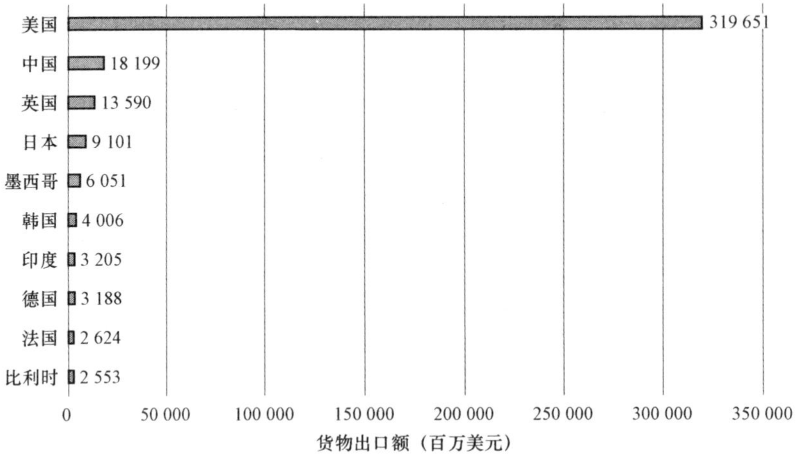

图 2－2　2017 年加拿大主要货物出口对象

资料来源：商务部综合司，商务部国际贸易经济合作研究院. 国别贸易报告：加拿大 2018 年第 1 期. https://countryreport.mofcom.gov.cn/record/qikan110209.asp?id=9901

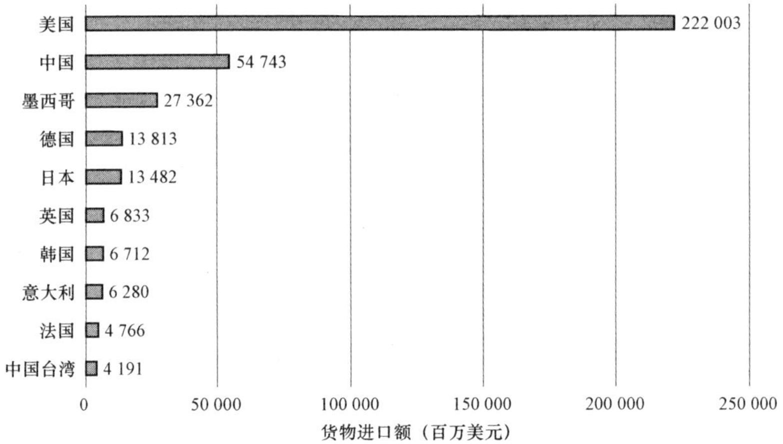

图 2－3　2017 年加拿大主要货物进口来源

资料来源：商务部综合司，商务部国际贸易经济合作研究院. 国别贸易报告：加拿大 2018 年第 1 期. https://countryreport.mofcom.gov.cn/record/qikan110209.asp?id=9901

表 2－3　2017 年加拿大货物贸易差额主要来源　单位：百万美元，%

国家和地区	2017 年	2016 年	同比变化
货物贸易差额总额	－11 770	－13 000	－9.5
主要逆差来源			
中国	－36 545	－32 767	11.5

续表

国家和地区	2017年	2016年	同比变化
墨西哥	-21 311	-19 296	10.4
德国	-10 625	-9 948	6.8
意大利	-4 514	-3 945	14.4
日本	-4 381	-3 846	13.9
越南	-3 113	-3 345	-6.9
加拿大	-3 093	-2 950	4.8
中国台湾	-2 897	-2 636	9.9
韩国	-2 707	-4 724	-42.7
巴西	-2 311	-1 372	68.4
主要顺差来源			
美国	97 648	87 463	11.6
英国	6 757	6 667	1.4
中国香港	1 423	1 533	-7.2
阿联酋	1 088	1 254	-13.2
博茨瓦纳	374	336	11.4

资料来源：商务部综合司，商务部国际贸易经济合作研究院. 国别贸易报告：加拿大 2018 年第 1 期. https://countryreport.mofcom.gov.cn/record/qikan110209.asp?id=9901.

2017年，加拿大主要出口货物类别包括矿产品、运输设备、机电产品、贱金属及其制品、化工产品等，出口额分别为929.6亿美元、724.1亿美元、453.4亿美元、324.3亿美元、243.8亿美元，同比分别增长33.7%、-3.6%、6.4%、17.2%、-5.7%，占加拿大货物出口总额的比重分别为22.1%、17.2%、10.8%、7.7%、5.8%（参见表2-4）。

表2-4　　2017年加拿大主要出口货物类别　　单位：百万美元，%

海关分类	HS编码	货物类别	出口额	同比变化	占比
第5类	25-27	矿产品	92 959	33.7	22.1
第17类	86-89	运输设备	72 407	-3.6	17.2
第16类	84-85	机电产品	45 341	6.4	10.8

续表

海关分类	HS 编码	货物类别	出口额	同比变化	占比
第 15 类	72－83	贱金属及其制品	32 428	17.2	7.7
第 6 类	28－38	化工产品	24 384	－5.7	5.8
第 2 类	06－14	植物产品	21 317	5.5	5.1
第 14 类	71	贵金属及制品	18 573	－1.8	4.4
第 7 类	39－40	塑料、橡胶	15 747	3.0	3.7
第 10 类	47－49	纤维素浆；纸张	14 419	4.6	3.4
第 9 类	44－46	木及木制品	14 117	6.8	3.4
第 4 类	16－24	食品、饮料、烟草	13 488	4.4	3.2
第 1 类	01－05	活动物；动物产品	11 960	5.8	2.8
第 20 类	94－96	家具、玩具、杂项制品	7 522	－0.2	1.8
第 18 类	90－92	光学、钟表、医疗设备	6 852	7.5	1.6
第 3 类	15	动植物油脂	3 211	10.0	0.8
—	—	其他	25 947	－3.9	6.2
—	—	出口总额	420 670	7.9	100.0

资料来源：商务部综合司，商务部国际贸易经济合作研究院. 国别贸易报告：加拿大 2018 年第 1 期. https://countryreport.mofcom.gov.cn/record/qikan110209.asp?id＝9901.

2017 年，加拿大主要进口货物类别包括机电产品、运输设备、化工产品、矿产品、贱金属及其制品等，进口额分别为 1 061.2 亿美元、848.0 亿美元、372.3 亿美元、339.1 亿美元、286.5 亿美元，同比分别增长 4.6%、10.5%、6.7%、17.4%、16.7%，占加拿大货物进口总额的比重分别为 24.5%、19.6%、8.6%、7.8%、6.6%（参见表 2－5）。

表 2－5　　2017 年加拿大主要进口货物类别　　单位：百万美元，%

海关分类	HS 编码	货物类别	出口额	同比变化	占比
第 16 类	84－85	机电产品	106 117	4.6	24.5
第 17 类	86－89	运输设备	84 804	10.5	19.6
第 6 类	28－38	化工产品	37 230	6.7	8.6
第 5 类	25－27	矿产品	33 914	17.4	7.8
第 15 类	72－83	贱金属及其制品	28 653	16.7	6.6

续表

海关分类	HS 编码	货物类别	出口额	同比变化	占比
第 7 类	39－40	塑料及其制品；橡胶及其制品	22 268	8.4	5.2
第 4 类	16－24	食品、饮料、烟草	18 751	3.3	4.3
第 20 类	94－96	家具、玩具、杂项制品	14 891	5.8	3.4
第 11 类	50－63	纺织品及原料	13 887	5.1	3.2
第 18 类	90－92	光学、钟表、医疗设备	12 983	2.5	3
第 2 类	06－14	植物产品	11 974	4.6	2.8
第 14 类	71	贵金属及制品	9 737	－7.5	2.3
第 10 类	47－49	纤维素浆；纸张	8 125	3.9	1.9
第 13 类	68－70	陶瓷；玻璃	5 384	3.5	1.3
第 1 类	01－05	活动物；动物产品	5 275	4.6	1.2
—	—	其他	18 448	5.0	4.3
—	—	进口总额	432 440	7.3	100.0

资料来源：商务部综合司，商务部国际贸易经济合作研究院. 国别贸易报告：加拿大 2018 年第 1 期. https://countryreport.mofcom.gov.cn/record/qikan110209.asp?id＝9901.

2.1.1.2 服务贸易

WTO 的统计数据显示，2016 年，加拿大的服务出口额和进口额分别居世界第 18 位和第 14 位，占世界货物出口额和进口额的比重分别为 1.66%和 2.06%。[①]

加拿大统计局的数据显示，2016 年，加拿大的服务贸易总额为 2 410.8 亿加元，较上年同期增加了 3.2%。其中，服务出口总额为 1 088.9 亿加元，同比增长 4.7%；服务进口总额为 1 322.0 亿加元，同比增长 2.0%。服务贸易呈逆差状态，逆差额为 233.1 亿加元，同比下降 8.8%（参见表 2－6，图 2－4）。

表 2－6　　2012－2016 年加拿大服务贸易额　　单位：百万加元

年份	服务贸易总额	服务出口总额	服务进口总额	服务贸易差额
2012	201 068	89 223	111 845	－22 622
2013	209 372	93 136	116 236	－23 100

① https://www.wto.org/english/res_e/booksp_e/trade_profiles17_e.pdf.

续表

年份	服务贸易总额	服务出口总额	服务进口总额	服务贸易差额
2014	220 868	98 307	122 561	-24 254
2015	233 540	103 983	129 557	-25 574
2016	241 083	108 885	132 198	-23 313

资料来源：加拿大统计局网站。

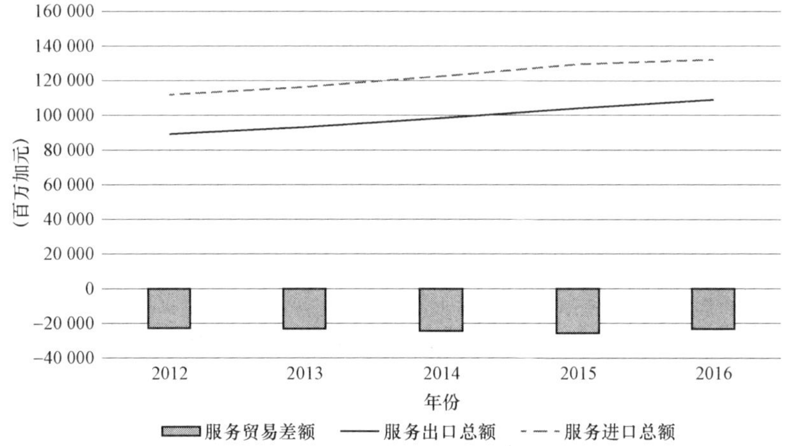

图 2-4　2012-2016 年加拿大服务贸易额

资料来源：商务部综合司，商务部国际贸易经济合作研究院. 国别贸易报告：加拿大 2018 年第 1 期. https://countryreport.mofcom.gov.cn/record/qikan110209.asp?id=9901

2016 年，加拿大主要的服务出口对象国包括美国、英国、中国、法国、瑞士等，其对上述国家的服务出口额分别为 598.3 亿加元、66.3 亿加元、31.4 亿加元、28.5 亿加元、22.2 亿加元，同比分别增长 3.5%、8.5%、15.0%、5.5%、0.8%，占加拿大服务出口总额的比重分别为 54.9%、6.1%、2.9%、2.6%、2.0%（参见表 2-7，图 2-5）；主要的服务进口来源国和地区包括美国、英国、中国香港、法国、墨西哥等，其自上述国家和地区的服务进口额分别为 733.7 亿加元、70.2 亿加元、41.6 亿加元、32.0 亿加元、31.4 亿加元，同比分别增长 2.4%、-0.5%、0.8%、5.1%、2.4%，占加拿大服务进口总额的比重分别为 55.5%、5.3%、3.1%、2.4%、2.4%（参见表 2-7，图 2-6）。

表 2–7　　2016 年加拿大主要服务贸易伙伴　　单位：百万加元，%

主要的服务出口对象				主要的服务进口来源			
国家和地区	出口额	同比变化	占比	国家和地区	进口额	同比变化	占比
美国	59 832	3.5	54.9	美国	73 370	2.4	55.5
英国	6 625	8.5	6.1	英国	7 017	–0.5	5.3
中国	3 142	15.0	2.9	中国香港	4 157	0.8	3.1
法国	2 852	5.5	2.6	法国	3 202	5.1	2.4
瑞士	2 219	0.8	2.0	墨西哥	3 141	2.4	2.4
德国	2 135	5.9	2.0	德国	2 651	2.3	2.0
百慕大	2 111	1.9	1.9	中国	2 453	–0.2	1.9
中国香港	1 930	3.5	1.8	日本	2 278	3.4	1.7
日本	1 905	7.8	1.7	荷兰	1 941	2.5	1.5
澳大利亚	1 741	1.6	1.6	爱尔兰	1 935	–0.6	1.5
出口总额	108 885	4.7	100.0	进口总额	132 198	2.0	100.0

资料来源：商务部综合司，商务部国际贸易经济合作研究院. 国别贸易报告：加拿大 2018 年第 1 期. https://countryreport.mofcom.gov.cn/record/qikan110209.asp?id=9901.

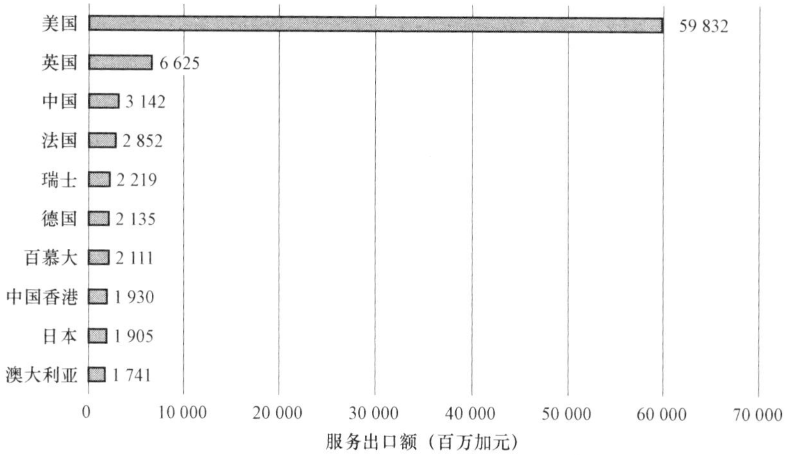

图 2–5　2016 年加拿大主要服务出口对象

资料来源：商务部综合司，商务部国际贸易经济合作研究院. 国别贸易报告：加拿大 2018 年第 1 期. https://countryreport.mofcom.gov.cn/record/qikan110209.asp?id=9901

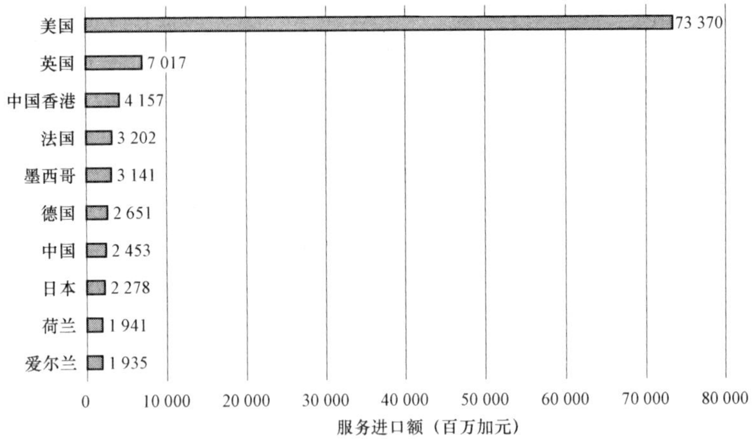

图 2-6　2016 年加拿大主要服务进口来源

资料来源：商务部综合司，商务部国际贸易经济合作研究院. 国别贸易报告：加拿大 2018 年第 1 期. https://countryreport.mofcom.gov.cn/record/qikan110209.asp?id=9901

2016 年，加拿大服务贸易的逆差来源国和地区主要包括美国、中国香港、墨西哥、新加坡、爱尔兰，逆差额分别为 135.4 亿加元、22.3 亿加元、19.8 亿加元、11.2 亿加元、10.0 亿加元，同比分别下降 2.1%、1.5%、0.7%、0.3%、8.6%；顺差来源国和地区主要包括百慕大、瑞士、中国、澳大利亚、韩国，顺差额分别为 9.8 亿加元、9.1 亿加元、6.9 亿加元、6.9 亿加元、3.7 亿加元，同比分别增长 6.1%、5.0%、152.4%、-3.8%、63.2%（参见表 2-8）。

表 2-8　　2016 年加拿大服务贸易差额主要来源　　单位：百万加元，%

国家和地区	2016 年	2015 年	同比变化
服务贸易逆差总额	-23 313	-25 574	-8.8
主要逆差来源			
美国	-13 538	-13 826	-2.1
中国香港	-2 227	-2 261	-1.5
墨西哥	-1 981	-1 995	-0.7
新加坡	-1 120	-1 123	-0.3
爱尔兰	-1 001	-1 095	-8.6
巴巴多斯	-830	-868	-4.4
希腊	-788	-799	-1.4

续表

国家和地区	2016年	2015年	同比变化
荷兰	-763	-729	4.7
意大利	-690	-683	1.0
德国	-516	-576	-10.4
主要顺差来源			
百慕大	977	921	6.1
瑞士	909	866	5.0
中国	689	273	152.4
澳大利亚	687	714	-3.8
韩国	372	228	63.2

资料来源：商务部综合司，商务部国际贸易经济合作研究院. 国别贸易报告：加拿大2018年第1期. https://countryreport.mofcom.gov.cn/record/qikan110209.asp?id=9901.

加拿大的服务贸易类别主要包括政府服务、旅游服务、运输服务和商业服务。2016年，商业服务在加拿大服务贸易中比重最大，出口额和进口额分别同比增长2.5%和4.7%；旅游服务次之，出口额同比增长12.9%，进口额同比下降1.1%；运输服务再次，出口额和进口额分别同比增长3.3%和0.7%；政府服务占比最低，出口额同比增长0.1%，进口额同比下降5.8%（参见表2-9，图2-7）。

表2-9　2016年加拿大各类别服务贸易额　单位：百万加元，%

	出口额	同比变化	占比	进口额	同比变化	占比
政府服务	1 566	0.1	1.4	1 196	-5.8	0.9
旅游服务	23 886	12.9	21.9	38 096	-1.1	28.8
运输服务	16 067	3.3	14.8	26 561	0.7	20.1
商业服务	67 366	2.5	61.9	66 346	4.7	50.2
总额	108 885	4.7	100.0	132 198	2.0	100.0

注：因四舍五入，部分数据存在合计与分项统计不等的情况。

资料来源：商务部综合司，商务部国际贸易经济合作研究院. 国别贸易报告：加拿大2018年第1期. https://countryreport.mofcom.gov.cn/record/qikan110209.asp?id=9901.

2016年，加拿大旅游服务贸易和运输服务贸易呈逆差状态，逆差额分别为142.1亿加元和104.9亿加元，同比分别下降18.2%和2.9%；商业服务贸易和政府服务贸易呈顺差状态，顺差额分别为10.2亿加元和3.7亿加元，前者同比下降55.8%，后者同比增长25.4%（参见表2-10，图2-8）。

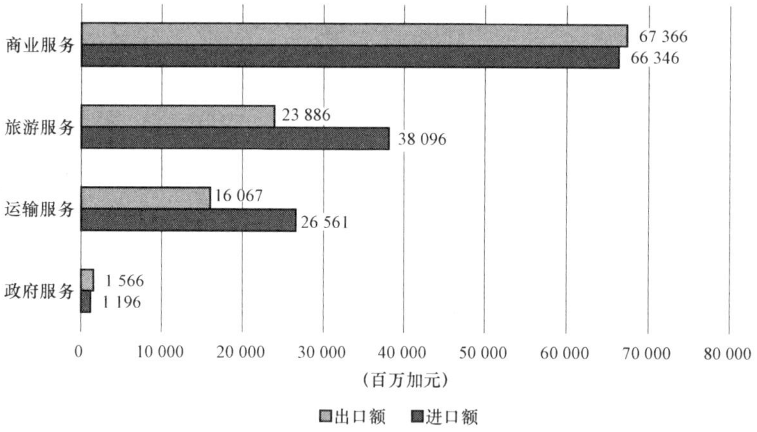

图 2－7　2016 年加拿大各类别服务贸易额

资料来源：商务部综合司，商务部国际贸易经济合作研究院. 国别贸易报告：加拿大 2018 年第 1 期. https://countryreport.mofcom.gov.cn/record/qikan110209.asp?id＝9901

表 2－10　2016 年加拿大各类别服务贸易差额　单位：百万加元

	2016 年	2015 年	同比变化（%）
政府服务	370	295	25.4
旅游服务	－14 210	－17 368	－18.2
运输服务	－10 494	－10 811	－2.9
商业服务	1 020	2 310	－55.8

资料来源：加拿大统计局网站。

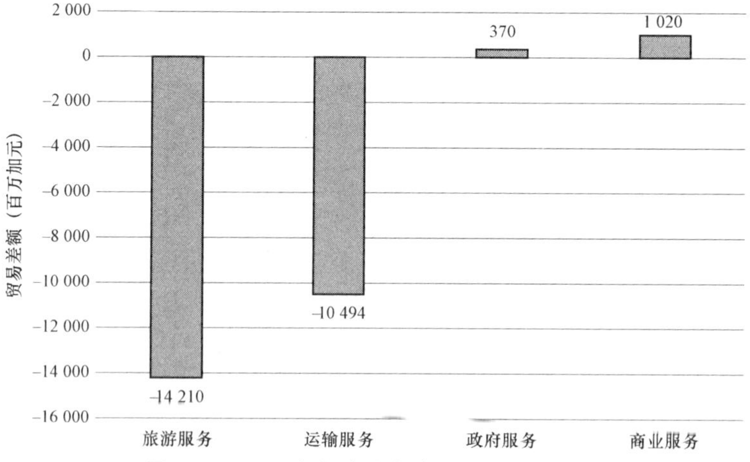

图 2－8　2016 年加拿大各类别服务贸易差额

资料来源：商务部综合司，商务部国际贸易经济合作研究院. 国别贸易报告：加拿大 2018 年第 1 期. https://countryreport.mofcom.gov.cn/record/qikan110209.asp?id＝9901

2.1.2 加中贸易关系

新中国成立之初，由于美国等西方国家对华实行经济封锁政策，加拿大和中国的贸易活动不得不在民间开展。1961 年，加中两国签订了第一个长期小麦贸易协定，标志着双边贸易关系的正式开启。

1970 年，加拿大同中国正式建立外交关系。1973 年，双方签署政府间贸易协定，决定相互给予最惠国待遇，并成立联合贸易委员会定期举行会晤，大大加速了双边贸易的发展。截至 1973 年底，加拿大对中国的出口额已较 3 年前翻番。此外，加拿大对中国出口货物的种类也愈益多样。20 世纪 60 年代末，小麦在加拿大对华出口贸易中的比重高达97%，而到20世纪70年代末，这一比例已降至69%。加拿大的硫磺、木浆、新闻纸以及铝、铜等金属产品开始销往中国。[①]

1978 年，中国开始实施对外开放政策。加中贸易理事会于当年成立，作为一家非营利组织，理事会长期致力于推动加拿大和中国的双边贸易和投资，构建两国经贸交往的桥梁。1979 年，加中两国政府在加中贸易协定的基础上签署了经济合作议定书。1980 年，加拿大对自中国进口货物给予普遍优惠制关税待遇，较最惠国税率降低三分之一以上。1983 年，加中两国政府签署了关于发展合作的总协定。1986 年，双方签署了避免双重征税协定。截至 1988 年，中国已成为加拿大的第六大贸易伙伴。[②]

20 世纪 80 年代末 90 年代初，中国遭受美国等西方国家的制裁，加之美加贸易协定的签署，导致加中贸易规模有所收缩。根据中国海关的统计，1992 年，中加双边贸易额仅为 2.5 亿美元。随着中国确立建立社会主义市场经济体制的目标以及西方对华经济制裁的结束，特别是加拿大自由党执政后提出了“面向亚太、面向中国”的新方针，加中贸易不断扩大。1997 年，加中双边贸易额达到 39.1 亿美元，中国成为加拿大继美国、欧盟、日本之后第四大贸易伙伴。[③]

1999 年，加中就中国加入 WTO 达成双边协议，标志着两国经贸关系翻开了新的篇章。2012 年 9 月，两国政府签署了关于促进和相互保护投资的协定，该协定已于 2014 年 10 月正式生效。2016 年 9 月，在李克强总理访加期间，双方宣布到 2025 年实现双边贸易额在 2015 年基础上翻一番的决定，并同意启动中加自由贸易协定探索性讨论。截至 2017 年底，双方已就中加自贸协定联合可行性研究暨

① https://bdp.parl.ca/content/lop/researchpublications/prb0432 – e.pdf.

② 同上.

③ 林珏. 中加经贸关系的历史回顾与展望[J]. 世界经济研究，2004（10）：62 – 65，61.

探索性讨论举行了 4 次会议，双方均表现出商签意愿。[①]

2.1.2.1 双边货物贸易

2017 年，中国是加拿大的第二大货物贸易伙伴、第二大货物出口目的国和第二大货物进口来源国，仅次于美国。加拿大与中国的双边货物贸易总额为 729.4 亿美元，较 2016 年同期增加了 13.3%。其中，加拿大对中国的货物出口总额为 182.0 亿美元，同比增长 15.0%，占加拿大货物出口总额的 4.3%，较 2016 年同期提高 0.2 个百分点；加拿大自中国的货物进口总额为 547.4 亿美元，同比增长 12.7%，占加拿大货物进口总额的 12.7%，较上年同期提高 0.6 个百分点。加拿大对中国的货物贸易呈逆差状态，逆差额为 365.4 亿美元，同比增加 11.6%（参见表 2－11，图 2－9）。

表 2－11　2005－2017 年加中双边货物贸易额　单位：亿美元

年份	双边贸易总额	加对中出口总额	加自中进口总额	加对中贸易差额
2005	302.3	58.3	244.0	185.8
2006	371.8	67.5	304.2	236.7
2007	445.8	87.0	358.8	271.8
2008	497.3	98.5	398.8	300.3
2009	447.1	97.8	349.3	251.6
2010	559.9	128.7	431.2	302.5
2011	655.7	169.4	486.3	317.0
2012	701.2	193.7	507.5	313.8
2013	710.6	199.1	511.5	312.4
2014	705.0	174.5	530.5	356.0
2015	670.6	158.0	512.6	354.5
2016	644.0	158.2	485.7	327.5
2017	729.4	182.0	547.4	365.4

注：因四舍五入，部分数据存在合计与分项统计不等的情况。

资料来源：商务部综合司，商务部国际贸易经济合作研究院. 国别贸易报告：加拿大 2006－2018 年. https://countryreport.mofcom.gov.cn/record/index110209.asp.

① http://fta.mofcom.gov.cn/article/chinacanada/chinacanadagfguandian/201712/36385_1.html.

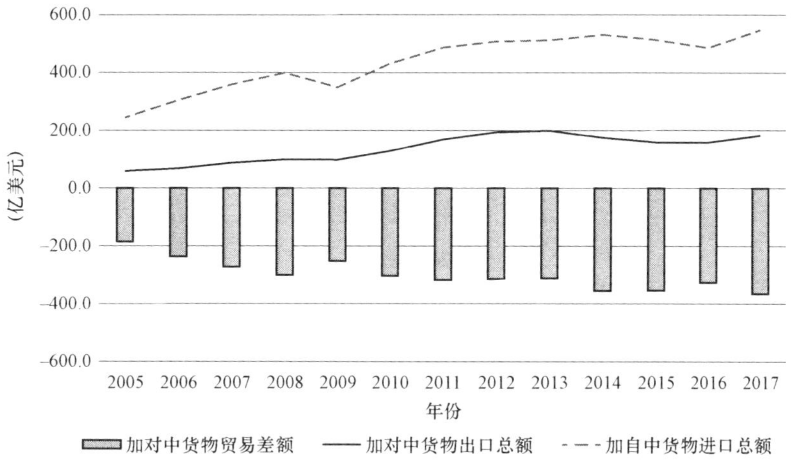

图 2-9　2005-2017 年加中双边货物贸易额

资料来源：商务部综合司，商务部国际贸易经济合作研究院. 国别贸易报告：加拿大 2006-2018 年. https://countryreport.mofcom.gov.cn/record/index110209.asp.

2017 年，加拿大对中国出口的主要货物包括植物产品、纤维素浆及纸张、矿产品、运输设备、木及木制品等，出口额分别为 38.1 亿美元、29.1 亿美元、21 亿美元、21.0 亿美元、15.2 亿美元、13.2 亿美元，同比分别增长 23.5%、18.6%、20.3%、0.5%、11.9%，占加拿大对中国出口货物总额的比重分别为 20.9%、16.0%、11.5%、8.4%、7.2%（参见表 2-12）。

表 2-12　　2017 年加拿大对中国出口的主要货物类别

单位：百万美元，%

海关分类	HS 编码	商品类别	出口额	同比变化	占比
第 2 类	06-14	植物产品	3 809	23.5	20.9
第 10 类	47-49	纤维素浆；纸张	2 907	18.6	16.0
第 5 类	25-27	矿产品	2 095	20.3	11.5
第 17 类	86-89	运输设备	1 519	0.5	8.4
第 9 类	44-46	木及木制品	1 317	11.9	7.2
第 1 类	01-05	活动物；动物产品	1 268	15.7	7.0
第 6 类	28-38	化工产品	1 235	13.8	6.8
第 15 类	72-83	贱金属及其制品	1 000	9.0	5.5
第 16 类	84-85	机电产品	853	1.5	4.7

续表

海关分类	HS 编码	商品类别	出口额	同比变化	占比
第 3 类	15	动植物油脂	518	17.6	2.9
第 4 类	16－24	食品、饮料、烟草	400	40.4	2.2
第 18 类	90－92	光学、钟表、医疗设备	333	－7.5	1.8
第 14 类	71	贵金属及制品	263	447.3	1.5
第 7 类	39－40	塑料及其制品；橡胶及其制品	259	－24.2	1.4
第 8 类	41－43	皮革制品；箱包	237	－17.8	1.3
—	—	其他	185	17.8	1.0
—	—	加对中货物出口总额	18 199	15.0	100.0

资料来源：商务部综合司，商务部国际贸易经济合作研究院．国别贸易报告：加拿大 2006－2018 年．https://countryreport.mofcom.gov.cn/record/index110209.asp.

2017 年，加拿大自中国进口的主要货物包括机电产品，家具、玩具及杂项制品，纺织品及原料，贱金属及其制品，塑料及橡胶等，进口额分别为 245.0 亿美元、64.5 亿美元、47.8 亿美元、44.8 亿美元、28.1 亿美元，同比分别增长 15.6%、9.7%、4.1%、17.6%、16.4%，占加拿大自中国进口货物总额的比重分别为 44.8%、11.8%、8.7%、8.2%、5.1%（参见表 2－13）。

表 2－13　　2017 年加拿大自中国进口的主要货物类别

单位：百万美元，%

海关分类	HS 编码	商品类别	进口额	同比变化	占比
第 16 类	84－85	机电产品	24 500	15.6	44.8
第 20 类	94－96	家具、玩具、杂项制品	6 450	9.7	11.8
第 11 类	50－63	纺织品及原料	4 778	4.1	8.7
第 15 类	72－83	贱金属及其制品	4 479	17.6	8.2
第 7 类	39－40	塑料及其制品；橡胶及其制品	2 809	16.4	5.1
第 17 类	86－89	运输设备	2 358	22.2	4.3
第 12 类	64－67	鞋靴、伞等轻工产品	1 572	1.7	2.9
第 18 类	90－92	光学、钟表、医疗设备	1 343	7.5	2.5

续表

海关分类	HS 编码	商品类别	进口额	同比变化	占比
第 6 类	28 – 38	化工产品	1 307	19.5	2.4
第 13 类	68 – 70	陶瓷；玻璃	1 167	12.8	2.1
第 8 类	41 – 43	皮革制品；箱包	945	2.2	1.7
第 10 类	47 – 49	纤维素浆；纸张	779	12.1	1.4
第 9 类	44 – 46	木及木制品	577	2.4	1.1
第 2 类	06 – 14	植物产品	421	6.1	0.8
第 4 类	16 – 24	食品、饮料、烟草	398	10.2	0.7
—	—	其他	864	– 6.2	1.6
—	—	加自中货物进口总额	54 743	12.7	100.0

资料来源：商务部综合司，商务部国际贸易经济合作研究院．国别贸易报告：加拿大 2006 – 2018 年. https://countryreport.mofcom.gov.cn/record/index110209.asp.

2.1.2.2 双边服务贸易

2016 年，中国是加拿大的第五大服务贸易伙伴、第三大服务出口目的国和第七大服务进口来源国。加拿大与中国的双边服务贸易总额为 56.0 亿加元，较 2015 年同期增加了 7.8%。其中，加拿大对中国的服务出口总额为 31.4 亿加元，同比增长 15.0%，占加拿大服务出口总额的 2.9%，较 2015 年同期提高 0.3 个百分点；加拿大自中国的服务进口总额为 24.5 亿加元，同比降低 0.2%，占加拿大服务进口总额的 1.9%，与 2015 年同期持平。加拿大对中国的服务贸易呈顺差状态，顺差额为 6.9 亿加元，同比增加 152.4%（参见表 2 – 14，图 2 – 10）。

表 2 – 14　　2012 – 2016 年加中双边服务贸易额　　单位：百万加元

年份	双边贸易总额	加对中出口总额	加自中进口总额	加对中贸易差额
2012	4 171	2 108	2 063	45
2013	4 385	2 341	2 044	297
2014	4 877	2 572	2 305	267
2015	5 191	2 732	2 459	273
2016	5 595	3 142	2 453	689

资料来源：商务部综合司，商务部国际贸易经济合作研究院．国别贸易报告：加拿大 2006 – 2018 年. https://countryreport.mofcom.gov.cn/record/index110209.asp.

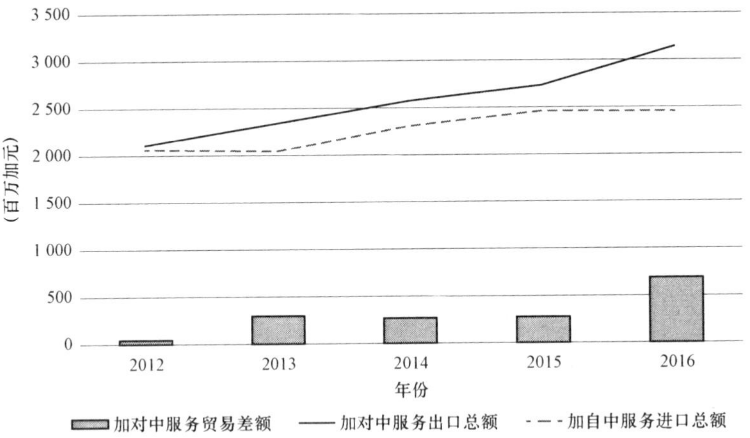

图 2－10　2012－2016 年加中双边服务贸易额

资料来源：商务部综合司，商务部国际贸易经济合作研究院. 国别贸易报告：加拿大 2006－2018 年. https://countryreport.mofcom.gov.cn/record/index110209.asp.

2016 年，在加拿大对中国服务出口贸易中占比最高的类别是旅游服务，出口额为 19.5 亿加元，同比增长 24.0%；其次是运输和政府服务，出口额为 6.3 亿加元，同比增长 2.6%；商业服务的占比最低，出口额为 5.6 亿加元，同比增长 2.9%。在加拿大自中国服务进口贸易中占比最高的类别是运输和政府服务，进口额为 13.7 亿加元，同比增长 0.2%；其次是旅游服务，进口额为 7.2 亿加元，同比下降 1.4%；商业服务的占比最低，进口额为 3.7 亿加元，同比增长 0.3%。（参见表 2－15，图 2－11）。

表 2－15　2016 年加中双边各类别服务贸易额　单位：百万加元，%

	加对中出口额	同比变化	占比	加自中进口额	同比变化	占比
旅游服务	1 951	24.0	62.1	717	－1.4	29.2
商业服务	562	2.9	17.9	370	0.3	15.1
运输和政府服务	629	2.6	20.0	1 366	0.2	55.7
总额	3 142	15.0	100.0	2 453	－0.2	100.0

资料来源：商务部综合司，商务部国际贸易经济合作研究院. 国别贸易报告：加拿大 2006－2018 年. https://countryreport.mofcom.gov.cn/record/index110209.asp.

2016 年，加中旅游服务贸易和商业服务贸易呈顺差状态，顺差额分别为 12.3 亿加元和 1.9 亿加元，同比分别增长 45.7%和 8.5%；运输和政府服务贸易呈逆差状态，逆差额为 7.4 亿加元，同比下降 1.7%（参见表 2－16，图 2－12）。

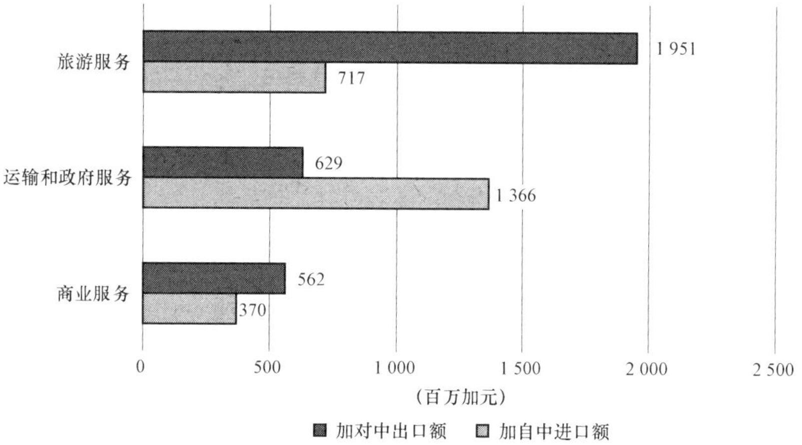

图 2-11　2016 年加中双边各类别服务贸易额

资料来源：商务部综合司，商务部国际贸易经济合作研究院．国别贸易报告：加拿大 2006-2018 年．https://countryreport.mofcom.gov.cn/record/index110209.asp.

表 2-16　2016 年加中双边各类别服务贸易差额　单位：百万加元

	2016 年	2015 年	同比变化（%）
旅游服务	1 234	847	45.7
商业服务	192	177	8.5
运输和政府服务	-737	-750	-1.7

资料来源：加拿大统计局网站。

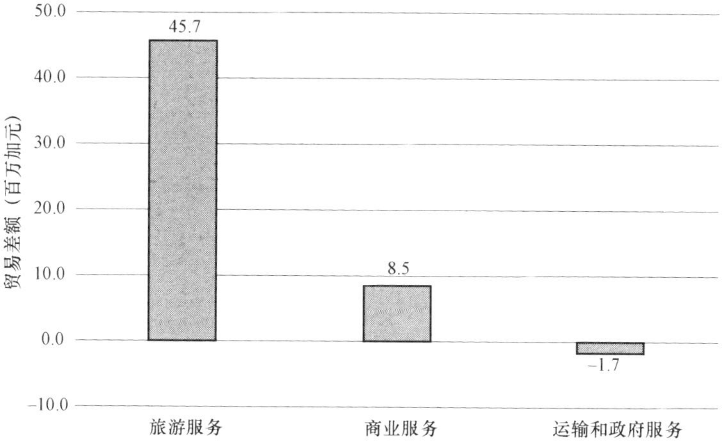

图 2-12　2016 年加中双边各类别服务贸易差额

资料来源：商务部综合司，商务部国际贸易经济合作研究院．国别贸易报告：加拿大 2006-2018 年．https://countryreport.mofcom.gov.cn/record/index110209.asp.

2.2 加拿大签署和参加的国际贸易协定

2.2.1 世界贸易组织协定

加拿大于 1995 年 1 月 1 日正式成为 WTO 的成员，是 WTO 的创始成员方之一。目前，加拿大在 WTO 框架下已经签署并生效的贸易协定主要包括《1994 年关税与贸易总协定》《服务贸易总协定》《与贸易有关的知识产权协定》《与贸易有关的投资措施协定》《信息技术协定》《政府采购协定》等，已经完成《贸易便利化协定》的谈判，并正在推进《环境产品协定》和《服务贸易协定》的达成（参见表 2－17）。

表 2－17　　加拿大已经签署或参与谈判的世界贸易组织协定

名称	类型	状态	生效日期
1994 年关税与贸易总协定（GATT 1994）	多边协定	已生效	1995 年 1 月 1 日
服务贸易总协定（GATS）	多边协定	已生效	1995 年 1 月 1 日
与贸易有关的知识产权协定（TRIPS）	多边协定	已生效	1995 年 1 月 1 日
与贸易有关的投资措施协定（TRIMS）	多边协定	已生效	1995 年 1 月 1 日
信息技术协定（ITA）	诸边协定	已生效	2016 年 7 月 1 日
政府采购协定（GPA）	诸边协定	已生效	2014 年 4 月 6 日
贸易便利化协定（TFA）	多边协定	谈判已结束	—
环境产品协定（EGA）	诸边协定	谈判进行中	—
服务贸易协定（TISA）	诸边协定	谈判进行中	—

资料来源：https://www.international.gc.ca/trade－commerce/trade－agreements－accords－commerciaux/ agr－acc/index.aspx?lang＝eng.

2.2.2 区域贸易协定

加拿大已经签署的区域贸易协定主要包括《北美自由贸易协定》《跨太平洋伙伴关系协定》和《全面且先进的跨太平洋伙伴关系协定》（参见表 2－18）。

表 2-18　　加拿大已经签署的区域贸易协定

名称	状态	生效日期
北美自由贸易协定（NAFTA）	已生效	1994 年 1 月 1 日
跨太平洋伙伴关系协定（TPP）	已签署	—
全面且先进的跨太平洋伙伴关系协定（CPTPP）	已签署	—

资料来源：https://www.international.gc.ca/trade – commerce/trade – agreements – accords – commerciaux/ agr – acc/index.aspx?lang = eng.

《北美自由贸易协定》于 1994 年 1 月 1 日生效，取代了 1989 年生效的《加拿大 - 美国自由贸易协定》，标志着由美国、加拿大和墨西哥三国建立的自由贸易区正式成立。依照该协定相关条款的约定，三国目前已经相互取消了大部分的贸易关税和非关税壁垒。作为世界上第一个由发达国家和发展中国家组成的经济集团，北美自由贸易区的建立极大地促进了美、加、墨三国的贸易发展和经济增长。2016 年，三国的 GDP 合计达到 21.1 万亿美元，占世界 GDP 总量的 28%。[①] 三国之间的货物贸易总额超过 1 万亿美元，是 1993 年的 3 倍有余。其中，美国和加拿大的双边贸易额为 5 492.4 亿美元，是 1993 年的 2.6 倍，加拿大贸易顺差 173.7 亿美元；美国和墨西哥的双边贸易额为 5 278.2 亿美元，是 1993 年的 6.4 倍，墨西哥贸易顺差 658.9 亿美元；加拿大和墨西哥的双边贸易额为 307.9 亿美元，是 1993 年的 9.0 倍，墨西哥的贸易顺差 192.8 亿美元。[②]

2017 年，在美国的提议下，美、加、墨三国正式开启关于《北美自由贸易协定》的重新谈判。截至 2018 年 3 月底，谈判已经进行了 7 轮，但各方仍存在较大的分歧（参见表 2-19）。

表 2-19　　美、加、墨三国对《北美自由贸易协定》谈判的主要诉求

国家	主要诉求
美国	（1）减少对墨西哥和加拿大的贸易逆差； （2）制定更加严格的工业制成品和汽车原产地规则，防止非成员国取道加拿大或墨西哥来规避美国的关税壁垒； （3）取消对美国农产品出口的非关税壁垒； （4）增加数字贸易、劳工和环境保护方面的条款； （5）若墨西哥和加拿大对美国出口影响到美国公司和美国劳工的利益，美国将强加临时关税予以保护。

① http://international.gc.ca/trade – commerce/trade – agreements – accords – commerciaux/agr – acc/nafta – alena/fta – ale/facts.aspx?lang = eng.

② 李春顶. 《北美自由贸易协定》的前途命运[J]. 世界知识，2017（06）：46 – 47.

续表

国家	主要诉求
加拿大	（1）保持加拿大产品进入美国市场的优惠条件； （2）禁止强加关税或补偿配额； （3）拒绝接受在基础设施建设中必须购买美国产品的条件； （4）保持加拿大产品的供应链不受影响； （5）建立一套争端处理机制。
墨西哥	（1）保持墨西哥产品进入美国市场的优惠条件； （2）拒绝与美国就关税和进口配额问题进行谈判； （3）保护本国汽车工业的供应链和制造业不受影响； （4）增加数字贸易、能源、通信等方面的条款； （5）拒绝接受有关原产地的特殊规定； （6）拒绝对在墨西哥投资的外资企业进行惩罚； （7）要求提高在美国企业工作的墨西哥劳工工资。

资料来源：徐世澄. 北美自由贸易协定重启谈判[J]. 瞭望，2017（34）：48－49.

经过艰苦谈判，在美国的强势压力之下，考虑到对美国经济的依存性，墨西哥和加拿大分别在 2018 年 8－10 月份作出了让步，加拿大放弃了原协定第 19 章关于争端解决机制的规定，以换取美国对其汽车配件的开放。这标志着新的北美自贸协定业已达成，待各国国会批准后生效。

《跨太平洋伙伴关系协定》(Trans－Pacific Partnership，即 TPP）的前身是《跨太平洋战略经济伙伴关系协定》（TPSEP），由新西兰、新加坡、智利和文莱 4 个亚太经济合作组织成员共同发起，并于 2005 年正式签署。2008 年，美国宣布加入 TPSEP 协定。在其主导之下，该协定于 2009 年正式更名为《跨太平洋伙伴关系协议》，澳大利亚、秘鲁等国陆续加入谈判。2012 年，加拿大宣布加入 TPP 谈判。2015 年，澳大利亚、文莱、加拿大、智利、日本、马来西亚、墨西哥、新西兰、秘鲁、新加坡、美国、越南共 12 个国家就 TPP 协定达成一致，并于次年正式签署。

与现存的各类自由贸易协定相比，TPP 协定具有覆盖区域广、议题领域宽、执行标准高三大显著的特点。

第一，覆盖区域广。TPP 的 12 个缔约国在地理上覆盖北美洲、南美洲、东亚、东南亚和大洋洲，其中既有发达国家也有发展中国家。根据联合国贸易和发展会议（UNCTAD）的数据计算，这 12 个国家 2016 年的 GDP 合计占世界 GDP 总量的 38.4%，进出口贸易额合计占世界贸易总额的 26.6%，人口合计占世界人口的 11.1%。

第二，议题领域宽。TPP 协定正文共包含 30 个章节，不仅对货物贸易、投资、服务等传统议题进行了深化，就纺织品和服装、金融服务、商务人员临时入境、电信、电子商务等重要行业或项目设置了单独的章节，就政府采购、竞争政策、知识产权、劳工、环境等深度一体化议题提出了更高的标准，而且增设了国有企业和指定垄断、合作和能力建设、竞争力和商务便利化、发展、中小企业、监管一致性、透明度和反腐败等横向新议题，反映了国内规则向区域规则扩展的趋势。①

第三，执行标准高。TPP 在很大程度上体现了美国的自由贸易理念及其战略利益诉求。首先，在货物贸易领域，协定要求所有贸易产品最终实现零关税；在服务贸易领域，对绝大多数部门给予准入前国民待遇和最惠国待遇，仅对国防、金融、航空等少数特殊服务业设置例外条款；此外，在服务贸易、投资、金融服务等领域均采用负面清单模式。其次，在知识产权领域，就地理指标、版权保护、反规避责任、专利保护、药品定价等方面提出明显高于 TRIPS 的标准。再次，推行严格的劳工和环境标准，并为之增设争端解决机制，从而强化了规则的约束力。最后，就国有企业和指定垄断单独设立章节，创设了国有企业的非商业援助制度，禁止缔约国对国有企业提供政策支持、财政补贴及其他福利待遇，如财政拨款和债务减免、较商业条件下更加优惠的贷款和贷款担保、与私人投资惯例不一致的权益资本等。②③

2017 年，美国新任总统唐纳德·特朗普签署行政命令，正式宣布美国退出 TPP。此后，在日本的主导下，其余 11 个缔约国经过磋商就新版 TPP 协定——《全面且先进的跨太平洋伙伴关系协定》（CPTPP）达成一致，并于 2018 年 3 月在智利圣地亚哥正式签署。该协定保留了 TPP 协定 95%以上的内容，仅搁置了 20 项规定，其中有 11 项涉及知识产权领域。

2.2.3 双边自由贸易协定

截至 2018 年 3 月 31 日，加拿大与智利、哥伦比亚、哥斯达黎加、洪都拉斯、欧洲自由贸易联盟、以色列、约旦、韩国、巴拿马、秘鲁、欧盟、乌克兰签署了双边自由贸易协定，共涉及 42 个国家。其中，于 2015 年 1 月 1 日正式生效的《加拿大－韩国自由贸易协定》是加拿大与亚洲国家签署的第一份自由贸易协定。此外，加拿大正在推进与加勒比共同体、多米尼加共和国、危地马拉、尼加拉瓜、萨尔瓦多、印度、日本、摩洛哥、新加坡等国家或经济体的自由贸易协定谈判，

① 东艳，苏庆义. 揭开 TPP 的面纱：基于文本的分析[J]. 国际经济评论，2016（1）：37－57.

② 吴涧生. TPP 的特点、影响及对策建议[J]. 中国发展观察，2015（10）：16－20.

③ 韩立余. TPP 协定的规则体系：议题与结构分析[J]. 求索，2016（9）：4－13.

并开启了与南方共同市场、东盟、太平洋联盟、中国、菲律宾、泰国、土耳其等国家或经济体的探索性谈判（参见表2-20）。

表2-20　　加拿大已经签署或参与谈判的双边自由贸易协定

名称	状态	生效时间
加拿大-智利自由贸易协定	已生效	1997年7月5日
加拿大-哥伦比亚自由贸易协定	已生效	2011年8月15日
加拿大-哥斯达黎加自由贸易协定	已生效	2002年11月1日
加拿大-洪都拉斯自由贸易协定	已生效	2014年10月1日
加拿大-欧洲自由贸易联盟自由贸易协定	已生效	2009年7月1日
加拿大-以色列自由贸易协定	已生效	1997年1月1日
加拿大-约旦自由贸易协定	已生效	2012年10月1日
加拿大-韩国自由贸易协定	已生效	2015年1月1日
加拿大-巴拿马自由贸易协定	已生效	2013年4月1日
加拿大-秘鲁自由贸易协定	已生效	2009年8月1日
加拿大-欧盟全面经济贸易协定	已生效	2017年9月21日
加拿大-乌克兰自由贸易协定	已生效	2017年8月1日
加拿大-加勒比共同体自由贸易协定	谈判进行中	—
加拿大-多米尼加共和国自由贸易协定	谈判进行中	—
加拿大-危地马拉、尼加拉瓜、萨尔瓦多自由贸易协定	谈判进行中	—
加拿大-印度全面经济伙伴关系协定	谈判进行中	—
加拿大-日本经济伙伴关系协定	谈判进行中	—
加拿大-摩洛哥自由贸易协定	谈判进行中	—
加拿大-新加坡自由贸易协定	谈判进行中	—
加拿大-南方共同市场自由贸易协定	探索性谈判已结束	—
加拿大-东盟自由贸易协定	探索性谈判进行中	—
加拿大-太平洋联盟自由贸易协定	探索性谈判进行中	—

续表

名称	状态	生效时间
加拿大－中国自由贸易协定	探索性谈判进行中	—
加拿大－菲律宾自由贸易协定	探索性谈判进行中	—
加拿大－泰国自由贸易协定	探索性谈判进行中	—
加拿大－土耳其自由贸易协定	探索性谈判进行中	—

资料来源：徐世澄. 北美自由贸易协定重启谈判[J]. 瞭望，2017（34）：48－49.

2.3 加拿大贸易管理制度

2.3.1 出口促进措施

2.3.1.1 出口鼓励政策

加拿大长期奉行自由贸易政策。2013 年，加拿大政府推出了最新修订的对外贸易政策——《全球市场行动计划》（Global Markets Action Plan）。该计划秉承“经济外交”的理念，旨在通过调动各类资源、加强支持服务、推动贸易协定签署等措施，帮助加拿大企业进一步拓展国际市场，从而拉动国内经济和就业增长，巩固加拿大的竞争优势和创新实力。

根据相关的调研结果，该计划筛选出了适合加拿大企业优先发展的国际市场和行业领域。其中，适合优先发展的国际市场分为 3 类，包括 20 个对加拿大具有巨大潜力的新兴市场、24 个对加拿大具有特定机会的新兴市场以及 36 个加拿大宜加强竞争优势的成熟市场（参见表 2－21）。适合优先发展的行业领域共 22 个，包括航空航天、农业和食品加工、汽车、化工、消费品、国防和安全、教育、金融服务、鱼类和海产品、林业和木制品、工业机械、信息与通信技术、基础设施、生命科学、矿业、海洋技术、石油和天然气、专业服务、可持续技术、旅游、运输、葡萄酒、啤酒和烈酒。

表 2-21 加拿大优先市场

对加拿大具有巨大潜力的新兴市场	中国，中国香港，印度，印度尼西亚，马来西亚，新加坡，韩国，泰国，越南，巴西，智利，哥伦比亚，秘鲁，墨西哥，以色列，沙特阿拉伯，南非，阿联酋，俄罗斯，土耳其
对加拿大具有特定机会的新兴市场	文莱，缅甸，蒙古国，哥斯达黎加，巴拿马，巴拉圭，乌拉圭，巴林，贝宁，布基纳法索，喀麦隆，科特迪瓦，加纳，科威特，马达加斯加，马里，摩洛哥，尼日利亚，塞内加尔，坦桑尼亚，突尼斯，赞比亚，哈萨克斯坦，乌克兰
加拿大宜加强竞争优势的成熟市场	美国，欧盟（奥地利、比利时、保加利亚、克罗地亚、塞浦路斯、捷克、丹麦、爱沙尼亚、芬兰、法国、德国、希腊、匈牙利、爱尔兰、意大利、拉脱维亚、立陶宛、卢森堡、马耳他、荷兰、波兰、葡萄牙、罗马尼亚、斯洛伐克、斯洛文尼亚、西班牙、瑞典、英国），欧洲自由贸易联盟（冰岛、列支敦士登、挪威、瑞士），澳大利亚，日本，新西兰

资料来源：http://international.gc.ca/global-markets-marches-mondiaux/plan.aspx?lang=eng.

蒙特利尔 The Bay 百货大楼

蒙特利尔世界贸易中心内景

蒙特利尔伊顿购物中心

加拿大的购物中心

卡尔加里 The Core 购物中心

多伦多购物中心

加拿大的购物中心（续）

2.3.1.2 出口促进机构

加拿大出口促进机构主要包括加拿大贸易专员服务、加拿大出口发展公司、加拿大商业开发银行和加拿大商业公司。

加拿大贸易专员服务

加拿大贸易专员服务（The Canadian Trade Commissioner Service）成立于 1894 年，通过派遣贸易专员向加拿大企业提供外国市场情报、出口建议和相关指导，以帮助企业开拓国际贸易市场、在科研创新和教育领域开展国际合作，并推动外国企业赴加拿大投资。

目前，加拿大贸易专员服务在境内五大地理区域均设立了贸易办公室，覆盖加拿大全境的 13 个省和地区；在境外设立了 161 个贸易办公室，覆盖亚太、欧洲、拉丁美洲和加勒比地区、中东和北非、撒哈拉以南非洲、美国和墨西哥等地区。

加拿大在中国的沈阳、天津、青岛、西安、南京、杭州、武汉、成都、厦门、深圳共 10 个城市设立了贸易办公室，服务领域涵盖所有行业，包括航空航天、农业及食品和饮料、汽车、清洁技术、教育、信息和通信技术、基础设施和建筑产品及相关服务、生命科学、交通运输等。

加拿大出口发展公司

加拿大出口发展公司（Export Development Canada）成立于 1944 年，是隶属加拿大政府的出口信贷机构。该机构通过与加拿大政府和其他金融机构合作，为加拿大出口商、投资者和相关的外国进口商提供保险、融资等金融服务以及小型企业商业解决方案，以帮助其快速响应国际市场需求，促进加拿大的对外直接投资和招商引资。

加拿大出口发展公司自筹经费、自负盈亏，独立于政府运营，迄今已经支持了超过1.3万亿加元的产品出口和对外投资。2016年，该公司为7 150多家加拿大企业提供了相关的服务，涉及200多个海外市场。其中大多数为中小企业，超过30%的业务发生于快速增长的新兴市场。这些企业的出口和投资额合计接近990亿加元，可为加拿大GDP贡献639亿加元，创造52.5万个就业岗位。

2017年，加拿大出口发展公司根据政府委托，以3亿加元启动资本成立了一家子公司——发展金融机构（Development Finance Institution）。该机构具有很强的公益性，旨在配合其发展援助计划，通过为私人部门的倡议提供一系列金融服务，促进发展中国家的可持续发展，支持女性企业家和青年企业家成长，并致力于减贫事业。

2018年1月，加拿大还成立了一家王冠公司（Crown Corporation），主要任务是快速落实出口发展公司的各项计划和具体项目。

加拿大商业开发银行

加拿大商业开发银行（Business Development Bank of Canada）是一家加拿大国有企业，但在运营上保持独立。其前身是成立于1994年的工业开发银行，后于1975年更名为联邦商业开发银行，再于1995年变更为现用名称。加拿大商业开发银行以中小企业为主要服务群体，业务领域主要包括融资、咨询和风险投资，旨在帮助各行业的中小企业提高竞争力，实现可持续发展。

目前，加拿大商业开发银行设立了118个商业中心，拥有约2 200名员工，为4.9万家企业提供服务，其中16%的企业从事出口贸易。被服务企业的年收入合计达2 510亿加元，拥有员工约90万人。

加拿大商业公司

加拿大商业公司（Canada Commercial Corporation）成立于1946年，是一家加拿大国有企业，但在运营上保持独立。该机构在相对复杂的政府采购市场扮演着合同承揽人的角色，其与外国政府签署的合同由加拿大政府提供担保，因而更容易赢得采购方的信任。加之其可与外国高级政府官员直接接触，熟悉各国政府的采购政策、管理模式和文化特点，谈判经验丰富，可帮助加拿大企业获得更大的利益。在与具备相关资质的加拿大企业签署分包合同后，加拿大商业公司还将监督合同的履行，确保其符合合同条款的约定。如此，即提高了加拿大企业在政府采购市场的竞争力，并有效降低了相关的政治风险和财务风险。

2.3.2 贸易管制措施

2.3.2.1 出口管制措施

根据加拿大《进出口许可法》(Export and Import Permits Act)，加拿大总督可通过制定出口管制清单、地区管制清单和自动武器国家管制清单，对部分产品、技术及地区实行出口管制措施；加拿大外交部长可向总部或分支机构位于加拿大的公司签发出口许可证。

根据规定，出口管制清单中的产品或技术共分为 7 组，只有在获得许可证的情况下方能出口或转移：(1) 两用清单；(2) 军火清单；(3) 核不扩散清单；(4) 与核相关的两用清单；(5) 多种产品和技术（包括原产于美国的某些产品、杀伤性地雷、激光致盲武器、核聚变反应堆以及某些林产品、农产品和食品等)；(6) 导弹及其技术控制制度清单；(7) 化学和生物武器不扩散清单。若此类产品或技术被最终运往如美国等特定国家，则可豁免申请出口许可证。若对加拿大进口的原产于美国的产品和技术在无任何附加值的情况下进行再出口，则必须获得出口许可证。

向地区管制清单中的国家出口任何产品和技术，只有在获得许可证的情况下方能进行。截至 2017 年 6 月 20 日，只有朝鲜一个国家被列入了地区管制清单。

自动武器国家管制清单中的国家与加拿大签署了政府间防御、研究、发展和生产协议，包括阿尔巴尼亚、澳大利亚、比利时、博茨瓦纳、保加利亚、智利、克罗地亚、捷克、丹麦、爱沙尼亚、芬兰、法国、德国、希腊、匈牙利、冰岛、以色列、意大利、科威特、拉脱维亚、立陶宛、卢森堡、荷兰、新西兰、挪威、秘鲁、波兰、葡萄牙、哥伦比亚、韩国、罗马尼亚、沙特阿拉伯、斯洛伐克、斯洛文尼亚、西班牙、瑞典、土耳其、英国、美国共 39 个国家。出口管制清单中的某些枪炮、武器、设备及相关组件或零件只能向以上国家出口，且只有在获得许可证的情况下方能进行。

根据加拿大《联合国法》(United Nations Act) 和《特别经济措施法》(Special Economic Measures Act)，加拿大政府可对特定国家实施经济制裁，相关的法律执行工作由加拿大外交部长负责。加拿大企业只有在获得许可证的情况下，方能与被制裁国家开展出口贸易。截至 2017 年 12 月 19 日，加拿大政府依据《联合国法》对中非共和国、刚果民主共和国、厄立特里亚、伊朗、伊拉克、黎巴嫩、利比亚、朝鲜、索马里、南苏丹、苏丹、也门等国采取了出口管制措施，依据《特别经济措施法》对伊朗、利比亚、缅甸、朝鲜、俄罗斯、南苏丹、叙利亚、乌克兰、委内瑞拉、津巴布韦等国采取了出口管制措施。[①]

2.3.2.2 进口管制措施

根据加拿大《进出口许可法》，加拿大总督可通过制定进口管制清单，对特定类别或者原产于特定国家的产品实行进口管制措施。相关产品的进口只有在获得许可证的情况下方能进行，许可证的签发工作由加拿大贸易管制和技术壁垒局（Trade Controls and Technical Barriers Bureau）负责。目前，受到加拿大进口管制的产品主要包括农产品、枪支、纺织品和服装、钢材等。[②]

2.3.3 贸易管理规定

2.3.3.1 商品检验检疫规定

加拿大有关商品检验检疫的法律法规主要包括《食品和药品法》《危险产品法》《肉类检验法》《鱼类检验法》《动物卫生法》《野生动植物贸易规定》等，其中与进口商品有关的检验检疫制度主要包括针对商业用产品和消费类产品的规定。

商业用产品大多为制造商从国外进口的用于生产下游商品的设备和零部件，不直接进入消费品市场。此类产品的生产必须符合有关行业的国际标准并经过认证，加拿大政府不介入此类产品的质量检验，但危险品的进口必须获得政府检验部门的批准。

消费类产品在进口之后直接进入加拿大国内市场，加拿大对此类产品制定了严格的检验标准和程序。例如，对于家用电器产品，进口商必须确保其获得了北美主要质量标准机构的认证；对于农渔产品、食品、动植物等，进口商须确保此类产品符合加拿大《食品和药品法》并获得了加拿大食品检验局的认证；对于具有潜在危险的产品即可能存在化学、机械、电子危险及易燃易爆的产品，如玩具、儿童家具、含毒油漆制品、打火机等，进口商在市场销售此类产品之前须向加拿大政府检验部门出具符合产品安全标准的证明文件。

2.3.3.2 政府采购合同审查

根据《北美自由贸易协定》《国内贸易协定》和修订后的 WTO《政府采购协定》，有关缔约国须公开其对某些商品和服务的政府采购过程，并建立独立的招标管理投诉机构以接受申诉。上述协定涉及的采购范围虽然多有重合，但涵盖的货

---

① http://www.international.gc.ca/sanctions/legislation – lois.aspx?lang = eng.

② http://www.international.gc.ca/controls – controles/about – a_propos/impor/importing – importation.aspx?lang = eng.

物和服务类别以及货物、服务和建筑服务合同的最低限额存在较大区别，且最低限额标准通常需要定期审核。

加拿大每年有约100个政府部门、机构和国有企业进行商品和服务的采购。为保证所有供货商拥有平等的准入权，加拿大议会已经颁布了相关法律，以确保上述协定涉及的加拿大政府采购工作公开、公平、透明，并尽可能鼓励竞争。加拿大的申诉主管机构是加拿大国际贸易法庭。如果有国内外供应商认为某合同的中标方式不适当或不合法，或对其他相关工作的适当性存有疑虑，则可向加拿大国际贸易法庭提出申诉，以争取相应的补偿。

2.3.4 关税制度

加拿大的关税制度主要由加拿大《海关法》（Customs Act）和《海关税则》（Customs Tariff）确立，加拿大边境服务署（Canada Border Services Agency）负责上述法规的执行。

2.3.4.1 税则分类

加拿大于1971年正式加入世界海关组织（WCO）。加拿大《海关税则》以该组织制定的《商品名称及编码协调制度》（Harmonized Commodity Description and Coding System）为基础，将进口货物分为21类、99章。进口货物依据其所属的关税项目适用相应的关税安排。

2.3.4.2 关税待遇

根据加拿大《海关税则》，进口货物依据其原产地适用相应的关税待遇。例如，加拿大对WTO成员给予最惠国关税（Most-Favoured-Nation Tariff）待遇，对某些发展中国家给予普遍优惠关税（General Preferential Tariff）待遇，对特定的最不发达国家给予最不发达国家关税（Least Developed Country Tariff）待遇，并依据双边或多边协定等给予相关国家约定的关税待遇。根据加拿大2018年《海关税则》，加拿大对中国给予最惠国关税待遇。

2.3.4.3 估价制度

根据加拿大《海关法》（Customs Act），加拿大对大多数进口商品征收从价关税，即按照进口商品价值的百分比征税；对部分进口商品征收从量关税，即按照进口商品数量、重量、体积等的百分比征税；对某些进口商品征收混合关税，即以从价和从量两种方式对进口商品计征关税。

在计算从价关税时，海关估价的首要依据是商品的“成交价格”（transaction

value），即外国出口商向加拿大进口商支付的经调整后的价格，调整项目包括佣金、包装费用、运费、特许权使用费等。若无法适用“成交价格”，则依次采用以下方法进行估价：（1）相同商品的成交价格；（2）类似商品的成交价格；（3）推算价格；（4）计算价格；（5）剩余法。

2.3.4.4 关税税率

WTO 的统计数据显示，2016 年，加拿大对 99.7%的关税税目实行约束税率，简单平均最终约束税率为 6.5%，最惠国适用税率为 4.1%。农产品的简单平均最终约束税率为 15.4%，最惠国适用税率为 15.6%，高于最终约束税率。加拿大对 99.7%的非农产品实行约束税率，简单平均最终约束税率为 5.2%，最惠国适用税率为 2.2%（参见表 2－22）。

表 2－22　　加拿大关税概览　　单位：%

A　关税与进口：概况与税率范围

概况	年份	总计	农产品	非农产品	加入 WTO 的时间		1995 年
简单平均最终约束税率	—	6.5	15.4	5.2	约束范围	总计	99.7
简单平均最惠国适用税率	2016	4.1	15.6	2.2		非农产品	99.7
贸易加权平均进口税率	2015	3.1	12.4	2.3	农产品：关税配额占比		9.7
进口额（10 亿美元）	2015	408.3	34.1	374.2	农产品：特别保障措施占比		6.0

频率分布	年份	免税	(0,5]	(5,10]	(10,15]	(15,25]	(25,50]	(50,100]	＞100	非从价关税占比
		关税税目与进口额所占比例								
农产品										
最终约束税率	—	46.1	16.1	20.8	7.9	1.5	2.1	0.9	4.7	19.5
最惠国适用税率	2016	59.6	9.0	16.2	6.0	1.1	2.0	0.9	5.1	12.2
进口额	2015	53.3	12.8	18.0	10.5	0.3	2.1	0.0	0.8	12.8
非农产品										
最终约束税率	—	38.1	7.5	39.3	7.9	6.8	0	0	0	0.3
最惠国使用税率	2016	78.5	3.2	10.7	1.3	6.3	0	0	0	0
进口额	2015	67.8	1.4	26.6	0.7	3.4	0	0	0	0

B 分类产品的关税与进口

产品类别	最终约束税率				最惠国适用税率			进口额	
	平均税率	免税占比	最高从价税率	约束占比	平均税率	免税占比	最高从价税率	进口份额	免税占比
畜产品	27.0	46.1	368	100	23.5	66.0	368	0.8	58.9
乳制品	218.5	0	314	100	248.9	0	314	0.1	0
水果、蔬菜、植物	3.7	56.0	19	100	3.3	60.0	19	2.4	81.2
咖啡、茶	7.4	55.0	265	100	10.4	76.4	265	0.7	67.2
谷物及其制品	17.6	15.3	277	100	20.5	36.4	277	1.6	18.2
油籽、脂肪及油类	5.4	47.0	218	100	3.8	62.0	218	0.4	71.4
糖和糖果	4.3	7.8	13	100	3.5	34.3	13	0.2	41.9
饮料及烟草	6.5	26.3	256	100	3.8	47.9	256	1.3	31.8
棉花	0.8	90.0	8	100	0.0	100.0	0	0.0	100.0
其他农产品	3.3	65.9	206	100	2.9	79.9	206	0.7	60.2
鱼及鱼类产品	1.0	80.0	11	100	0.9	81.0	11	0.7	78.6
矿物及金属	2.7	50.6	16	99.5	1.0	85.0	16	12.7	84.6
石油	6.8	0	8	80.0	0.9	82.8	5	6.1	99.3
化学产品	4.4	28.2	16	100	0.8	87.6	16	11.7	74.3
木、纸制品等	1.5	78.4	16	100	0.9	87.6	18	4.7	81.0
纺织品	10.6	9.2	18	100	2.3	83.4	18	1.7	45.7
服装	17.2	0.9	18	100	16.5	5.4	18	2.2	2.7
皮革、鞋类制品等	7.2	24.0	20	100	3.8	67.0	20	2.3	26.3
非电力机械	3.2	50.3	14	100	0.4	93.9	9	15.5	96.7
电力机械	3.7	45.6	11	100	1.1	83.8	9	9.7	89.1
运输设备	5.6	27.8	16	93.3	5.7	41.5	25	18.8	16.2
其他制成品	3.9	44.7	18	99.7	2.5	61.2	16	5.7	76.0

C 对主要贸易伙伴的出口及面临的关税

主要市场	2015 年双边进口额（百万美元）	出口多样性：95%贸易额所属税目		贸易关税税目的平均最惠国税率		优惠差额	免税进口产品	
		HS2 位码	HS6 位码	简单平均	加权平均	加权平均	关税税目占比	进口额占比
农产品								
1. 美国	22 315	26	186	6.2	3.9	3.8	92.7	99.4
2. 中国	4 669	9	15	14.9	12.0	0.0	5.3	0.6
3. 日本	3 342	15	31	15.8	8.1	0.0	32.8	65.7
4. 欧盟	2 456	20	58	13.2	3.5	0.0	17.2	78.4
5. 墨西哥	1 756	18	41	16.8	10.9	10.4	94.4	99.0
非农产品								
1. 美国	256 914	54	738	3.5	1.3	1.3	100.0	100.0
2. 欧盟	25 564	54	547	4.6	1.0	0.0	21.6	79.8
3. 中国	21 544	36	173	8.6	1.8	0.0	10.4	69.6
4. 墨西哥	7 969	49	547	4.6	4.2	4.2	100.0	100.0
5. 日本	5 774	35	178	2.1	0.9	0.0	64.5	79.1

资料来源：https://www.wto.org/english/res_e/booksp_e/tariff_profiles17_e.pdf.

2.4 加拿大贸易救济措施

加拿大贸易救济措施主要包括反倾销、反补贴和保障措施。其中，反倾销和反补贴措施属于针对不公平贸易行为采取的救济措施，相关规定主要见于加拿大《特别进口措施法》（Special Import Measures Act）和《特别进口措施法实施细则》（Special Import Measures Regulations），相关调查主要由加拿大边境服务署和国际贸易法庭负责实施，其中前者负责确定倾销或补贴是否存在以及其幅度的大小，后者负责确定损害是否存在以及倾销或补贴与损害之间的因果关系。而保障措施属于针对公平贸易行为采取的救济措施，相关规定主要见于《加拿大国际贸易法庭法》（Canadian International Trade Tribunal Act）和《海关税则》，相关调查主要由加拿大国际贸易法庭负责实施。

2.4.1 反倾销措施

2.4.1.1 倾销的确定

根据加拿大《特别进口措施法》，“倾销”指一国产品以低于其“正常价值”的价格出口到另一国家的行为。如果倾销对加拿大国内产业已经造成或很可能会造成损害或妨碍，那么出口企业将被征收反倾销税。

加拿大边境服务署在进行反倾销调查前会首先确定受调查产品的“相似产品”，并据之计算受调查产品的“正常价值”。其中，“相似产品”包括与受调查产品在各方面一致的产品以及与其用途、功能和其他特征很相似的产品。

正常价值

“正常价值”一般指受调查产品在出口国国内的销售价格，即在正常贸易过程中出口商向国内市场买方销售相似产品的价格。采用此方法确定正常价值需要满足特定的条件，如果不存在符合要求的出口国国内售价，加拿大边境服务署将根据“结构正常价值”，即受调查产品的全部生产经营成本、出口商费用和利润来确定正常价值。

与其他国家不同的是，加拿大的反倾销法律没有以出口国向第三国出口价格来确定正常价值的规定。若缺乏必要的资料而不能采用上述两种方法，加拿大边境服务署将根据其掌握的最佳资料，由署长确定受调查产品的正常价值。若署长认为出口国政府完全或几乎垄断了该国的出口贸易，抑或出口国国内市场价格在很大程度上是由政府决定的，那么该出口国将被列为“非市场经济国家”，其产品的正常价值将以替代国价格来确定。加拿大边境服务署署长将指定一个与该国经济发展水平相近且生产相似产品的市场经济国家作为替代国。

出口价格

“出口价格”是出口商销售价格和进口商购买价格中的较低者。其中，出口商销售价格是产品出口售价扣除出口商备货成本和费用、支付的税款和产品运输费用后的价格。进口商购买价格是进口商购买或同意购买产品的价格扣除出口商备货费用、支付的税款和产品运输成本后的价格。对于不适用上述方法的特定情形，加拿大边境服务署将根据特殊规定对出口价格进行裁定。

调整和比较

为了对正常价值和出口价格进行合理的比较，加拿大边境服务署会对出口价格作出必要的调整，调整内容包括销售条件差异、销售日期差异、税负差异、汇率差异、信用条件差异、出口商提供的转售利润差异以及补偿协议调整。

倾销幅度和反倾销税的确定

加拿大反倾销法律规定的倾销幅度通常包括以下两种：其一是某一出口商的倾销幅度，即其产品的加权平均正常价值和加权平均出口价格的差额；其二是某一出口国的倾销幅度，即该国出口商倾销幅度的加权平均值。在特殊情况下，加拿大边境服务署署长将根据规定对倾销幅度进行裁定。

反倾销税额一般等于倾销幅度，但在特殊情况下，如征税或税额有违公共利益，加拿大国际贸易法庭可能会建议降低税率水平。

2.4.1.2 损害的确定

国内产业

加拿大在总体上认同 WTO《反倾销协议》对于“国内产业”的定义，即国内生产相似产品的全体生产商或者合计产量占国内相似产品总产量较大部分的生产商。根据加拿大联邦上诉法院的解释，“较大部分”并不意味着合计产量占比达到50%或 50%以上。由于加拿大国内有相当数量的跨国企业，企业之间以及其控股、参股的合资企业之间既有竞争又有合作，与此国情相适，加拿大反倾销法律关于国内产业的规定也颇具特色。例如，在一般情形下，加拿大在界定国内产业时并不排除与倾销产品进出口商有关联的国内生产商，即使该生产商本身就是倾销产品的进口商。加拿大反倾销法律还制定了国内产业生产相似产品的“加拿大生产”标准，即国内产业在加拿大从事的生产活动必须与最终制成的相似产品有关，且相似产品必须用于加拿大国内消费。此外，虽然加拿大幅员辽阔，但反倾销法律很少使用地方性市场标准，通常只有在申诉方能够证明进口产品对地区性市场近乎 100%的生产都造成损害的情况下，才能在确定损害时将国内产业的范围缩小为某一地区的产业。

实质损害

加拿大反倾销法律没有明确规定“损害”的定义，而是交由国际贸易法庭自由裁量倾销产品是否已经或可能对加拿大生产相似产品的国内产业造成实质损害。按照惯例，国际贸易法庭一般会考虑以下因素：（1）倾销产品相对于加拿大国内生产和消费的绝对或相对数量及其增长状况；（2）倾销产品对国内价格的影响，如是否压低了国内相同产品的价格或抑制了相似产品的价格增长；（3）倾销产品对加拿大国内产业产量、利润等的影响。

累积原则

在特定情形下，加拿大国际贸易法庭可对数个国家进口产品对国内产业的损害进行累计评估。其考虑的因素主要包括两个：一是倾销幅度的高低，如果倾销幅度极低则可忽略不计，如果倾销幅度显著则即使进口量很少也不得忽略；二是倾销产品与非倾销产品的比率，如果某国倾销产品在其出口量中的比率以及倾销幅度显然低于其他涉案国，则即使其数量较大也可能被忽略不计。

损害与倾销的因果关系

与其他国家不同的是，加拿大对损害与倾销之间因果关系的判定以法庭裁决的方式进行，而非由调查当局依据一系列法定因素判断。加拿大国际贸易法庭一般会召开听证会，让双方当事人的代理律师充分了解法庭掌握的秘密和非秘密证据材料，据以辩论。必要时，法庭还允许受调查产品的主要用户参加听证会并提供意见。法庭最终将根据各方面的证据和意见，作出裁决。

2.4.1.3 法律程序

立案

根据加拿大《特别进口措施法》，加拿大边境服务署既可以主动对某种产品开展反倾销调查，也可以因国内生产商的投诉而对某种产品进行反倾销调查。对于第二种情况，投诉方生产的产品数量必须占到国内相同产品总量的50%以上。在接到投诉后，加拿大边境服务署将对投诉方提供的关于倾销和损害的证据进行审查，如果认为证据充分，则必须在 21 天内书面通知投诉人和出口国政府，并在 30 天内立案，必要时可延长至 45 天；如果认为证据不充分，可要求投诉人提供补充资料，若审查后仍认为不符合立案条件，则不予立案，并通知投诉人。

如果加拿大边境服务署仅以证据不足为由不予立案，投诉人可在接到通知后的 30 天内将其提供的资料提交加拿大国际贸易法庭审查，若国际贸易法庭同样认为证据不足，则不予立案；若国际贸易法庭认为证据充分，则边境服务署必须立案。

加拿大边境服务署在正式立案后应通知投诉人、出口国政府、出口商、本国进口商等，并在政府公报上发布立案通知，同时向国际贸易法庭提供有关资料。

调查问卷

加拿大边境服务署在发出立案通知的同时会向各涉案企业发出调查问卷，涉案企业须在 37 日内交卷。由于企业调查问卷的内容繁多，涉案企业通常在问卷发出一段时间后才得到消息或收到问卷，而加拿大边境服务署又很少允许企业延期，所以涉案企业的答卷工作往往非常紧张。这对答卷质量产生了很大的影响，导致涉案企业处于不利的境地。

对于被加拿大视为非市场经济的国家，加拿大边境服务署会向涉案国政府发放调查问卷，以确定加拿大《特别进口措施法》有关“国家控制经济条款”的规定是否适用于该国。政府调查问卷的交卷期限与企业问卷相同。

核查

核查指加拿大边境服务署专员亲自到涉案企业对其答卷涉及的有关内容、证据进行现场核实、查证。核查一般在立案之日的46天之后、初裁之前进行，但在特殊情况下，也可能在初裁后进行。与美国等国家不同的是，加拿大海关税务署在核查前不提供核查提纲，具有较大的随意性，这使受核查企业不得不做好全面的准备。

初裁

加拿大国际贸易法庭在接到立案通知后即开始进行初步调查，以确定投诉人提供的证据是否能够证明被控倾销的产品对国内产业已经造成或可能造成损害，并在60天内作出裁决。在此期间，国际贸易法庭可以就相似产品和国内产业形成自己的观点。立案后，加拿大边境服务署将就是否存在倾销和倾销幅度的大小进行调查，并在90天内作出初步裁决，肯定性的裁决将导致临时反倾销税的征收。在特殊情况下，如案情复杂、涉案国家众多等情况，加拿大边境服务署的初裁调查期可延长至135天。

加拿大边境服务署在初裁阶段的调查若满足以下条件之一即可终止：（1）投诉人提供的证据不足；（2）被控产品倾销幅度极低，可忽略不计；（3）实际或潜在的倾销产品数量较小。加拿大国际贸易法庭在投诉人提供的证据不足以证明被控产品对国内同类产业造成了实质损害或存在损害威胁的情况下，可终止调查。

终裁

在作出初裁后，加拿大边境服务署将继续进行调查，并在90天内对被控产品是否存在倾销及倾销幅度作出最终裁决。加拿大国际贸易法庭在边境服务署作出初裁后，开始对损害进行实质性调查，如分析在调查前4年间被控产品在加拿大市场的销售变化情况以及被控产品是否已经对国内产业造成了损害、被控产品在不被征收临时反倾销税的情况下是否会对国内产业造成损害。加拿大国际贸易法庭通常会举行听证会，双方当事人可以充分发表自己的意见并进行辩论。国际贸易法庭对于损害的最终裁决须在加拿大边境服务署作出倾销终裁后的30天内作出。如果国际贸易法庭作出肯定性的终裁，则被诉产品将被征收与倾销幅度相等的反倾销税。

终裁的终止包括以下情形：（1）调查程序因加拿大边境服务署和国际贸易法庭的肯定性终裁而当然终止；（2）加拿大边境服务署在初裁后的进一步调查中认为被控产品确实不存在倾销或倾销幅度可忽略不计，则调查程序终止；（3）加拿大国际贸易法庭因被控产品的倾销数量小、可忽略不计而终止损害调查；（4）反倾销调查程序因加拿大边境服务署接受出口商提出的价格承诺和终止调查的要求而结束。在终止调查的决定作出后，加拿大边境服务署或国际贸易法庭应及时通知相关机构、涉案国政府及当事人，并在政府公报上公布。

司法审查

如果一方当事人对加拿大边境服务署的倾销幅度终裁不服，可以在裁决作出后的 90 天内向国际贸易法庭上诉，国际贸易法庭须就此举行听证会，并提前 21 天在政府公报上公布听证会的日期。国际贸易法庭对上诉作出的裁决是终局性的，如果当事人对此裁决仍不服，只能以适用法律错误为由向联邦上诉法院提起抗诉。

2.4.1.4 价格承诺

在反倾销调查中，“价格承诺”指一个或多个出口商作出的改变被控产品对加拿大出口价格或停止倾销该产品的承诺。如果价格承诺能够降低被控产品的倾销幅度或消除对加拿大国内产业的损害，加拿大边境服务署专员可以对出口商递交的书面价格承诺予以接受。一般情况下，提出价格承诺的出口商，其出口量须超过该国涉案产品对加拿大出口总量的 85%。在接受价格承诺之前，加拿大边境服务署会征求国内生产商的意见，其他相关利益方也可以对此提出建议。接受价格承诺的结果是停止征收临时反倾销税，反倾销调查程序中止。承诺递交人也可以在递交承诺的同时要求终止倾销和损害调查程序。价格承诺的有效期为 5 年，期满自动失效，所有反倾销程序同时终止。期满前，加拿大边境服务署经复审认为有必要的，可以延长 5 年。在价格承诺的有效期内，出口商可以根据情况对承诺内容进行修改，但如果出口商违反了价格承诺或接受价格承诺的情势发生变更，加拿大边境服务署将立即终止承诺的执行。

2.4.1.5 反倾销税的征收

临时反倾销税

自加拿大边境服务署作出存在倾销的初裁之日起，进口涉案产品将被征收临时反倾销税。如果被调查企业与边境服务署充分合作，完整填写问卷，则临时倾销税将按估计的平均倾销幅度征收；如果被调查企业填写的问卷不完整，或不允许边境服务署专员进行现场核查，则临时倾销税将按调查中估计的最高倾销幅度征收。

反倾销税

自加拿大国际贸易法庭作出存在损害的终裁之日起，进口涉案产品将按边境服务署终裁确定的倾销幅度征收反倾销税。在特定情况下，反倾销税具有溯及既往的效力。加拿大国际贸易法庭在实质性损害调查阶段，可以对立案之日前后较短一段时间内的被控产品进口是否构成大宗进口并对国内产业造成损害进行调查，如果作出肯定性裁决，则该批大宗进口产品将被追加征收反倾销税。反倾销税的有效期为 5 年，期满后自动失效。期满前，加拿大国际贸易法庭可以主动或应财政部长、边境服务署专员以及有关当事人的要求进行审查，若认为倾销导致的损害仍然存在，则可将反倾销税的征收期限延长 5 年或视情况进行适当调整。[①]

2.4.2 反补贴措施

2.4.2.1 补贴的界定

加拿大《特别进口措施法》关于补贴与反补贴的规定与 WTO《补贴与反补贴协定》的规定基本相同。具体而言，“补贴”是外国政府向从事产品生产、制造、种植、加工、购买、分销、运输、销售、出口或进口的企业或个人提供的财政资助。

加拿大法律规定的典型情形包括：（1）政府行为涉及资金或债务的直接转移或或有转移；（2）被免除、扣减或未征收的政府税金；（3）政府提供除一般基础设施以外的货物或服务，或采购货物；（4）政府委托或指示一家非政府机构履行上述任意一种通常属于政府的职能，且该机构行为与政府行为没有实质性差别。

加拿大法律明确规定不属于“补贴”范畴的财政资助包括：（1）产品原产国政府或出口国政府征收的因产品出口而被免除或退还的税款；（2）对出口产品在生产过程中消耗或使用的能源、媒介物质给予的免税或退税；（3）对出口产品的组成物质给予的免税或退税。

加拿大《特别进口措施法》将补贴分为禁止性补贴、不可诉补贴和专向性补贴 3 种类型。其中，禁止性补贴包括出口补贴和进口替代补贴。不可诉补贴包括：（1）不具专向性的补贴；（2）政府对工业研究、竞争前开发活动、落后地区、现有设施适应新环境标准、高等院校和独立研究机构科研活动的资助；（3）符合 WTO《农业协定》附件 2 各项规定的对该协定附件 1 所列农产品提供的国内支持。对于专项性补贴，《特别进口措施法》作出了以下规定：第一，如果关于补贴资格和数额的标准和条件是客观的，有法律、法规、行政性文件或其他公开文件可循，且补贴优惠并不限于特定企业，则此类补贴不属于专向性补贴。第二，政府机关

① https://wenku.baidu.com/view/5bb49c11f18583d049645986.html.

依据相关法规或公开文件对其管辖范围内的特定企业给予的补贴，以及禁止性补贴，均属于专项性补贴。第三，加拿大边境服务署署长可认定以下4种补贴具有专向性：（1）补贴为少数企业独占使用；（2）某特定企业对补贴的使用具有支配作用；（3）大部分补贴为少数企业占有；（4）补贴提供机关的自由裁量行为表明该补贴在一般情况下是不可获得的。

2.4.2.2 补贴金额的确定

确定补贴金额的方法依补贴形式的不同而有所区别，加拿大《特别进口措施法实施细则》详细规定了以下几种补贴金额的确定方法：（1）拨款；（2）优惠利率贷款；（3）贷款担保；（4）所得税的抵扣、退还或免除；（5）所得税延迟；（6）对出口产品关税和国内税的超额免除；（7）对投入物关税和国内税的超额免除；（8）政府获取公司股份；（9）政府购买产品；（10）政府提供产品或服务。计算补贴金额时应扣除的项目包括：（1）为获得补贴而产生的必要费用或其他开支；（2）为抵消补贴而对补贴利益接受方征收的国内税、关税及其他费用；（3）补贴的延迟给予所造成的补贴贬值。

2.4.2.3 损害和因果关系的确定

加拿大补贴与反补贴法律将“损害”分为3类：（1）已经对国内产业造成损害或妨碍；（2）对国内产业构成损害威胁；（3）若不征收反补贴税则会对国内产业造成损害或妨碍。但加拿大反补贴法律未对第3类损害作出具体的规定。

已经造成损害或妨碍

根据《特别进口措施法实施细则》，判定被控产品是否已经对国内产业造成损害或妨碍的考察因素包括：（1）产品数量的增加，尤其是被控产品的绝对或相对数量是否大幅增加；（2）被控产品对相似产品价格的影响，尤其是是否大幅消减了相似产品的价格或抑制了其价格的增长；（3）被控产品对国内产业的影响，尤其要考虑的因素包括 1）国内产量、销售、市场份额、利润、生产力、投资收益或产业设备利用率的实际或潜在的下降；2）对现金流、库存、就业、工资、增长或筹资能力产生的实际或潜在的负面影响；3）补贴数额的多少；4）在被控产品涉及农产品（包括任何议会或各省立法意义上的农产品）的情况下，补贴是否会给政府支持计划带来负担；（4）其他相关因素。

构成损害威胁

根据规定，判定被控产品对国内产业构成损害威胁的考察因素包括：（1）补贴的性质及其对贸易产生的潜在影响；（2）被控产品的进口是否呈现显著的增长趋势；（3）出口商是否具有充足的能力在短期内向加拿大市场大量出口受补贴产品；（4）当前生产其他产品的生产设备转产受补贴产品的可能性；（5）被控产品是否可能对国内相似产品价格造成严重的削减或抑制，并引起国内对其更大的进口需求；（6）被控产品的库存量；（7）被控产品对现有的开发和生产活动（包括相似产品的衍生产品和升级产品的生产活动）是否会造成实际或潜在的负面影响；（8）其他相关因素。

其他判定因素

除上述因素外，在确定被控产品是否已经或可能对国内产业造成损害或妨碍时，还可以考虑以下因素：（1）没有接受补贴的进口相似产品的数量和价格；（2）国内对受补贴产品或相似产品消费需求的减少；（3）受补贴产品或其相似产品消费模式的任何变化；（4）国内外生产商的贸易限制行为和相互竞争状况；（5）技术进步；（6）国内相似产品产业的出口绩效和生产能力；（7）其他相关因素。

2.4.2.4 法律程序

调查的发起

加拿大反补贴调查的发起包括 3 种方式，分别为加拿大边境服务署署长自行发起、边境服务署接到国内产业书面申请发起以及边境服务署基于国际贸易法庭的建议发起。

（1）接到国内产业的书面申请而发起调查

在以上 3 中调查发起方式中，最常见的是加拿大边境服务署接到国内产业书面申请而发起反补贴调查。在这种情形下，边境服务署署长在收到国内产业书面申请后 21 日内决定其申请是否符合要求。如不符合要求，则署长书面通知申请人补充材料，收到补充材料之日视为反补贴调查申请之日；如符合要求，则署长正式签收申请并书面通知申请人，同时在签收当日通知相关出口国家（地区）政府并提供一份申请书非保密版本，通知该国（地区）政府可按照 WTO 有关协议与加拿大政府进行立案前磋商。

加拿大边境服务署在正式签收申请书后，将继续对申请书的内容进行审查，包括申请人是否具有国内产业代表性、证明补贴存在的证据是否充分、补贴是否对国内产业造成损害等。

在告知申请人申请符合要求之日后 30 日（必要时可延长至 45 日）内，边境服务署署长将对调查的启动予以公示，将启动调查通知发送至国际贸易法庭秘书长、出口商、进口商、出口国政府、申请人以及法律规定的其他各方，并及时向国际贸易法庭提供《国际贸易法庭规则》要求的有关信息和材料。如果决定不对申请中的部分或全部产品发起调查，则署长应书面将决定及理由通知申请人及出口国政府。

（2）基于国际贸易法庭的建议而发起调查

根据加拿大反补贴法律，如果边境服务署署长认定不发起调查的理由是证据不足以证明补贴已经或可能对国内产业造成损害或妨碍，则申请人可以在通知之日后 30 日内要求国际贸易法庭就相关证据是否充分提供建议。一旦申请人向国际贸易法庭提出审查申请，则边境贸易署应立即向国际贸易法庭提供相关资料。国际贸易法庭应在 30 天内，在不举行听证会的情况下，仅基于边境贸易署提供的资料判定补贴产品是否会对加拿大国内产业造成损害。如果结论是肯定的，则国际贸易法庭将向边境服务署发出立案通知，边境服务署在接到通知后必须立即立案并启动反补贴调查。

（3）加拿大边境贸易署署长自行发起调查

加拿大反补贴法律规定，如果边境服务署署长认定，有证据证明受补贴产品对国内产业造成了损害，则署长可以自行发起反补贴调查。

初步调查及裁决

该阶段的调查分两部分进行：一部分是国际贸易法庭对于损害的调查及裁决，另一部分是边境贸易署对于补贴的调查及裁决。如果国际贸易法庭经初步调查认定，相关证据不足以证明存在对加拿大产业的损害，则法庭将终止调查并通知边境服务署，边境服务署亦将终止调查。如果边境服务署根据各方提供的充足、可核实的信息和证据认定，受调查产品未受到补贴，则必须终止调查。该终止调查决定意味着边境服务署署长和国际贸易法庭所有反补贴调查行动的终止。决定将被送至所有涉案方，并在《加拿大公报》（Canada Gazette）上公示。

（1）损害初步调查及裁决

根据加拿大反补贴法律，国际贸易法庭必须在边境服务署正式决定启动反补贴调查的 60 天内，就是否有合理证据证明存在损害、妨碍或损害威胁作出初步裁决，并将裁决通知发送边境服务署署长、出口商、进口商、出口国政府、申请方及其他所有国际贸易法庭知晓的利害关系方，并在《加拿大公报》上公示。

（2）补贴初步调查及裁决

如果加拿大国际贸易法庭初裁认定现有证据能够合理证明损害的存在，则边境贸易署将开展补贴初步调查，并在发起调查后的 90 天（必要时可延长至 135 天）内作出补贴初裁。补贴初步调查一般按以下步骤进行：边境服务署向已知出口国（地区）的出口商和政府以及国内进口商发放调查问卷，以搜集相关信息；通过公告邀请其他利害关系方书面提交与调查有关的信息及评论；对所有接收信息进行分析；在必要时派专员对出口商、进口商和出口国政府进行实地核查；对所有信息进行分析并估算补贴金额；作出终止调查的决定或发布补贴初裁并继续进行调查。

如果边境服务署署长认为征收临时税可以减少损害，则可在作出补贴初裁之后对所有受调查产品征收临时反补贴税。征收时间自补贴初裁作出之日起至国际贸易法庭对受调查产品作出损害终裁之日止。边境服务署署长将向海关提供估算的补贴金额，如果受调查产品继续以补贴价格进口，则必须按此金额缴纳临时反补贴税。在某些情况下，临时反补贴税额为估算补贴额的一部分。临时反补贴税可以是在产品清关时或海关估价后支付，进口商也可以选择向海关支付其认可的保证金来代替临时反补贴税。

价格承诺

在反补贴调查中，“价格承诺”是出口商或出口国政府在一定条件下做出的、旨在消除补贴对加拿大生产商造成损害的许诺。若边境服务署署长接受价格承诺则调查中止，该程序只能发生在边境服务署作出补贴初裁之后。价格承诺通常由出口商或出口国政府主动提出，边境服务署若认为承诺可行则会召开披露会议，以听取国内相关生产商的意见并与之磋商。价格承诺的有效期一般为5年，在此期间不征收反补贴税。

最终调查及裁决

反补贴最终调查环节包括针对补贴的最终调查和裁决以及针对损害的最终调查和裁决，这两个部分分别由加拿大边境服务署和国际贸易法庭负责执行。

（1）补贴最终调查及裁决

根据加拿大反补贴法律，边境服务署应当在作出补贴初裁后的90日内作出补贴终裁，除非调查因接受价格承诺而中止。一般而言，补贴的最终调查主要包括与没有参加初步调查的企业进行会晤、查证新的信息、重新对出口商进行核查、必要时对进口商进行核查等环节，其目的在于确定终裁所需的精确补贴金额或者终止调查。补贴金额将根据按照法律要求收集和查证得来的充分的证据计算得出。如果当事方没有按照法律规定提供充分的信息或者充分的信息客观上不可获得，则补贴金额的计算将根据指定的方法进行。

在补贴最终调查中，如果有信息或证据表明不存在补贴或补贴金额可忽略不计，则边境服务署署长将终止调查并书面通知所有当事方，其他程序也将因此而全部终止。一旦有证据表明被控产品受到了补贴且补贴金额不可忽略不计，则边境服务署署长将作出肯定性的补贴终裁，精确计算出每一个出口商的补贴金额，将补贴终裁书面通知所有当事方并提交至国际贸易法庭，以便国际贸易法庭在进行损害终裁时予以考虑。

与补贴初裁环节一样，边境服务署官员将作出补贴终裁后将立即召开披露会议，向所有利害关系方就终裁补贴金额的计算作出解释。如果会议中发现计算方法应当有所改变，则应立即对补贴金额作出修改并随即通知国际贸易法庭，并将之书面告知所有当事方。

（2）损害最终调查及裁决

加拿大反补贴法律规定，国际贸易法庭必须在收到补贴初裁后的120天内，就补贴产品是否对加拿大产业造成损害、妨碍或损害威胁进行最终调查，并作出最终裁决或决定。国际贸易法庭也可以裁定，如果不对补贴产品征收临时反补贴税，则补贴产品将对国内产业造成损害或妨碍。国际贸易法庭损害终裁的有效期一般为5年，可能的终裁结果包括三种：补贴没有造成损害或损害威胁，补贴造成了损害，补贴没有造成损害但造成了损害威胁。该结果将对最终反补贴税的征收方式产生影响。

如果国际贸易法庭作出无损害终裁，则反补贴调查的所有程序随即终止。在这种情况下，边境服务署应向进口商退还所有已征收的临时反补贴税或其向边境服务署提供的担保。如果国际贸易法庭作出有损害终裁，则应对临时反补贴税征收期间进口的所有补贴产品以及国际贸易法庭作出损害终裁之日起至该终裁撤销之日止进口的所有补贴产品征收反补贴税，有效价格承诺涵盖的补贴产品除外。若国际贸易法庭裁定损害是补贴产品的大量进口造成的，则可对调查开始之日起至边境服务署补贴初裁之日止的所有进口补贴产品追溯征收反补贴税。在初步调查期限延长的情况下，征税的追溯期不得超过补贴初裁作出之日前的90天。如果国际贸易法庭终裁认定存在损害威胁，则终裁作出之前的进口产品免征反补贴税，已征收的所有临时税、利息以及担保应返还进口商；终裁作出之后的所有进口产品都应缴纳反补贴税，有效价格承诺涵盖的进口产品除外。

重新调查

为了对补贴金额进行更新、确定新的出口商或新类型补贴产品的补贴金额，加拿大边境服务署将定期开展重新调查。重新调查通常每年进行一次，程序与初步调查类似，但不考虑损害问题。此外，没有参加调查或重新调查的出口商可以申请对补贴金额进行快速复审。

复审

加拿大反补贴法律关于复审的规定包括中期复审和终期复审两种情况。

（1）中期复审

根据加拿大反补贴法律，在加拿大财政部长、边境服务署署长或者其他任何个人或政府的要求下，国际贸易法庭可以对调查启动后到损害终裁作出期间的任何一项决定或裁定发起中期复审，以决定是否应对其予以撤销。启动中期复审的情形有两种。一种是存在合理证据表明，情势变更使决定或裁定作出时的情形发生了重大改变，而该变更在此前虽尽勤勉之力亦不可发现。例如，在损害终裁作出之后，国内产业停止生产相似产品、进口国政府停止对涉案产品进行补贴等。另一种是出现了与决定或裁定相关的新的事实，而该事实在此前虽尽勤勉之力亦不可发现。此外，国际贸易法庭也可以在这两种情形存在的情况下自行发起中期复审。

（2）终期复审

如果国际贸易法庭没有在损害终裁作出后的 5 年内发起终期复审，则反补贴裁定期满失效。在损害裁定期满前至少 10 个月，国际贸易法庭将发布通知并邀请利害关系方和进口国提出意见。在通知发布后的第 50 天，国际贸易法庭将发布启动或不启动终期复审的通知。若国际贸易法庭决定启动终期复审，则边境服务署将在 120 日内完成复审调查，以裁定产品补贴是否可能在损害终裁期满后恢复或继续。如果边境服务署作出肯定性认定，则国际贸易法庭将进一步裁定补贴是否可能对国内产业造成损害或妨碍。

公共利益调查

加拿大反补贴法律规定，国际贸易法庭在作出损害终裁后，可以基于利害关系方在法律规定时效内提出的合规申请发起公共利益调查，亦可自行发起公共利益调查。如果国际贸易法庭经调查发现，全部或部分反补贴税的征收不符合公共利益，则应向加拿大财政部长提交报告，建议减征或免征反补贴税。一般而言，国际贸易法庭考虑最多的三个因素包括价格或价格竞争、产品供应状况和公共健康。[①]

2.4.3 保障措施

“保障措施”指国家在紧急情况下采取的增加关税、配额等进口限制措施，以保护国内产业免受外国产品的冲击。保障措施通常分为一般保障措施和特别保障措施两种类型。其中，特别保障措施是 WTO 成员利用特定产品过渡性保障机制对来自特定成员的进口产品采取的措施，即在 WTO 体制下和特定的过渡期内，进口成员方政府为防止来自特定成员的进口产品对本国（地区）相关产业造成损害而实施的限制性保障措施。

根据《加拿大国际贸易法庭法》，加拿大国际贸易法庭负责就一般保障措施和

---

① http://www.iolaw.org.cn/showArticle.asp?id=3438.

特别保障措施开展调查。在一般保障措施调查中，国际贸易法庭将就被控产品是否对国内产业造成了“严重损害”或构成“严重损害”威胁作出裁定。其中，“严重损害”指“对国内生产者的重大而全面的损害”，且被控产品进口的增加是造成“严重损害”的“主要因素”，而所谓的“主要因素”指的是“重要性不低于造成严重损害或威胁的其他任何因素”。国际贸易法庭将根据相关规则认定是否存在进口的大幅增加以及价格的大幅削减或抑制，其他的重要考察因素包括进口产品对国内产商的产量、销量、市场份额、利润、产能利用率、库存等的影响。

虽然中国加入世界贸易组织的过渡期已过，但加拿大目前仍针对中国进口产品适用特别保障措施相关条款。根据《加拿大国际贸易法庭法》，加拿大针对中国的特别保障措施调查主要涉及市场扰乱和贸易转移两方面的内容。其中，“市场扰乱”指进口产品的绝对或相对快速增长是对生产相似产品或直接竞争产品的国内产业造成实质损害或构成实质损害威胁的重要原因，“重要原因”指就造成实质损害或实质损害威胁而言的重要性不必及于或高于其他任何因素的一个重要原因；而“实质损害”和“贸易转移”并未被明确界定。国际贸易法庭在关于市场扰乱的调查中主要考察的是产品的进口量及其对国内相似产品或直接竞争产品价格的影响，在关于贸易转移的调查中主要考察的是原产于中国的产品通过WTO其他成员方进入加拿大市场是否对加拿大的相似或直接竞争产业造成损害或损害威胁。

加拿大国际贸易法庭可依国内产商的合规申请或者自行启动保障措施调查程序，并通知各利害相关方以及将会受此影响的出口成员方政府。对于一般保障措施调查，国际贸易法庭须在启动调查后的180日内完成报告，将其提交至加拿大政府和财政部长、申请人以及其他利害相关方，并在《加拿大公报》上公示。根据案件复杂程度、涉案产品种类或涉案人员数量、取证难度等因素，国际贸易法庭可适当延长调查期限，但不得超过90天。对于有关中国的特别保障措施调查，国际贸易法庭须在关于市场扰乱的调查发起后 90 日内或关于贸易转移的调查发起后70日内提交调查报告，并进行公示。

加拿大政府在接到调查报告后，将决定是否采取保障措施以及采取何种措施以保护本国产业，如征收附加税或实行进口配额等。另据世界贸易组织《保障措施协定》规定，在紧急情况下，即迟延可能会造成无法弥补的损害时，成员方可以采取临时保护保障措施。但临时措施不能超过200天，且只能采取征收附加税的方式。若最后判明进口产品未对加拿大国内产业造成严重损害或构成损害威胁，则此前征收的附加税应当被退还。如果一项保障措施的实施期限超过3年，则国际贸易法庭法将在该措施实施期间开展中期复审，以确定是否应当继续执行、终止或修改该措施。

第3章
加拿大投资环境

3.1 加拿大引资概况

3.1.1 加拿大引资数据

联合国贸易和发展会议（UNCTAD）的统计数据显示，2016年，外国对加拿大的直接投资流量约337.2亿美元，居世界第11位，与2015年持平；加拿大对外直接投资流量约664.0亿美元，居世界第5位，较2015年上升4位。[①]

加拿大统计局的数据显示，2007－2017年，加拿大对外直接投资存量的增速高于加拿大吸引外国直接投资存量的增速。截至2017年底，外国对加拿大直接投资存量达到8 240.4亿加元，同比增长1.9%。其中，北美洲国家的投资占比超过五成，欧洲国家占比超过三成，亚洲和大洋洲国家占比约一成，南美和中美洲、非洲国家的占比则相对较低（参见表3－1，图3－1，图3－2）。

表3－1　　2007－2017年加拿大双向直接投资存量

单位：百万加元

年份	加拿大对外直接投资存量	外国对加拿大直接投资存量
2007	515 294	512 266

① http://unctad.org/en/PublicationsLibrary/wir2017_en.pdf.

续表

年份	加拿大对外直接投资存量	外国对加拿大直接投资存量
2008	641 920	550 539
2009	630 818	573 901
2010	637 285	592 406
2011	675 020	603 455
2012	704 335	633 778
2013	778 371	688 873
2014	845 203	744 671
2015	1 043 822	782 912
2016	1 083 730	808 738
2017	1 121 102	824 035

资料来源：加拿大统计局网站。

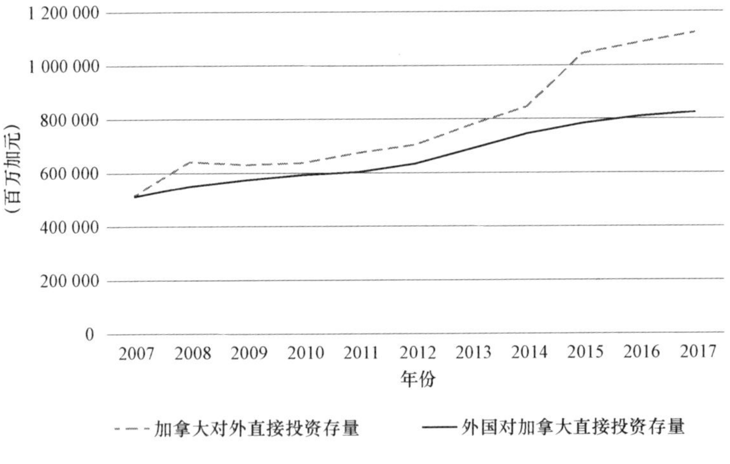

图 3-1　2007-2017 年加拿大双向直接投资存量

资料来源：加拿大统计局网站。

截至 2017 年底，累计对加拿大直接投资最多的 10 个国家和地区依次为美国、荷兰、卢森堡、英国、瑞士、日本、巴西、德国、中国、百慕大。其中，美国对加拿大直接投资存量最高，达到 4 044.7 亿加元，占加拿大吸引外国直接投资存

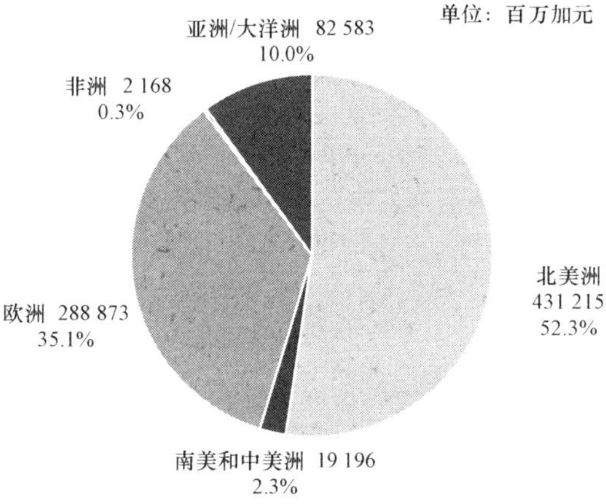

图 3-2 截至 2017 年底外国对加拿大直接投资存量来源地分布

资料来源：加拿大统计局网站。

量总额的 49.1%；荷兰次之，累计对加直接投资 918.8 亿加元，占比 11.2%；卢森堡位居第三，累计对加直接投资 499.0 亿加元，占比 6.1%；中国排名第 9 位，累计对加直接投资 1 643.2 亿加元，占比 2.0%（参见表 3-2，图 3-3）。

表 3-2 截至 2017 年底对加拿大直接投资存量最高的 10 个国家和地区

单位：百万加元

位次	国家和地区	对加拿大直接投资存量	占比（%）
1	美国	404 473	49.1
2	荷兰	91 883	11.2
3	卢森堡	49 904	6.1
4	英国	47 431	5.8
5	瑞士	40 213	4.9
6	日本	29 632	3.6
7	巴西	18 174	2.2
8	德国	17 063	2.1
9	中国	16 432	2.0
10	百慕大	13 942	1.7
	外国对加拿大直接投资存量总额	824 035	100.0

资料来源：加拿大统计局网站。

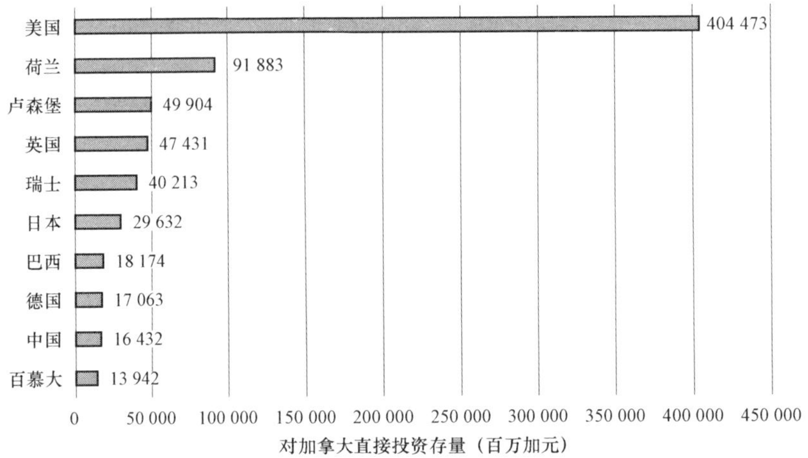

图 3-3　截至 2017 年底对加拿大直接投资存量最高的 10 个国家和地区

资料来源：加拿大统计局网站。

截至 2017 年底，外国对加拿大的直接投资领域主要包括制造业、公司和企业管理业、矿产和油气开采业、金融和保险业、批发贸易业等，投资存量分别为 1 762.0 亿加元、1 708.9 亿加元、1 622.3 亿加元、1 369.7 亿加元、746.7 亿加元，占比分别为 21.4%、20.7%、19.7%、16.6%、9.1%（参见表 3-3，图 3-4）。

表 3-3　　截至 2017 年底外国对加拿大直接投资存量行业分布

单位：百万加元

行业	投资存量	占比（%）
制造业	176 200	21.4
公司和企业管理业	170 885	20.7
矿产和油气开采业	162 230	19.7
金融和保险业	136 974	16.6
批发贸易业	74 670	9.1
零售贸易业	35 790	4.3
专业和科技服务业	17 440	2.1
房地产和租赁业	13 447	1.6
运输和仓储业	10 371	1.3

续表

行业	投资存量	占比（%）
信息和文化产业	8 853	1.1
其他行业	6 364	0.8
住宿和餐饮服务业	4 302	0.5
建筑业	3 444	0.4
公共事业	2 784	0.3
农业、林业、渔业和狩猎业	282	0.0
合计	824 035	100.0

注：因四舍五入，部分数据存在合计与分项统计不等的情况。
资料来源：加拿大统计局网站。

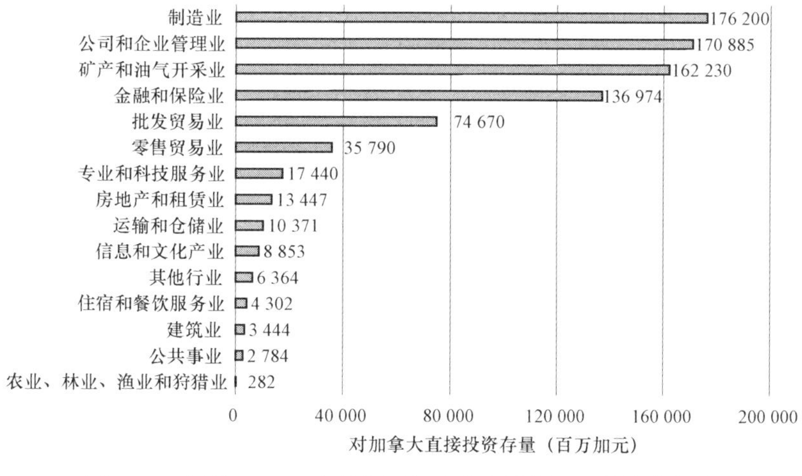

图 3-4 截至 2017 年底外国对加拿大直接投资存量行业分布

资料来源：加拿大统计局网站。

3.1.2 中加双向投资概况

中加之间的双边贸易发展迅速，2016 年达到 456.7 亿美元，中国是加第二大贸易伙伴、进口来源地及出口市场。但是，双边投资规模和地位依然较低，存在巨大的发展空间。中国国家统计局的数据显示，2007－2016 年，中国对加拿大的直接投资流量呈波动上升趋势，直接投资存量稳步增加，截至 2016 年底达到 127.3 亿美元，加拿大已成为中国第 10 大投资目的国（参见表 3－4，图 3－5，表 3－5）。

表 3－4　　2007－2016 年中国对加拿大直接投资规模　　单位：万美元

年份	中国对加拿大直接投资流量	中国对加拿大直接投资存量
2007	103 257	125 452
2008	703	126 843
2009	61 313	167 034
2010	114 229	260 260
2011	55 407	372 756
2012	79 516	505 072
2013	100 865	619 619
2014	90 384	778 908
2015	156 283	851 625
2016	287 150	1 272 599

资料来源：中国国家统计局网站。

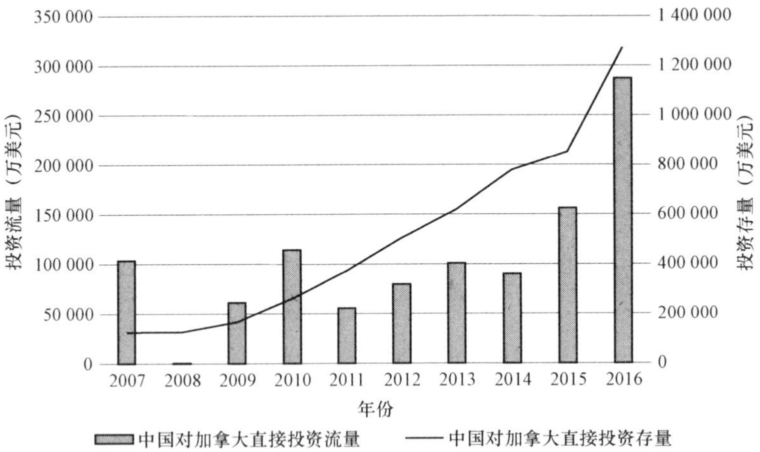

图 3－5　2007－2016 年中国对加拿大直接投资规模

资料来源：加拿大统计局网站。

表 3-5　截至 2016 年底中国对外直接投资存量最高的 10 个国家和地区

单位：亿美元

位次	国家和地区	投资存量	占比（%）
1	中国香港	7 807.5	57.5
2	开曼群岛	1 042.1	7.7
3	英属维尔京群岛	887.7	6.5
4	美国	605.8	4.5
5	新加坡	334.5	2.5
6	澳大利亚	333.5	2.5
7	荷兰	205.9	1.5
8	英国	176.1	1.3
9	俄罗斯	129.8	1.0
10	加拿大	127.3	0.9
	中国对外直接投资存量总额	13 573.9	100.0

资料来源：2016 年度中国对外直接投资统计公报。

根据美国企业研究所（American Enterprise Institute）和传统基金会（Heritage Foundation）发布的中国全球投资追踪（China Global Investment Tracker）统计数据，2005－2017 年，中国在加拿大实施的大型投资项目[①] 共计 57 个，投资金额达到494.2亿美元，主要集中在能源、矿产和房地产行业（参见表 3－6，图 3－6）。其中，中国海洋石油集团于 2013 年斥资 151 亿美元收购加拿大尼克森能源公司（Nexen），构成了迄今为止中加之间最为耀眼的收购案，也是中国对加拿大最高额的直接投资项目。但是，由于对市场趋势和经营环境缺乏充分的认识，该项目在当地雇佣和环境保护等方面一路坎坷，很大程度上增加了公司的财务负担。

① 指交易金额不低于 1 亿美元的投资项目。

表 3-6　　2005-2017 年中国在加拿大实施的大型投资项目行业分布

单位：百万美元

行业	投资金额	项目数量（个）
能源	38 290	24
矿产	3 520	11
房地产	2 670	6
其他	1 470	4
旅游	1 070	2
农业	750	2
运输	530	3
娱乐	480	2
化工	260	1
金融	200	1
技术	180	1
合计	49 420	57

资料来源：http://www.aei.org/china-global-investment-tracker/.

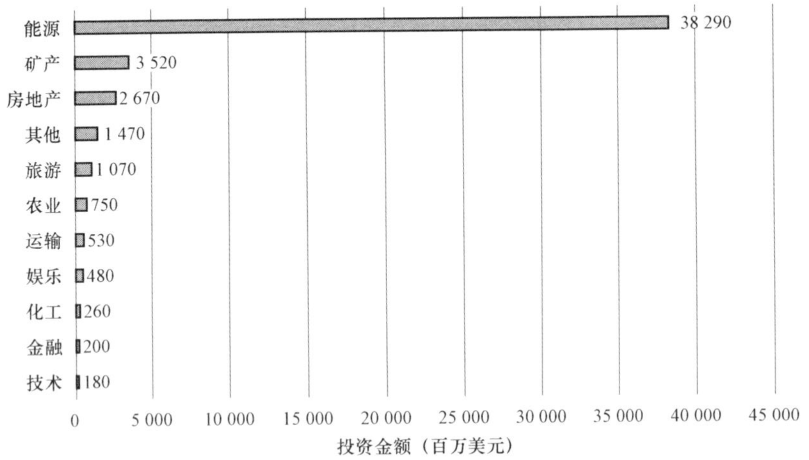

图 3-6　2005-2017 年中国在加拿大实施的大型投资项目行业分布

资料来源：加拿大统计局网站。

加拿大统计局的数据显示，自2012年起，加拿大对中国的直接投资存量出现了明显的上升，而2015年以后的投资增速有所放缓。截至2017年底，加拿大对中国的直接投资存量达到106.9亿加元，仅占加拿大对外直接投资存量总额的1.0%，增长潜力巨大。目前，中国是加拿大第15大投资目的地（参见表3-7，图3-7，表3-8）。

表3-7　　2007-2017年加拿大对中国直接投资　　单位：百万加元

年份	对华直接投资存量	对外直接投资存量	对华直接投资存量占比（%）
2007	2 745	515 294	0.5
2008	3 582	641 920	0.6
2009	3 556	630 818	0.6
2010	3 802	637 285	0.6
2011	3 248	675 020	0.5
2012	4 502	704 335	0.6
2013	6 050	778 371	0.8
2014	8 035	845 203	1.0
2015	10 252	1 043 822	1.0
2016	10 285	1 083 730	0.9
2017	10 686	1 121 102	1.0

资料来源：加拿大统计局网站。

图3-7　2007-2017年加拿大对中国直接投资规模

资料来源：加拿大统计局网站。

表 3-8　截至 2017 年底加拿大对外直接投资存量最高的 15 个国家和地区

单位：百万加元

位次	国家和地区	投资存量	占比（%）
1	美国	504 771	45.0
2	英国	102 625	9.2
3	卢森堡	76 932	6.9
4	巴巴多斯	48 948	4.4
5	开曼群岛	43 096	3.8
6	百慕大群岛	40 162	3.6
7	荷兰	32 606	2.9
8	澳大利亚	27 799	2.5
9	巴哈马群岛	24 479	2.2
10	智利	17 103	1.5
11	墨西哥	15 090	1.3
12	德国	12 333	1.1
13	巴西	11 555	1.0
14	秘鲁	11 134	1.0
15	中国	10 686	1.0
	加拿大对外直接投资存量总额	1 121 102	100.0

资料来源：加拿大统计局网站。

3.1.3 双边投资协定

中国和加拿大于 1994 年启动双边投资保护协定谈判，历经 18 年共 22 轮正式谈判以及数轮非正式磋商，最终就一系列核心条款达成共识，于 2012 年 9 月签署《中华人民共和国政府和加拿大政府关于促进和相互保护投资的协定》（以下简称《协定》）。该《协定》于 2014 年 10 月正式生效，包括 35 条和 6 个附加条款，涵盖了国际投资协定通常包括的主要内容和要素。除投资定义、适用范围、最低待遇标准、最惠国待遇、国民待遇、征收、转移、代位、税收、争议解决、一般例外等条款外，《协定》还对税收和金融审慎例外问题作出了专门规定。①

《协定》关于税收的专门规定包括：第一，在《协定》与对方对外缔结的税收协定存在冲突时，税收协定优先适用；第二，对于税收措施的实体约束仅限于《协定》征收条款规定；第三，强化双方政府主管部门在税收问题上的发言权，对投资者就税收措施提出的质疑，应首先交由双方税务部门磋商，如双方税务部门共同认定税收措施不构成征收，则投资者不得提起国际仲裁；第四，仅在双方税务部门不能达成一致意见的情况下，投资者方可提请国际仲裁。关于金融审慎例外，《协定》规定，投资者与国家之间的国际投资仲裁庭不享有针对金融审慎措施合法性问题的管辖权，相关的裁定应当由缔约双方之间的专设仲裁庭进行。

截至2018年3月31日，加拿大已经和包括中国在内的39个国家签订了双边投资促进与保护协定，已完成了和阿尔巴尼亚、巴林、马达加斯加、摩尔多瓦、赞比亚等国的谈判，并正在推动和加纳、印度、哈萨克斯坦、肯尼亚、马其顿、巴基斯坦、突尼斯、阿拉伯联合酋长国等国的谈判（参见表3－9）。

表3－9　加拿大已签署或正在谈判的双边投资促进与保护协定

名　称	状态	生效时间
加拿大－阿根廷投资促进与保护协定	已生效	1993年4月29日
加拿大－亚美尼亚投资促进与保护协定	已生效	1999年3月29日
加拿大－巴巴多斯投资促进与保护协定	已生效	1997年1月17日
加拿大－贝宁投资促进与保护协定	已生效	2014年5月12日
加拿大－喀麦隆投资促进与保护协定	已生效	2016年12月16日
加拿大－中国投资促进与保护协定	已生效	2014年10月1日
加拿大－哥斯达黎加投资促进与保护协定	已生效	1999年9月29日
加拿大－科特迪瓦投资促进与保护协定	已生效	2015年12月14日
加拿大－克罗地亚投资促进与保护协定	已生效	2001年1月30日
加拿大－捷克投资促进与保护协定	已生效	2012年1月22日
加拿大－厄瓜多尔投资促进与保护协定	已生效	1997年6月6日
加拿大－埃及投资促进与保护协定	已生效	1997年11月3日

① http://www.mofcom.gov.cn/aarticle/ae/ai/201209/20120908328835.html.

续表

名　称	状态	生效时间
加拿大－香港（中国）投资促进与保护协定	已生效	2016年9月6日
加拿大－匈牙利投资促进与保护协定	已生效	1993年11月21日
加拿大－约旦投资促进与保护协定	已生效	2009年12月14日
加拿大－科威特投资促进与保护协定	已生效	2014年2月19日
加拿大－拉脱维亚投资促进与保护协定	已生效	2011年11月24日
加拿大－黎巴嫩投资促进与保护协定	已生效	1999年6月19日
加拿大－马里投资促进与保护协定	已生效	2016年6月8日
加拿大－巴拿马投资促进与保护协定	已生效	1998年2月13日
加拿大－秘鲁投资促进与保护协定	已生效	2007年6月20日
加拿大－菲律宾投资促进与保护协定	已生效	1996年11月13日
加拿大－波兰投资促进与保护协定	已生效	1990年11月22日
加拿大－罗马尼亚投资促进与保护协定	已生效	2011年11月23日
加拿大－俄罗斯投资促进与保护协定	已生效	1991年6月27日
加拿大－塞内加尔投资促进与保护协定	已生效	2016年8月5日
加拿大－塞尔维亚投资促进与保护协定	已生效	2015年4月27日
加拿大－斯洛伐克共和国投资促进与保护协定	已生效	2012年3月14日
加拿大－坦桑尼亚投资促进与保护协定	已生效	2013年12月9日
加拿大－泰国投资促进与保护协定	已生效	1998年9月24日
加拿大－特立尼达和多巴哥投资促进与保护协定	已生效	1996年7月8日
加拿大－投资促进与保护协定乌克兰	已生效	1995年7月24日
加拿大－乌拉圭投资促进与保护协定	已生效	1999年6月2日
加拿大－委内瑞拉投资促进与保护协定	已生效	1998年1月28日
加拿大－布吉纳法索投资促进与保护协定	已生效	2017年10月11日
加拿大－几内亚投资促进与保护协定	已生效	2017年3月27日
加拿大－蒙古国投资促进与保护协定	已生效	2017年2月24日
加拿大－尼日利亚投资促进与保护协定	已签署	—
加拿大－科索沃投资促进与保护协定	已签署	—

续表

名　称	状态	生效时间
加拿大–阿尔巴尼亚投资促进与保护协定	谈判已结束	—
加拿大–巴林投资促进与保护协定	谈判已结束	—
加拿大–马达加斯加投资促进与保护协定	谈判已结束	—
加拿大–摩尔多瓦投资促进与保护协定	谈判已结束	—
加拿大–赞比亚投资促进与保护协定	谈判已结束	—
加拿大–加纳投资促进与保护协定	谈判进行中	—
加拿大–印度投资促进与保护协定	谈判进行中	—
加拿大–哈萨克斯坦投资促进与保护协定	谈判进行中	—
加拿大–肯尼亚投资促进与保护协定	谈判进行中	—
加拿大–马其顿投资促进与保护协定	谈判进行中	—
加拿大–巴基斯坦投资促进与保护协定	谈判进行中	—
加拿大–突尼斯投资促进与保护协定	谈判进行中	—
加拿大–阿拉伯联合酋长国投资促进与保护协定	谈判进行中	—

资料来源：https://www.international.gc.ca/trade-commerce/trade-agreements-accords-commerciaux/agr-acc/index.aspx?lang = eng.

3.2 加拿大投资准入制度

3.2.1 概述

加拿大有关外国投资的准入制度主要见于《加拿大投资法》（Investment Canada Act）和《加拿大投资规则》（Investment Canada Regulations）。

根据《加拿大投资法》，“非加拿大人”即非加拿大个人、政府或政府机构、实体（公司、合伙、信托或风险企业）对加拿大投资，均须进行申报或经过政府审核。其中，外国投资者在加拿大设立新企业或通过收购获得加拿大企业的控制权[①]，且不具备“净利益”审查条件，则只需进行投资申报。申报程序应当于投

① “加拿大企业”指在加拿大经营且符合以下条件的企业：（1）在加拿大拥有经营场所；（2）在加拿大拥有一名或多名与企业相关的雇员或自雇人员；（3）在加拿大拥有用于企业经营的资产。

资实施前的任意时间或投资实施后的 30 天内完成。

加拿大对外国投资者的审查程序主要包括两类，一类是“净利益”审查，另一类是国家安全审查。其中，“净利益”审查主要针对的是超过特定金额的重大投资项目，审查的重点在于投资是否会为加拿大带来“净利益”；国家安全审查通常不论投资规模的大小，审查的重点在于投资是否会危害到加拿大的国家安全。一般而言，不涉及文化产业的重大投资项目由加拿大创新、科学和经济发展部负责审核，涉及文化产业的投资项目由加拿大遗产部负责审核。此外，涉及企业并购的项目须符合加拿大《竞争法》的规定，若交易超过一定的金额，则公司在合并之前必须向加拿大竞争局备案。

此外，《加拿大投资法》的特别条款以及加拿大联邦和省政府的相关法规对有关战略性或敏感性行业的投资设置了外资所有权限制。例如：

（1）金融业：一般而言，未经部长批准，外资银行不得在任何加拿大银行及其子公司持有超过 10%的任何种类的股份；

（2）广播电视业：加拿大议会颁布了一项有关广电许可的一般规定，即此类许可不得授予非加拿大人或由非加拿大人直接或间接控制的公司；

（3）电信业：加拿大议会颁布了一项有关电信业的一般规定，即只有依加拿大联邦或省级法律设立或存续且由加拿大人所有和控制的电信运营商，才有资格在加拿大开展相关业务；

（4）航空运输业：一般而言，加拿大国内航线经营许可仅授予由加拿大人实际控制、拥有并控制 51%以上表决权的公司。国际航线经营许可可以授予非加拿大人，但申请人必须满足特定的资格要求。

3.2.2 “净利益”审查

3.2.2.1 适用情形

根据外国投资者和被收购加拿大企业的特征，需要进行“净利益”审查的情形主要包括以下几类：

（1）若外国投资者是“贸易协定投资者”[①]且非国有企业，或外国投资者是非贸易协定投资者、非国有企业，且被收购的加拿大企业由贸易协定投资者控制，

---

① “贸易协定投资者”指其最终控制国和加拿大签署了以下贸易协定之一的实体或个人：（1）加拿大－欧盟全面经济贸易协定；（2）北美自由贸易协定；（3）加拿大－智利自由贸易协定；（4）加拿大－秘鲁自由贸易协定；（5）加拿大－哥伦比亚自由贸易协定；（6）加拿大－巴拿马自由贸易协定；（7）加拿大－洪都拉斯自由贸易协定；（8）加拿大－韩国自由贸易协定。

则加拿大“企业价值”[①]不低于15亿加元[②]的投资须经过审核；

（2）若外国投资者不是贸易协定投资者，但是“WTO投资者”且非国有企业[③]，或外国投资者是非WTO投资者、非国有企业，且被收购的加拿大企业由WTO投资者控制，则加拿大企业价值不低于10亿加元[④]的投资须经过审核（此规定仅适用于直接收购的情形，包括国有企业在内的WTO投资者若开展间接收购，则只需进行投资申报，收购加拿大文化企业除外[⑤]）；

（3）若外国投资者是WTO投资者且为国有企业，或外国投资者不是WTO投资者但是国有企业，且被收购的加拿大企业由WTO投资者控制，则加拿大企业资产价值[⑥]不低于3.79亿加元[⑦]的投资须经过审核；

（4）若外国投资者不是WTO投资者，且被收购的加拿大企业不由WTO投资者控制，则直接收购资产价值不低于500万加元的加拿大企业或间接收购资产价值不低于5 000万加元的加拿大企业均须经过审核；

（5）若被收购的加拿大企业为文化企业[⑧]，则外国投资者直接收购资产价值不低于500万加元的加拿大企业或间接收购资产价值不低于5 000万加元的加拿大企业均须经过审核；

（6）通常只需进行投资申报的项目若与加拿大文化遗产或国家身份有关，则有可能在相关部长收到申报后的21天内被要求接受审查。

值得注意的是，除了针对文化企业的特殊条款，《加拿大投资法》中的“净利益”审查只适用于非加拿大人对加拿大企业“控制权”或其近乎全部资产的收购。如果相关交易未以《加拿大投资法》规定的方式进行“控制权”收购，则不属于“净利益”审查的范畴。例如，外国投资者仅通过合同协议（如知识产权许可协议）获得对加拿大企业的有效或实际控制权，但并未对其股权、表决权或资产进行收

① 对加拿大“企业价值”的计算取决于该企业是否为上市公司以及投资交易是否涉及对股份或资产的收购。通常情况下，上市公司的企业价值等于其市值加负债总额减去现金和现金等价物，非上市公司的企业价值等于总收购价格加负债总额减去现金和现金等价物。

② 自2019年1月1日起，这一标准将根据加拿大名义GDP的增长每年进行调整。

③ “WTO投资者”主要指WTO成员方公民或永久居民、WTO成员方政府或政府机构以及由一个或多个WTO投资者控制的实体。

④ 自2021年1月1日起，这一标准将根据加拿大名义GDP的增长每年进行调整。

⑤ “直接收购”指对加拿大企业全部或近乎全部资产的收购，或对在加拿大经营实体的多数表决权或股份的收购；“间接收购”指通过收购非加拿大母公司从而控制加拿大企业。

⑥ 加拿大企业的资产价值以最新审计的年度财务报表上的账面价值为准。

⑦ 此数额为2017年的标准。该标准根据加拿大通货膨胀率每年进行调整，预计2018年将上调约2%。

⑧ “文化企业”主要指从事书籍、杂志、期刊、报纸、电影、音乐、广播等的出版、发行或销售的企业。

购，则交易无须经过“净利益”审查。[①]

3.2.2.2 考察因素

根据《加拿大投资法》“净利益”审查条款，一项投资是否会为加拿大带来“净利益”由相关部长判定，考察内容主要包括以下6个方面：

（1）该投资对加拿大经济活动水平和性质的影响，包括但不限于对就业、资源加工、加拿大国内生产组件、零件和服务的利用和加拿大出口的影响；

（2）加拿大人在并购后或新设立的加拿大企业及其所属行业中的参与度和重要性；

（3）该投资对加拿大生产力、行业效率、技术发展、产品创新和产品多元化；

（4）该投资对相关行业竞争状况的影响；

（5）该投资与全国工业、经济和文化政策的兼容性，即该投资是否会对实现联邦和省政府或立法机构阐明的政策目标产生重大影响；

（6）该投资对加拿大国际市场竞争力的贡献。

此外，根据加拿大相关部长发布的《国有企业投资“净利益”评估指南》（Guidelines—Investment by State-Owned Enterprises—Net Benefit Assessment），外国国有企业[②]的治理结构和商业取向是部长在“净利益”审查中重点考察的因素。企业有义务向部长证明其投资将为加拿大带来“净利益”，且企业行为透明、合规、遵循自由市场原则等。[③]

此外，根据加拿大联邦政府2012年12月出台的一项政策对外国国有企业投资加拿大油砂作出了限制。根据规定，外国国有企业收购加拿大油砂企业控制权的投资如果属于须经“净利益”审查的范畴，则仅在例外情形下方能通过。

3.2.2.3 审查程序

根据《加拿大投资法》，提交投资申报或审核申请的义务仅适用于拟对加拿大投资的非加拿大人，而参与交易的加拿大企业没有此类义务，但通常会提供必要的信息以协助投资者完成相关的手续。提交投资申报或审核申请均无须缴纳任何费用。

在一份“净利益”审核申请提交后的45天内，相关部长会判定投资项目能否获得通过。如果部长认为有必要延长审查期限，则可以单方面决定延期30天，这

① http://blg.com/en/News – And – Publications/Documents/Doing_Business_in_Canada.pdf.

② “国有企业”指由外国政府直接或间接拥有、控制或影响的企业。

③ http://www.ic.gc.ca/eic/site/ica – lic.nsf/eng/lk00064.html#p2.

在实践中颇为常见。但在75天之后，任何的延期要求都必须征得投资者的同意。此外，如果投资项目须经国家安全审查（详见下文），则“净利益”审查的期限将自动延长。在“净利益”审查未获通过之前，投资者不得实施项目，否则将面临最高达每日1万加元的罚款。如果审查期未被延长且项目未被否决，则可视投资已经通过审核。

值得注意的是，部长通常会要求投资者就加拿大公司的未来运营作出某些“承诺”，并将其作为项目获批的条件。“承诺”的具体内容由部长和投资者协商决定，且部长通常会就承诺条款为投资者保密。一旦双方就“承诺”达成一致，并将其作为投资获得批准的条件，“承诺”就会对投资者产生强制约束力。在交易开始执行后，投资者通常须定期向部长报告其履行“承诺”的状况。

3.2.3 国家安全审查

加拿大政府于2009年正式出台《关于投资的国家安全审查条例》（National Security Review of Investments Regulations），从而在外资准入审查的基础上建立了外资并购国家安全审查制度。

3.2.3.1 “国家安全”的界定

加拿大法律并未对“国家安全”给出详细的界定，只是笼统地规定部长应当就外国投资是否可能损害加拿大国家安全进行审查。有律师认为，有可能触发国家安全审查的因素主要包括投资领域和投资者身份。其中，前者主要包括军事、金融、政府采购、航空航天、信息技术和保密工作等领域；后者主要包括可能给加拿大带来国家安全隐患的个人、组织或企业，如国有企业。

3.2.3.2 适用范围

根据《加拿大投资法》，国家安全审查适用于非加拿大人正在进行或拟进行的下列投资活动：（1）建立一个新的加拿大企业；（2）以法律规定的特定方式取得加拿大企业的控制权；（3）全部或部分收购或者建立一个在加拿大开展全部或部分业务的实体，该实体在加拿大拥有经营场所，或拥有一名或多名与企业经营相关的雇员或自雇人员，或拥有用于企业经营的资产。

3.2.3.3 审查程序

加拿大国家安全审查程序主要包括启动、申报、审查、决定、实施和监督5个阶段。

启动

加拿大国家安全审查程序通常由创新、科学和经济发展部长或遗产部部长决定是否启动。如果部长有合理的理由认为某个投资项目会损害加拿大国家安全，则会在法律规定的期限内向外国投资者发出通知，告知其可能需要接受国家安全审查，同时请求总督就是否进行启动审查作出决定。总督应当在通知发出之日起25天内作出决定。在此期间，外国投资者必须中止投资活动，等待进一步的通知。

申报

加拿大政府鼓励外国投资者在开展投资活动或提交申报材料前与相关审查部门的官员进行沟通，就如何减少交易的不利影响等问题交换意见。此外，加拿大政府鼓励外国投资者提供尽可能详尽细、充分、准确的信息，以降低投资者补充材料、进一步陈述或承诺的概率，从而为双方节约成本，提高效率。

审查

部长应当在接到总督作出启动审查命令之日起的 45 天内完成对投资项目的审查。在与其他相关部门协商后，部长若认为该投资会损害加拿大国家安全，或无法基于已有资料确定该投资是否会损害国家安全，则应当请求总督作出最后决定；否则，部长应当作出不会采取进一步措施的通知，即终止审查程序，允许投资项目继续进行。

决定

总督应当在收到部长提交的相关审查资料之日起的 15 天内完成对投资项目的审查，并作出最后决定。一般而言，审查的结果包括批准、附条件批准和拒绝批准三类。若总督认为该投资会损害加拿大国家安全，则将以发出命令的方式通知外国投资者，并有权采取任何其认为有利于维护加拿大国家安全的措施，如禁止该项投资、要求非加拿大人转让其控制权等。由于加拿大法律并未明确规定国家安全审查的考察因素，业界一致认为这将给予加拿大政府相对宽泛的自由裁量权。另据《加拿大投资法》的规定，除了基于加拿大《联邦法院法》的司法审查，总督的决定和命令以及部长的决定具有最终法律效力，不接受上诉或其他法院的复审。

实施和监督

根据《加拿大投资法》，对于总督附条件批准或投资者作出承诺的投资项目，投资者须严格按照相关要求开展投资活动。其间，外国投资者应当实时向主管部门汇报其投资状况并提交相关信息，以便投资主管部门判定其投资是否符合要求。①

① http://ca.mofcom.gov.cn/article/ztdy/201602/20160201262185.shtml.

3.3 加拿大绿地投资环境

3.3.1 营商环境表现

根据世界银行（World Bank）发布的《2018 年营商环境报告》，加拿大的营商便利度在全球 190 个经济体中排名第 18 位。其评价体系涵盖开办企业、办理施工许可证、获得电力、登记财产、获得信贷、保护中小投资者、纳税、跨境贸易、执行合同、办理破产 10 个维度，加拿大在“开办企业”方面的表现最为突出，排名全球第 2 位（参见表 3－10）。一般而言，在加拿大开办企业仅需两个步骤，平均耗时 1.5 天。

表 3－10　　2018 年加拿大营商环境表现

	营商便利度排名	前沿距离分数
总体表现	18	79.29
开办企业	2	98.23
办理施工许可证	54	72.87
获得电力	105	66.89
登记财产	33	79.31
获得信贷	12	85.00
保护少数投资者	8	78.33
纳税	16	88.05
跨境贸易	46	88.36
执行合同	114	54.35
办理破产	11	81.46

注：“前沿距离分数”反映了每个经济体在各项指标上的表现与“前沿水平”之间的差距，所谓“前沿水平”是指自 2005 年以来《营商环境报告》涵盖的所有经济体在各项指标上的最佳表现。该分数的区间为 0～100，其中 0 代表最差表现，100 代表前沿水平。

资料来源：http://www.doingbusiness.org/data/exploreeconomies/canada.

3.3.2 基础设施状况

3.3.2.1 空运系统

加拿大国家机场系统拥有 26 个机场，其中多伦多皮尔逊国际机场、温哥华国际机场、卡尔加里国际机场和蒙特利尔特鲁多机场是最大的 4 个机场。加拿大共有 71 个地区机场提供定期航班服务，还有 31 个不提供定期航班服务的小型机场。

据各机场统计，多伦多皮尔逊国际机场 2016 年运送旅客 4 430 万人次，起降航班 45.6 万架次，2014 年货物吞吐量为 44.8 万吨。温哥华国际机场 2016 年运送旅客 2 230 万人次，起降航班 28.0 万架次，货物吞吐量 28.1 吨。蒙特利尔特鲁多机场 2016 年运送旅客 1 660 万人次。卡尔加里国际机场 2016 年运送旅客 1 570 万人次，货物吞吐量 13.73 万吨。

温哥华机场航站楼

加拿大机场协会的最新研究显示，2015 年加拿大机场共运送旅客 1.33 亿人次，空运行业产值 349 亿加元，创造相关就业岗位 40.5 万个，其中包括直接就业岗位 14.1 万个，联邦政府税收超过 70 亿加元。

加拿大与世界主要城市间均有直达航班。截至 2017 年 3 月，加拿大和中国的直航航线有北京－温哥华、北京－多伦多、北京－卡尔加里、北京－蒙特利尔、上海－温哥华、上海－多伦多、广州－温哥华、厦门－温哥华、成都－沈阳－温哥华、昆明－上海－温哥华、郑州－温哥华、广州－多伦多、南京－温哥华、青岛－温哥华、上海－蒙特利尔等 15 条航线，每周 132 个航班，其中中方 83 班，分别由国航、东航、南航、海航、厦航、川航、首航运营；加方 49 班，由加拿大航空公司运营。

3.3.2.2 公路系统

据加拿大交通部统计，截至2015年末，加拿大拥有公路总里程约130万公里，铺面公路占34%，为铺面公路占66%。安大略省、魁北克省、萨斯卡其旺省和阿尔伯塔省4个省的公路里程数占全国的77%。2014年，加拿大的公路中有3.8万公里高速公路，构成了加拿大国家高速公路系统。加拿大公路运输通过快捷的边境线与美国公路网紧密连接。

多伦多市路面电车和温哥华城市轨道交通站

3.3.2.3 水运系统

据加拿大交通部统计，截至2015年末，加拿大有559个港口，其中18个主要港口归属18个港务局。航道与三大洋（太平洋、大西洋和北冰洋）、五大湖区及圣劳伦斯河连接，年总吞吐量约4亿吨。

2016年，温哥华港的货物吞吐量为1.36亿吨，游轮旅客量为82.68万人次；蒙特利尔港的货物吞吐量为3 535.76万吨，游轮旅客量为6.92万人次；哈利法克斯港的货物吞吐量为827.23万吨，游轮旅客量为23.82万人次。

蒙特利尔老港

魁北克和温哥华的渡轮码头

3.3.2.4 铁路系统

据加拿大铁路协会统计，加拿大拥有世界第五大铁路网和世界第四大铁路货物运量。2015 年，加拿大铁路运营里程 4.41 万公里，有机车 2 400 列，火车车厢 6 万个，客流量为 8 176.7 万人次，每年通过铁路运输的货物价值超过 2 800 亿加元。加拿大铁路网与美国铁路各主要集散中心相连。加拿大有三大铁路公司：主要从事货运的国际铁路公司、太平洋铁路公司和主要从事客运的维亚铁路公司，此外还有几家地方铁路公司。据加拿大统计局统计，2016 年，加拿大铁路运输货物 3.459 亿吨，比 2015 年下降 2.8%。

加拿大多伦多、温哥华、蒙特利尔等大城市均建有地铁及城铁。其中多伦多首条地铁线路于 1954 年落成，是加拿大第一条地铁线，现有 4 条线路（其中一条为架空轻铁）及 69 个车站，路线总长度达 68.3 公里。

多伦多地铁站

多伦多地铁站（续）

3.3.3 企业注册类型

在加拿大的企业类型主要包括公司、独资企业、合伙企业和某种形式的合资企业。外国投资者在加拿大设立企业不仅要符合《加拿大投资法》的相关规定，还需要遵循有关加拿大国内企业设立的法律法规，如联邦政府颁布的《加拿大商业企业法》（Canada Business Corporations Act）、安大略省颁布的《商业企业法》（Business Corporations Act）和魁北克省颁布的《公司法》（Companies Act）。

3.3.3.1 公司

公司是加拿大最常见的企业组织形式，大部分外国企业在加拿大均采用公司的形式运营。公司具有与其股东和管理层相分离的法律人格，可永久存续，不会因任何一位或所有股东的死亡而受到影响。公司的所有权和管理权相分离，换言之，股东虽为公司的所有者，但通常不对公司的债务、责任或义务负责。公司的管理工作一般由股东选举产生的董事负责，如果股东希望直接管理公司，可以通过签订全体股东协议实现某些董事权利和义务的转移。外国母公司可以凭借这种方法限制其加拿大子公司董事的权力，这在母公司和子公司董事由不同人员担任时尤为常见。

作为独立的商业实体，公司的主要优势在于股东只需承担有限责任、可永续存在、股权的流动性较强、在融资方面具有较大的灵活性等。其不利之处在于公司在成立、运营、年度维护和解散等环节的成本较高。作为独立的纳税人，公司需要向政府缴纳公司所得税，而股东在收到公司分配的利润之后还需缴纳个人所得税，即存在双重征税现象。

依据联邦或省法律设立

加拿大公司可依据联邦法律或省级法律设立，依据地区法律设立的情况较为少见。其中，依据联邦法律或省级法律设立的公司有权在加拿大全境开展业务，但需遵守省外注册等省级法律的规定。在联邦法律和省级法律双重管辖的领域（如加拿大劳动法），公司依何种法律设立通常不会影响到法律的适用。

上市公司和封闭型公司

加拿大法律区分上市公司和封闭型公司。其中，上市公司可向公众发行证券并通过股票交易市场或其他公开市场进行交易，而封闭型公司的股东数量较少且在证券转让方面会受到较多的限制。此外，出于保护投资者的考虑，上市公司通常会受到更多法律的规制，在信息披露、公司治理等方面须遵守更加严格的要求。

无限责任公司

无限责任公司是一种股东对公司债务承担无限责任的公司形式。就这点而言，无限责任公司与普通合伙企业相类似。目前，阿尔伯塔省、不列颠哥伦比亚省和新斯科舍省允许设立无限责任公司。在加拿大税法意义上，无限责任公司属于公司的一种。

分支机构或子公司

外国公司可以在加拿大设立分支机构或子公司以开展业务。其中，分支机构无法人地位，其民事责任由母公司承担；子公司是独立于母公司的法人实体，母公司仅以出资额为限对其债务承担责任。

对于预计在运营初期发生大量亏损的外国企业而言，通过设立分公司在加拿大开展业务有利于公司通过税务筹划减轻税费负担。若公司通过设立子公司在加拿大开展业务，则将在行政管理方面享受到更多便利，例如拥有加拿大子公司将简化外国企业在加拿大的合同签署流程。

3.3.3.2 独资企业

独资企业是最简单的企业组织形式，只要个人在不设立公司的情况下，以唯一所有者的身份开办企业，即构成独资企业。在法律上，独资企业与所有者没有区别，独资企业的所得即为所有者所得，独资企业的责任和义务即为所有者的责任和义务。在税务方面，独资企业不构成独立的纳税人，而是将其所得记入所有者的应税收入之中。独资企业的设立流程非常简单，企业运营初期的非资本性亏损通常可以从所有者的其他收入中扣除，但是所有者必须对企业承担无限责任，并只能通过出售资产实现企业的转让。

3.3.3.3 合伙企业

若两个或两个以上的个人或实体以营利为目的共同开展业务但不设立公司，则构成合伙。在加拿大，合伙企业包括普通合伙企业和有限合伙企业两种类型。在普通合伙企业中，所有合伙人均有权参与企业管理，并对合伙企业的债务和义务承担无限责任。有限合伙企业包括至少一名普通合伙人和任意数量的有限合伙人，其中前者为合伙企业承担无限责任，后者仅以出资额为限对合伙企业承担有限责任。一般而言，有限合伙人不得参与企业的管理和控制，否则将作为普通合伙人承担无限责任，但是有限合伙人可以参与某些重大决策，如接纳新的普通合伙人、终止合伙关系、扩展新业务等。

合伙企业并非一个独立的法律实体，通常不在合伙层面纳税，而是将纳税义务分摊至各合伙人。各合伙人应根据其权益份额比例为合伙企业所得纳税，并在出售其合伙份额时缴纳资本利得税。

3.3.3.4 合资企业

合资企业通常指两个或两个以上的个人、合伙企业或公司协议共同出资以从事某项特定业务的一种约定关系，但加拿大法律并未对此给出明确的定义。合资方不一定对合资企业的资产拥有共同所有权，具体情况依其约定。合资企业并非税法意义上的实体，其利润或损失不以合资企业整体计算，各合资方通常在分担费用之后，按照商定的比例从资产所得中分红。折旧以及利润和损失的计算由各合资方自行决定。

3.3.4 董事和高管责任

加拿大公司的董事和与高管对公司负有特定的义务和责任，若未能履行则通常需要承担个人责任。这些义务和责任的法律渊源包括有关公司规制的制定法、与有关公司经营的联邦或省级制定法以及普通法。

具体而言，董事对公司负有受信义务、勤勉义务以及联邦和省级法律规定的其他义务。在通常情况下，公司高管对公司负有与董事相同的受信和勤勉义务，因而承担着许多相同的潜在责任。一名雇员是否为高管并非取决于其职位或头衔，而是其对公司享有的实际影响和控制权。

3.3.4.1 受信义务

董事对公司负有受信义务。这意味着董事应本着诚实与善意，以符合公司最佳利益的方式行事。同时，董事要对公司忠诚，并避免其对公司的义务与自身利益发生冲突。据此，董事必须披露其在公司重要合同中的个人利益，不参与涉及个人利益冲突的决议表决，避免利用公司信息或财产为个人谋取利益。此外，董事在任职期间不得谋取属于公司的商业机会。若董事未能遵守上述规定，则意味着其违反了受信义务，可能会被要求向公司作出相关说明，法院也有可能判定给予公司适当的损害赔偿。

3.3.4.2 勤勉义务

除受信义务外，董事还对公司负有勤勉义务。根据《加拿大商业企业法》和大部分省级立法的表述，“勤勉义务”指一个合理谨慎的人在类似情况下应尽到的注意、勤勉与如运用自己的知识经验与技能达到法律所要求的标准的义务。这意味着董事在其职位上行使权力、履行职责和作出决定时，必须充分运用其知识、经验、技能和最佳判断力。因此，勤勉义务是一项客观标准，法院在确定董事是否达到预期标准时将重点考虑该董事是否关注了所涉问题，并表现出一个合理谨慎的人在类似情况下所具备的能力。对特定董事能力的期望通常因其职业经验而异，拥有更多知识或更高技能的董事可能会被要求尽到更高水平的勤勉义务。例如，兼任公司其他管理职务的董事通常需要达到更高水平的勤勉义务，因为他们掌握了有关公司事务的更多信息。为判定一名董事是否违反了勤勉义务，法院会审查该董事作出相关决定的过程。除非董事以适当的方式提交了对相关决议的异议，否则其不能仅因未出席作出相关决议的会议而被免除责任。

3.3.4.3 其他义务

除受信义务和勤勉义务之外，董事还对公司负有联邦和省级法律规定的一些其他义务，具体如下。

第一，工资和保险金相关义务。根据有关雇佣标准的联邦和省级制定法，公司董事可能需要对其任期内公司未发放的员工薪资和休假报酬承担责任。此外，若公司存在违反省级养老金法的行为，则董事可能需为此承担个人责任。

第二，税法相关义务。若公司未能按要求预提、代扣或代缴员工薪资扣除额、非居民预提税、消费税及其他省级税，则董事可能需对此承担责任。此外，若公司违反了联邦或省级税法，则董事可能需承担个人责任。

第三，环境法相关义务。若公司存在某些环境违法行为，则董事可能需承担责任。由于董事被视为对公司及其雇员拥有控制权，所以即使董事未主动参与违法行为，也可能需对之承担责任，而被处以罚款、监禁或支付损害赔偿。

第四，上市公司相关义务。上市公司董事必须确保公司在申报、披露和报告等方面遵守省级证券法的各项规定。如有违反，则董事或将面严重处罚，如罚款或监禁。

第五，其他相关义务。根据公司业务的性质，董事可能还需承破产法、养老金法、金融监管法等赋予其的责任和义务。如有违反，则董事或将面临罚款、监禁或损害赔偿等处罚。

3.4 加拿大税收管理制度

3.4.1 税收体制

加拿大实行联邦、省和地区、地方三级课税制度。其中，联邦、省和地区享有相对独立的税收立法权，地方的税收立法权由省和地区政府赋予，但省和地区的税收立法不得与联邦立法相悖。加拿大现行税制中的主要税种包括个人所得税及附加税、公司所得税及附加税、社会保障税、商品和劳务税、消费税、关税、特别倾销税、资源税、土地和财产税、资本税等。联邦税收以个人所得税为主，辅之以社会保障税及商品和劳务税；省和地区税收以个人所得税及商品和劳务税为主，辅之以社会保障税；地方税以财产税为主。

具体而言，联邦政府税收主要包括联邦所得税、统一销售税（自 2010 年 7 月 1 日起，安大略省、新不伦瑞克省、纽芬兰及拉布拉多省、新斯科舍省和爱德华王子岛省 5 个省开始采用统一销售税，从而取代了联邦商品和服务税与省和地区销售税双轨并行的模式，税项由联邦政府统一征收）、商品和服务税、关税、汽油和气体燃料专利税等。省和地区政府税收主要包括省和地区所得税、省和地区销售税（阿尔伯塔省、西北地区、育空地区和努纳武特地区除外）、采矿税、天然资源专利税、资本税等。地方政府税收主要包括物业税、商业税、所得税等。

3.4.2 主要税种

3.4.2.1 个人所得税

凡加拿大公民、永久居民或在加拿大工作、经商的人士，必须向加拿大联邦政府和所在省和地区缴纳个人所得税。若某人一年内在加拿大实际居住达 183 天则被视为加拿大居民。应税所得额包括申报者一年的各种收入，如薪水、证券买卖收入、银行利息、贷款、养老金、救济金等。个人所得税的扣除项目有个人宽免额、注册退休储蓄、搬家费、托儿费、赡养费、医疗费用、长者照顾费用、慈善捐款等。加拿大个人所得税实行累进税率，个人所得税级距和免征额随物价指数调整（参见表 3－11）。

表 3－11　　2018 年加拿大联邦个人所得税率

级数	应税收入	适用税率
1	不超过 46 605 加元的部分	15%
2	超过 46 605 加元至 93 208 加元的部分	20.5%
3	超过 93 208 加元至 144 489 加元的部分	26%
4	超过 144 489 加元至 205 842 加元的部分	29%
5	超过 205 842 加元的部分	33%

资料来源：https://www.canada.ca/en/revenue－agency/services/tax/individuals/frequently-asked-questions-individuals/canadian-income-tax-rates-individuals-current-previous-years.html.

加拿大采取“良心报税”制度，当纳税人进行申报时，须宣誓保证其填写的纳税申报表是正确而完整的，包含了纳税人全年的所有收入。加拿大税法对逃税行为的最高处罚金额为税款的两倍，另加利息和罚金，且最高可判处长达 5 年的监禁。除联邦政府外，加拿大各省同样征收个人所得税，二者合计税负在 40%以上（参见表 3－12）。

表 3－12　　2018 年加拿大省和地区个人所得税率

省或地区	税级数量	税率范围
纽芬兰及拉布拉多省	5	8.7%－18.3%
爱德华王子岛省	3	9.8%－16.7%
新斯科舍省	5	8.79%－21%
新不伦瑞克省	5	9.68%－20.3%
魁北克省	4	15%－25.75%
安大略省	5	5.05%－13.16%
曼尼托巴省	3	10.8%－17.4%
萨斯喀彻温省	3	10.5%－14.5%
阿尔伯塔省	5	10%－15%

续表

省或地区	税级数量	税率范围
不列颠哥伦比亚省	6	5.06% – 16.8%
育空地区	5	6.4% – 15%
西北地区	4	5.9% – 14.05%
努纳武特地区	4	4% – 11.5%

资料来源：加拿大统计局网站。

3.4.2.2 公司所得税

加拿大“居民公司”指依法在加拿大注册成立或虽依外国法律成立但管理和控制中心在加拿大的公司。居民公司应就其境内外所得缴纳公司所得税，而非居民公司应就其境内经营所得和处置境内应税财产的资本利得缴纳公司所得税。其中，应税财产包括位于加拿大境内的不动产、在境内经营使用的资本财产以及未上市的居民公司股份。在某些情况下，非居民公司的股份和非居民信托的利息也会被纳入加拿大应税财产的范畴。

加拿大联邦公司所得税的基本税率为38%，扣除10%的省和地方级所得税税率后为28%，再扣除13%的一般减除或加工制造业减除税率（私人公司经营所得在50万加元以下的部分不适用）后的最终税率为15%，营业额在50万加元以下的小企业税率为10%。加拿大各省和地区的公司所得税包括小企业税率和一般税率两类（参见表3–13）。不列颠哥伦比亚省自2016年起征收液化天然气所得税，依应税所得额的1.5%和3.5%计税。

表3–13　　2018年加拿大部分省和地区公司所得税率

省或地区	较低税率（小企业税率）	较高税率（一般税率）
纽芬兰及拉布拉多省	3%	15%
新斯科舍省	3%	16%
新不伦瑞克省	3%	14%
爱德华王子岛省	4.5%	16%
安大略省	3.5%	11.5%
曼尼托巴省	0%	12%

续表

省或地区	较低税率（小企业税率）	较高税率（一般税率）
萨斯喀彻温省	2%	12%
不列颠哥伦比亚省	2%	12%
努纳武特地区	4%	12%
西北地区	4%	11.5%
育空地区	2%	12%
阿尔伯塔省	2%	12%
魁北克省	8%	11.7%

资料来源：https://www.canada.ca/en/revenue-agency/services/tax/businesses/topics/corporations/corporation-tax-rates.html.

居民公司资本利得的50%应计入应税所得额，资本亏损的50%可抵免资本利得，当年抵免不完的部分允许前转3年，后转无限期。非居民公司取得的与境内机构场所无关的资本利得应缴纳25%的预提税，经营亏损可前转3年，后转20年，控制权发生变更则停止结转。公司合并后，原公司的经营亏损和资本亏损可延续结转。

居民公司在境内取得的股息可全部在应税所得额中扣除，但特定财务公司取得的优先股股息需要按照公司所得税税率全额纳税。居民公司收到优先股股息应按10%纳税，但优先股股息在50万加元以下或持股25%以上时免于纳税。个人持股公司收到股利应缴纳38.33%的可退还税，但持有发放股利公司10%以上股份时免于纳税。

3.4.2.3 销售环节税

加拿大的销售环节税包括联邦政府征收的商品和服务税和各省政府征收的销售税。联邦商品和服务税在全国范围征收，实质相当于增值税，允许对进项税额抵扣。其基本税率为5%，出口商品和基本食品适用零税率，保健服务、教育服务和某些金融服务适用免税规定。此外，加拿大对烈酒、红酒、啤酒、麦芽酒、烟草、成品油、汽车等的生产和进口环节征收消费税，并对大部分进口商品征收进口关税。

安大略省、新不伦瑞克省、纽芬兰及拉布拉多省、新斯科舍省、爱德华王子岛省5个省将联邦级和省级销售税合并，征收统一销售税，其中安大略省的税率为13%，其他4个省的税率为15%。不列颠哥伦比亚省、曼尼托巴省、魁北克省和萨斯喀彻温省的销售税税率分别为7%、8%、9.975%和6%。阿尔伯塔省、西北地区、育空地区和努纳武特地区只征收联邦销售税（参见表 3 – 14）。

表 3 – 14　　2018 年加拿大省和地区销售环节税率

省或地区	联邦销售税税率	省级销售税税率
阿尔伯塔省	5%	—
不列颠哥伦比亚省	5%	7%
曼尼托巴省	5%	8%
西北地区	5%	—
努纳武特地区	5%	—
魁北克省	5%	9.975%
萨斯喀彻温省	5%	6%
育空地区	5%	—
安大略省	13%	
新不伦瑞克省	15%	
纽芬兰及拉布拉多省	15%	
新斯科舍省	15%	
爱德华王子岛省	15%	

资料来源：https://www.canada.ca/en/revenue-agency/services/tax/businesses/topics/gst-hst-businesses/charge-gst/charge-gst-hst.html.

3.4.3　涉外税收规定

加拿大居民公司必须就其全球所得缴纳联邦公司所得税，包括境外分公司利润和从境外取得的消极所得。其中，资本利得的 50%计入应税所得额，其他所得 100%计入应税所得额。加拿大对外国税收抵免采用限额抵免法，未抵免的经营业务已纳税可前转 3 年，后转 10 年，且只能用同一国家的经营所得应补税额抵免；未抵免的非经营业务已纳税可作为费用扣除。居民公司收到境外非关联方分配的股利应计入应税所得额，缴纳公司所得税，对境外已纳税实行限额抵免；居民公司收到境外关联方分配的股利，不征收公司所得税，允许免税流出。此外，加拿大制定了受控外国公司制度。若外国分公司不再将利润投资于加拿大业务，则需缴纳 25%的分公司税，但税率可依双边税收协定降低到 15%、10%、5%或 0。

加拿大的转让定价规则以经济合作与发展组织制定的《转让定价指南》为基

础。纳税人与关联非税务居民进行交易（包括但不限于购买或销售商品和服务及收取或支付特许使用费和利息）的价格应等同于和非关联非税务居民进行交易的价格。若交易价格与非关联方交易的价格不同，则价格需进行调整以反映出与非关联方交易的价格。若税务机关对非居民关联方定价的调整额达到500万加元或超过公司当年总收入的10%，则将处以10%的罚款。

加拿大的资本弱化规则适用于持股比例在25%以上的非居民股东和非居民在加拿大的合伙企业。根据规定，加拿大公司对特定非居民债权人所欠的计息债务总额不得高于其股本的1.5倍，超过部分的利息视同股利分配，将被征收25%的预提税。

对非税收居民支付不符合正常交易原则的利息以及股息、特许权使用费、租金、管理费和技术服务费，须缴纳25%的预提税或按税收协定进行减免。非居民在加拿大销售不动产，若及时通报税务机关并向购买者提交结清证明，则按转让利得的25%缴纳预提税，否则须按总收入的25%缴纳预提税。除联邦预提税之外，在魁北克出售不动产还需另外缴纳12%的预提税。非居民在加拿大提供服务取得的收入将被征收15%的预提税，魁北克省另外征收9%的预提税。

加拿大已经和96个国家和地区签订了双边税收协定，与其中51个国家和地区的协定预提税税率为5%的最低水平，包括美国、越南、意大利、丹麦、奥地利、比利时、匈牙利、冰岛、爱尔兰、卢森堡、墨西哥、芬兰、法国、德国、希腊、纳米比亚、荷兰、挪威、阿曼、斯洛伐克、瑞典、瑞士、特多、乌克兰、阿联酋、英国、西班牙、日本、哈萨克斯坦、韩国、科威特、拉脱维亚、澳大利亚、立陶宛、中国香港、亚美尼亚、摩尔多瓦、捷克、哥伦比亚、克罗地亚、塞尔维亚、斯洛文尼亚、爱沙尼亚、新西兰、蒙古国、波兰、罗马尼亚、黎巴嫩、乌兹别克斯坦、南非和厄瓜多尔。加拿大和美国的协定利息预提税税率为0，而与其他国家和地区的协定利息预提税税率处在不低于10%的水平。

根据《中国－加拿大税收协定》，若中方持股10%以上，则股息预提税为10%；若持股10%以下，则利息预提税为15%；中国分公司税后利润不再征税；利息和特许权预提税均为10%。此外，加拿大对中国人民银行、直接或间接贷款或担保贷款的中国银行和中国国际信托投资公司免征利息预提税。①

为加强国际税务合作，加拿大于2016年4月宣布采用《共同申报准则》（Common Reporting Standard，CRS）。该《准则》要求各参与国税务当局自动交换财务信息，以防范公司在国家经营过程中偷税漏税和洗钱行为。截至2018年9月，已有包括中国在内的101个国家和地区加入了该《准则》。

① 王素荣. 中国企业投资加拿大的税务筹划[J]. 国际商务财会，2018（2）：15－19.

第4章
加拿大金融环境

4.1 加拿大汇率制度

国际货币体系的演变经历了金本位制、布雷顿森林体系和牙买加体系时期，逐渐形成了以美元为主导的多元国际储备体系，并实行以浮动汇率制为主导的混合汇率制度。

加拿大早在1950年就开始实行浮动汇率制度，是世界上实行浮动汇率制度时间最长的国家。1962－1970年，加拿大曾经恢复实行固定汇率制度，后于1970年6月1日再次选择实行浮动汇率制度至今。

4.1.1 第一次选择浮动汇率制度

1939－1949年，加拿大实行固定汇率制度。从1939年开始，加拿大通过一系列法案进行汇率管制，建立了汇率管制框架，成立了汇率管制委员会具体负责外汇管制事务。1939年汇率管制委员会宣布了加元对美元和英镑的固定汇率，即1美元兑换1.05加元，1英镑兑换4.45加元。同时，汇率管制委员会还实行了一系列汇率管制措施，这些措施涉及经常项目和资本项目的大部分交易。管制措施取得了很好的效果，使加拿大的外汇储备状况有了较大的改善。

1950年6月，朝鲜战争爆发。由于战争需要大量物资，美国从加拿大的进口迅速上升，加之二战后的欧洲需要重建，国际市场对加拿大产品的需求激增。加拿大出口的迅速增加，带来了贸易盈余的快速上涨，导致加元面临升值压力。此外，外国直接投资和短期投机资本大量涌入加拿大，进一步加大了加元的升值压力。为了维护固定汇率制度，加拿大政府被迫进行大规模的干预，但干预的结果是外汇储备的迅速增加。在不到 3 个月的时间里，加拿大的外汇储备增加了约40%，1950 年的外汇储备为 1949 年的 5.2 倍。由此带来的负面效应是通货膨胀压力的加大，为了维持国内物价的稳定，加拿大官方面临两种选择：一是对加元币值进行重新评估，二是实行浮动汇率制。当时国际货币基金组织主张加元进行一次性升值后重新回到固定汇率制度，而加拿大政府认为合理的汇率水平无法人为，应由市场决定。因此，加拿大政府不顾国际货币基金组织的反对，于 1950 年 9 月 30 日宣布实行浮动汇率制度。这一举措的效果显著，加元在随后 3 个月里仅升值 5%。得益于更加灵活的货币政策，加拿大成功应对了经济高速发展和投资过热带来的高通胀。随着货币升值预期的减退和投资资本流入的减缓，加拿大的通胀率在短短两年的时间里就从 1950 年的 10%降到 3%以下。

此后，加拿大政府通过解除进口限制、开放银行间外汇市场、废除外汇管制条令等措施，逐步放开了汇率管制。事实证明，加拿大实行浮动汇率制度取得了良好的效果，不仅有利于发展金融市场，还减少了加拿大城市化进程对经济引发的波动。同时，加元汇率也处在相对稳定的水平，从 1952 年到 1960 年，汇率一直维持在 1 加元兑换 1.02～1.06 美元的水平。

4.1.2 第二次选择浮动汇率制度

20 世纪 50 年代后期，加拿大经济开始衰退，失业率有所上升。出于对经济下滑和竞争力下降的担忧，加拿大中央银行于 1962 年宣布重新实行固定汇率制度，进行汇率管制。

20 世纪 70 年代初期，全球经济走强，美国实行宽松的货币政策，加拿大国内商品价格飙升，国际市场上对加拿大出口产品的需求进一步增强，国内出现贸易顺差。为了应对国内通货膨胀，加拿大提高了加元利率，其结果是国际资本大量流入，给加元带来了巨大的升值压力。在此情况下，出于对国内通货膨胀的考虑，加拿大央行宣布重回浮动汇率制度。而这正值布雷顿森林体系濒临崩溃之时。随后，大多数发达国家和部分发展中国家纷纷实行浮动汇率制度。从此，浮动汇率制度成为国际汇率制度的主流。

加拿大央行在 1999 年的工作报告中总结了实行浮动汇率制的两个优势。一是浮动汇率制度使加拿大央行可以根据加拿大经济的需要，独立实施货币政策，从而有效控制由于经济快速增长和国外资本大量流入而引起的通货膨胀。二是浮动汇率可作为经济波动的缓冲器，虽然不能完全消除经济波动的冲击，但它确实可以吸收一部分波动造成的影响，使经济能够在一个较为平稳的状态下运行。[①]

4.2 加拿大金融机构

4.2.1 中央银行

加拿大银行（Bank of Canada）是加拿大的中央银行，依据 1934 年《加拿大银行法案》成立，旨在“促进加拿大的经济和金融福祉”。加拿大银行在成立之时属于私有企业，后于 1938 年成为加拿大联邦政府所属的皇家公司[②]。加拿大银行的主要职责包括制定和实施货币政策，维持金融系统的稳定高效，发行货币，为加拿大政府提供公共债务和外汇储备管理等服务。

加拿大银行由董事会负责管理，其成员包括加拿大银行行长、高级副行长和 12 名独立董事。其中，财政部副部长占有独立董事席位，但没有投票权。董事会成员由财政部长提名，总督批准，任期 3 年。行长和高级副行长由董事会任命，总督批准，任期 7 年。现任行长为史蒂芬·S·波洛兹（Stephen S. Poloz），于 2013 年 6 月 3 日正式就任。现任高级副行长为卡洛琳·威尔金斯（Carolyn Wilkins），于 2014 年 5 月 2 日正式就任。加拿大银行董事会的主要职责包括对银行管理进行总体监督、对货币政策以外的一般银行政策（如银行的目标、计划、预算等）进行审查、确保银行及时掌握董事所在地区的经济状况等。

加拿大货币政策的制定和实施由加拿大银行管理委员会（Governing Council）负责。其成员包括加拿大银行行长、高级副行长和 4 名副行长。1991 年，加拿大将通货膨胀目标制引入货币政策框架，通货膨胀目标由加拿大银行和联邦政府共同决定，每 5 年审议一次。1995 年以来，加拿大的通货膨胀目标区间一直保持在 1%－3%。

加拿大银行通过调整隔夜利率目标（target for the overnight rate），即关键政策利率目标，来实施货币政策。所谓“隔夜利率”，指的是加拿大主要金融机构之间的隔夜拆借利率。该利率是银行和其他金融机构在设定消费者贷款、房屋抵押贷款和其他形式贷款利率时的重要参考。当通胀率高于通胀目标时，加拿大银行

---

① 肖鹞飞，赵娜. 加拿大的浮动汇率制度及其对我国的启示[J]. 海南金融，2007（9）：60－62.

② “皇家公司”（crown corporation）由加拿大政府所有，是功能与私有企业极为相近的公立企业，通常根据议会特别法案成立，相关条款列明了公司的权力、授权和目标等内容。

将提高政策利率，从而推动金融机构提高贷款利率，抑制借款和支出，以缓解价格上涨的压力；相反，当通胀率低于通胀目标时，加拿大银行将降低政策利率，推动金融机构降低贷款利率，从而对经济活动产生积极的刺激作用。自2000年起，加拿大银行每年会在8个预定的日期公布其隔夜利率目标。货币政策目标的实现通常需要6～8个季度。①

4.2.2 商业银行

在1987年以前，加拿大金融业实行分业经营制度，金融机构被划分为银行、保险公司、信托公司和证券经纪公司4种类型。1987年和1992年，加拿大政府先后颁布《金融机构和存款保险系统修正案》（Financial Institutions and Deposit Insurance Amendment Act）并修订《银行法》，允许加拿大的银行从事信托、证券和保险业务。随着金融混业经营模式的确立，加拿大保险业经历了大规模的并购整合，商业银行则通过设立控股公司开始经营信托和证券业务。

加拿大的银行数量不多，行业高度集中。根据加拿大《银行法》，加拿大的商业银行被分为3种类型。概言之，I类银行指加拿大本土银行，II类银行指外国银行子行，III类银行指外国银行分行。根据经营范围的不同，III类银行又分为全面服务银行和贷款银行两类。2018年3月26日修订的加拿大《银行法》显示，截至2017年底，加拿大共设有32家I类银行、21家II类银行和32家III类银行；其中，III类银行包括28家全面服务银行和4家贷款银行。在接受加拿大联邦层面监管的银行中，加拿大皇家银行、多伦多道明银行、丰业银行、蒙特利尔银行、加拿大帝国商业银行、加拿大国民银行作为加拿大的六大本土银行，持有约90%的资产。②

根据加拿大银行家协会（Canadian Bankers Association）2017年发布的数据，2015年，加拿大银行共有6 303家分支机构，其中约2 000家分布在农村和小城镇，有自动存取款机18 775台，2014年的ABM交易金额达7.8亿加元。六大银行的网上银行交易额为6.1亿加元，移动交易额为2.0亿加元。加拿大银行业为超过100万家中小企业客户提供服务，共雇用本地员工28万余人、海外员工约10.7万人，支付员工薪酬福利约265亿加元，支付给股东的股息收入为159亿加元。加拿大银行业采购商品和服务的支出达189亿加元。六大银行向本国纳税73亿加元，在全球范围纳税120亿加元。

---

① https://www.bankofcanada.ca/core – functions/monetary – policy/.

② http://www.osfi – bsif.gc.ca/Eng/fi – if/dti – id/Pages/default.aspx.

根据加拿大统计局和加拿大央行的数据，2016年，银行业对加拿大GDP的贡献率为3.4%。由于国内市场的增长空间有限，加拿大各大银行近年来加快了国际化的步伐。截至2016年9月末，加拿大银行业在海外的总权益占银行业总资产的35.7%，同比增长6.8%。就区域分布而言，美国是加拿大银行海外业务的主要区域，权益占比为65.5%；其次是西欧地区，权益占比为16.3%，其中仅英国的占比就达到7.4%；拉美和加勒比地区是另一个重点区域，权益占比达到7.5%；而亚太地区的占比为4.7%，其中中国占0.6%。总体而言，部分加拿大银行在美国、拉美和加勒比地区已经成为主流银行，竞争力非常强（参见表4－1）。①

表4－1　2016年9月末加拿大银行海外权益、负债分布

单位：百万加元，%

国家或地区	权益	占比	负债	占比
合计	1 829 813	100.0	1 499 102	100.0
美国	1 198360	65.5	827 167	55.2
西欧	299 072	16.3	184 725	12.3
其中：英国	136 162	7.4	120 787	8.1
中东欧	921	0.1	2 532	0.2
亚太	85 842	4.7	51 068	3.4
其中：澳大利亚	26 061	1.4	5 255	0.4
中国	10 908	0.6	10 221	0.7
拉美和加勒比	137 540	7.5	98 277	6.6
北非与中东	3 400	0.2	22 500	1.5
撒哈拉以南非洲	1 180	0.1	3 052	0.2
离岸金融中心	76 765	4.2	70 492	4.7
未分配	26 733	1.5	239 288	16.0

注：因四舍五入，部分数据存在合计与分项统计不等的情况。

资料来源：http://www.mofcom.gov.cn/article/i/dxfw/nbgz/201804/20180402730589.shtml.

① http://www.mofcom.gov.cn/article/i/dxfw/nbgz/201804/20180402730589.shtml.

4.2.2.1 加拿大六大银行

加拿大皇家银行

加拿大皇家银行（Royal Bank of Canada）成立于1869年，总部位于多伦多，是加拿大市值最高的银行，也是北美地区领先的多元化金融服务公司之一。该银行拥有超过8.1万名员工和1 600万名客户，在36个国家设有分支机构，总资产超过1.2万亿加元。[①] 加拿大皇家银行的业务涵盖个人和商业银行业务、财富管理、保险业务、资产服务和投资银行业务。截至2018年1月31日，该银行在过去12个月的营业收入中有61%来自加拿大本土业务，23%来自美国市场，其余16%来自其他国家和地区。[②]

多伦多道明银行

多伦多道明银行（Toronto－Dominion Bank）由1855年成立的多伦多银行（Bank of Toronto）和1869年成立的道明银行（Dominion Bank）于1955年合并而成，总部位于多伦多，与其下属公司统称道明银行集团（TD Bank Financial Group）。截至2018年1月31日，该银行拥有超过8.5万名员工和2 500万名客户，总资产约1.3万亿加元。作为世界领先的在线金融服务公司，该银行拥有约1 200万名活跃的在线客户和移动客户。[③] 多伦多道明银行的业务涵盖个人银行业务、小企业银行业务、商业银行业务、保险业务、资产管理服务、批发银行业务、汽车金融和投资服务，市场主要集中在加拿大和美国。[④]

丰业银行

丰业银行（Scotiabank）1832年成立于新斯科舍省的首府哈利法克斯，后于1900年将总部迁至多伦多。截至2017年10月31日，该银行拥有超过8.8万名员工和2 400万名客户，总资产约9 150亿加元。作为加拿大国际化程度最高的银行，丰业银行在北美洲、拉丁美洲、加勒比地区和中美洲、亚太地区共设有1 800家分支机构，在加拿大本土共设有963家分支机构，业务涵盖加拿大银行业务、国际银行业务、全球银行业务和市场3个层面，包括个人和商业银行业务、零售和批发银行业务、财富管理、投资银行业务等。[⑤]

蒙特利尔银行

蒙特利尔银行（Bank of Montreal）成立于1817年，是加拿大最早成立的银

---

① 数据截至2018年1月31日。

② http://www.rbc.com/investorrelations/pdf/rbcglance.pdf.

③ https://www.td.com/about－tdbfg/corporate－information/corporate－profile/profile.jsp.

④ https://www.td.com/about－tdbfg/our－business/index.jsp.

⑤ http://www.scotiabank.com/ca/en/about/inside－scotiabank/corporate－profile.html.

行，现与其下属公司统称蒙特利尔银行金融集团（BMO Financial Group）。截至2018年1月31日，该集团拥有超过1 200万名客户，总资产约7 280亿加元，在北美地区排名第8位。[①] 集团业务包括个人和商业银行业务、资产管理服务、投资银行业务等，市场涵盖加拿大、美国、欧洲、中东、亚太等国家和地区。[②]

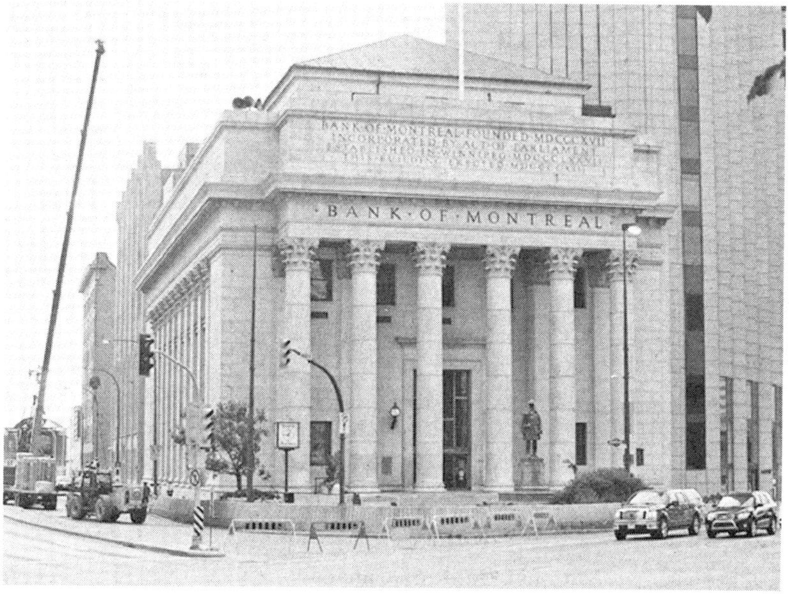

蒙特利尔银行

加拿大帝国商业银行

加拿大帝国商业银行（Canadian Imperial Bank of Commerce）由1867年成立的加拿大商业银行（Canadian Bank of Commerce）和1875年成立的加拿大帝国银行（Imperial Bank of Canada）于1961年合并而成，总部位于多伦多。截至2017年10月31日，该银行拥有超过4.4万名员工和1 100万客户，分支机构1 076家，总资产约5 653亿加元。加拿大帝国商业银行的业务包括个人和小企业银行业务、商业银行业务、财富管理服务、投资银行业务等，市场主要集中在加拿大和美国。[③]

---

① https://www.bmo.com/home/about/banking/corporate – information/about – us/bmo – financial – group.

② https://www.bmo.com/ar2017/bmo – at – a – glance.html.

③ https://www.cibc.com/en/about – cibc/corporate – profile.html.

加拿大帝国商业银行

加拿大国民银行

加拿大国民银行（National Bank of Canada）成立于1859年，是加拿大第六大商业银行，总部位于蒙特利尔。截至2018年1月31日，该银行拥有超过2.1万名员工和250万客户，总资产约2 510亿加元。加拿大国民银行的业务涵盖个人和商业银行业务、资产管理服务、投资银行业务等，在加拿大本土、美国、欧洲和其他国家和地区共设有429家分支机构。[①]

4.2.2.2 加拿大中资银行

截至2017年底，持有加拿大银行牌照的中资银行主要有中国银行（加拿大）、中国工商银行（加拿大）和中国建设银行多伦多分行。

中国银行（加拿大）

1993年5月18日，中国银行（加拿大）作为中国银行全资子公司在多伦多注册成立并对外营业，目前是加拿大支付协会、加拿大存款保险公司、加拿大银行家协会、加拿大中国商会和加中贸易理事会成员。自1994年起，该行先后在多

---

① https://www.nbc.ca/content/dam/bnc/a－propos－de－nous/notre－organisation/2018/in_brief_Q1_2018.pdf.

伦多、温哥华、万锦、北约克、列治文、卡尔加里、密西沙加、蒙特利尔共设立了9家分行。中国银行（加拿大）持有当地政府颁发的II类银行牌照，主要业务包括国际银团贷款、商业贷款、贸易融资、国际结算、外汇交易、个人住房按揭贷款、个人存款、汇款、兑换、信用卡、网上银行业务等。①

中国工商银行（加拿大）

2010年，中国工商银行通过收购加拿大东亚银行70%的股份而正式成为其控股股东，并将之更名为中国工商银行（加拿大），持有II类银行牌照，主要提供各类零售银行和企业银行服务。该行目前共设立了8家分行，其中5家位于安大略省的大多伦多地区，2家位于不列颠哥伦比亚省的温哥华，1家位于阿尔伯特省的卡尔加里，并在英属哥伦比亚省设立了高端客户服务中心。②

中国建设银行多伦多分行

2014年10月29日，中国建设银行多伦多分行正式获得加拿大金融机构监管署颁发的III类全面服务银行牌照，是中资银行在加拿大开设的第一家分行。2014年12月5日，该行正式对外营业，主要业务包括存款、贷款、贸易融资、国际结算、金融市场业务等。③

4.2.3 保险公司

加拿大保险业的历史悠久。自1804年加拿大第一家保险公司——凤凰保险公司在蒙特利尔开始运营以来，加拿大保险业已有200多年的历史。加拿大保险业发展迅速，保险品种丰富，在国内经济发展中具有较高的地位。加拿大保险公司的资产仅次于银行业，在加拿大金融业中位居第二位。根据加拿大统计局统计，2016年保险业产值272.6亿加元，同比增长2.1%，对GDP的贡献约为1.6%。

经济合作与发展组织（OECD）的统计数据显示，2006－2015年，加拿大保险业保费在2007年达到峰值1 360.88亿美元，在2009年因金融危机的影响跌至最低点754.24亿美元，之后逐渐回升，但保险密度（人均保费金额）和保险深度（保费收入占国家GDP的比重）整体均呈下降趋势。2015年，加拿大保险业保费共计836.0亿美元，人寿保险和非人寿保险保费分别为240.0亿美元和596.0亿美元，在OECD国家中排名第8位。加拿大的保险密度为1 916美元，排名第19位；保险深度为4.4%，排名第23位。

加拿大保险市场主体包括人寿保险公司（life and health insurance company）

① http://www.boc.cn/ca/aboutus/ab1/201202/t20120220_1778317.html.

② http://www.icbk.ca/EN/AboutUs/Profile/.

③ http://ca.ccb.com/toronto/cn/gywm.html.

和财产保险公司（property and casualty insurance company）。人寿保险是对由身故、重病、伤残等人身风险造成的损失提供经济补偿。无论经济怎样波动，加拿大人寿保险行业一直保持着稳定健康地发展。财产保险又称为普通保险（general insurance），是对财产和其他财务损失提供赔偿，其中最大的保险业务额来自个人房屋和汽车保险。

2001 年，加拿大联邦政府通过金融改革法案，保险业开始相互购并。截至 2018 年 6 月，加拿大金融机构监管署监管下的保险机构共有 220 家，其中人寿保险公司 67 家（包括本土公司 38 家、外资公司 29 家），财产保险公司 153 家（包括本土公司 83 家、外资公司 70 家）。[①] 就资产规模而言，加拿大最大的三家保险公司依次为宏利金融集团（Manulife Financial Corporation）、鲍尔金融集团（Power Corporation of Canada）和永明金融公司（Sun Life Financial Inc.）。

4.2.3.1 人寿保险公司

人寿保险公司是加拿大金融体系的重要组成部分，在经济领域甚至社会领域发挥着重要的作用。根据加拿大人寿和健康保险协会（Canadian Life and Health Insurance Association）2016 年的报告，加拿大的人寿保险公司为约 2 800 万加拿大人提供了丰富多样的金融保障产品，在加拿大拥有超过 7 600 亿加元的资产，是该国主要的金融资产投资部门，投资占比约为 10%。人寿保险行业为加拿大提供了约 148 600 个就业职位，包括全职雇员约 55 200 人、代理及顾问约 93 400 人。2015 年，加拿大人寿保险的保费收入超过 1 030 亿加元，共支付保险收益约 842 亿加元，向各级政府交税约 66 亿加元。

加拿大人寿保险公司（**Canada Life**）

① http://www.osfi－bsif.gc.ca/Eng/wt－ow/Pages/wwr－er.aspx.

和银行业一样，加拿大的人寿保险业高度集中，鲍尔金融集团旗下的大西保险集团（Great – West Lifeco Inc.）、宏利金融集团和永明金融公司这三大企业的资产占该行业的90%以上，其业务遍及加拿大、美国以及欧洲和亚洲国家，在产品类别设计和销售等方面的表现均优于其他本土或外资保险公司。

4.2.3.2 财产保险公司

根据加拿大财产保险行业组织——加拿大保险局（Insurance Bureau of Canada）的年度报告，2016 年，加拿大财产险的直接承保保费为 534 亿加元，其中汽车保险因其强制性，占财产险直接承保保费的 42.4%，保费达 226.5 亿加元。该类保险公司的总资产达到 1 702 亿加元，投资资产达 1 113 亿加元，2015 年向联邦及省级政府纳税 90 亿加元，并提供了约 124 900 个就业职位。据测算，在每加元保费中，56.5%用于支付投保人索赔，21.5%为运营成本，13.6%为各种税费，8.3%为利润。

与人寿保险业相比，加拿大财产保险业的集中度不高，前十大财产保险公司的市场份额合计约为 60%。外资企业在该行业的参与度较高，按保费统计，外资企业的份额约为五成，母公司大多为美国和欧洲的企业。其中 Intact 集团在加拿大财产保险市场占有的份额最高，其 2016 年的直接承保保费约占全国的 15.8%。[①]

4.2.4 证券业机构

4.2.4.1 证券公司

加拿大证券业的发展可以追溯到 1832 年。当时，一些掮客在蒙特利尔的一家咖啡店里进行了加拿大第一条铁路股份的交易活动。1874 年，加拿大的第一家股票交易所——蒙特利尔股票交易所正式成立。1878 年，多伦多股票交易所成立。加拿大最初的证券承销商是特许银行，直到 18 世纪末，该行业才由独立的证券公司所控制。

在 20 世纪 80 年代末之前，独立证券公司大多由其资深合伙人所有。但随着资本需求量的不断增长、跨国公司竞争的日益激烈、市场波动的加剧以及收益表现的周期性，这种公司结构变得愈发难以维持。1987 年，联邦和省政府对相关法律作出修改，让证券业的所有权对银行、信托公司以及外国证券公司开放。

此后，加拿大证券业经历了重新洗牌。为进军零售经纪行业并强化投资银行

① http://ca.mofcom.gov.cn/article/ztdy/201804/20180402734515.shtml.

业务表现，加拿大六大商业银行先后收购了大型的证券公司。在混业经营的背景下，加拿大的证券公司数量较少，且大多处于银行的控制之下，如加拿大帝国银行旗下的汇达证券、蒙特利尔银行旗下的利时证券、皇家银行金融集团旗下的道明证券、丰业银行旗下的丰业证券等。

4.2.4.2 证券交易所

加拿大的证券交易所主要包括多伦多证券交易所、多伦多创业板交易所以及加拿大证券交易所。

多伦多证券交易所（Toronto Stock Exchange，TSX）是加拿大主板市场，和多伦多创业板交易所（TSX Venture Exchange，TSXV）均隶属于多伦多证券交易所集团（TMX Group）。世界交易所联盟（World Federation of Exchange）的统计数据显示，截至 2018 年 4 月 17 日，在加拿大主板和创业板市场挂牌上市的公司市值超过 2.2 万亿美元，在北美地区排名第 3 位，仅次于纽约证券交易所和纳斯达克证券交易所，在世界范围排名第 12 位；其上市公司数量共计 3 350 家（包括国内上市公司 3 302 家和外国上市公司 48 家），在北美地区排名第 1 位，在世界范围排名第 3 位，仅次于孟买证券交易所和日本证券交易所集团（参见表 4－2）。

表 4－2　　世界主要证券交易所　　单位：百万美元

位次	证券交易所名称	公司市值	证券交易所名称	公司数量（家）
1	纽约证券交易所	23 138 626.0	孟买证券交易所	5 439
2	纳斯达克证券交易所	10 375 717.9	日本证券交易所集团	3 618
3	日本证券交易所集团	6 287 738.9	多伦多证券交易所集团	3 350
4	上海证券交易所	5 022 691.4	马德里证券交易所	3 065
5	欧洲证券交易所	4 649 073.4	纳斯达克证券交易所	2 968
6	香港证券交易所	4 443 082.2	伦敦证券交易所集团	2 622
7	伦敦证券交易所集团	3 986 412.6	纽约证券交易所	2 294
8	深圳证券交易所	3 547 311.8	香港证券交易所	2 186
9	德意志证券交易所集团	2 339 091.6	澳大利亚证券交易所	2 151
10	孟买证券交易所	2 298 178.7	韩国证券交易所	2 145
11	印度国家证券交易所	2 273 285.6	深圳证券交易所	2 110
12	多伦多证券交易所集团	2 245 562.8	印度国家证券交易所	1 952

续表

位次	证券交易所名称	公司市值	证券交易所名称	公司数量（家）
13	韩国证券交易所	1 841 445.3	上海证券交易所	1 421
14	瑞士证券交易所	1 541 011.2	欧洲证券交易所	1 240
15	纳斯达克北欧证券交易所	1 523 971.5	纳斯达克北欧证券交易所	992

注：数据截至2018年4月17日。

资料来源：世界交易所联盟网站。

多伦多证券交易所集团截至2018年3月31日的统计数据显示，按上市公司数量计算，多伦多证券交易所主板上市公司主要为开放式基金公司、矿业公司和封闭式基金公司，占比分别为36.7%、14.5%和8.7%；创业板上市公司主要为矿业公司、科技公司和油气行业公司，占比分别为59.6%、8.1%和7.7%。按上市公司市值计算，多伦多证券交易所主板上市公司市值最高的三大行业依次为金融服务业、工业产品和服务业、矿业，占比分别为30.2%、12.1%和9.7%；创业板上市公司市值最高的三大行业依次为矿业、生命科学行业、金融服务业，占比分别为43.7%、15.9%、10.1%（参见表4-3）。

表4-3　　多伦多证券交易所集团上市公司行业分布

单位：家，百万美元，%

行业	主板市场				创业板市场			
	公司数量和占比		公司市值和占比		公司数量和占比		公司市值和占比	
清洁技术和可再生能源	33	2.2	38 593	1.4	57	3.4	1 429	2.8
封闭式基金	132	8.7	20 673	0.7	—	—	—	—
传播和媒体	26	1.7	174 740	6.2	11	0.7	773	1.5
消费者产品和服务	69	4.6	222 819	7.9	41	2.5	924	1.8
资金池公司/特殊目的收购公司	2	0.1	421	0.0	57	3.4	52	0.1
开放式基金	555	36.7	149 009	5.3	—	—	—	—
金融服务	82	5.4	854 255	30.2	55	3.3	5 211	10.1
工业产品和服务	133	8.8	342 963	12.1	57	3.4	1 741	3.4
生命科学	44	2.9	31 354	1.1	99	6.0	8 172	15.9

续表

行业	主板市场				创业板市场			
	公司数量和占比		公司市值和占比		公司数量和占比		公司市值和占比	
矿业	219	14.5	273 920	9.7	990	59.6	22 510	43.7
油气行业	79	5.2	271 310	9.6	128	7.7	3 622	7.0
房地产	62	4.1	99 824	3.5	29	1.7	2 429	4.7
科技	53	3.5	109 297	3.9	135	8.1	4 531	8.8
公共事业和管道	24	1.6	241 470	8.5	2	0.1	139	0.3
合计	1 513	100	2 830 648	100	1 661	100	51 533	100.0

注：数据截至 2018 年 3 月 31 日。

资料来源：https://www.tsx.com/resource/en/1736/mig – report.pdf.

加拿大证券交易所（Canadian Securities Exchange，CSE）总部位于多伦多，在成立之初为加拿大交易和报价系统（Canadian Trading and Quatation System，CNQ），于 2004 年获得安大略省证券委员会批准而成为证券交易所，于 2008 年更名为加拿大国家证券交易所（Canadian National Stock Exchange，CNSX），后于 2014 年变更为现用名称。和加拿大主板和创业板市场相比，该交易所的上市手续更加简便快捷，适合规模较小、急需少量资金的公司进行融资。截至 2018 年 5 月 27 日，加拿大证券交易所的上市公司共计 375 家，主要涉及矿业、科技、多元化产业、生命科学等领域（参见图 4 – 1）。

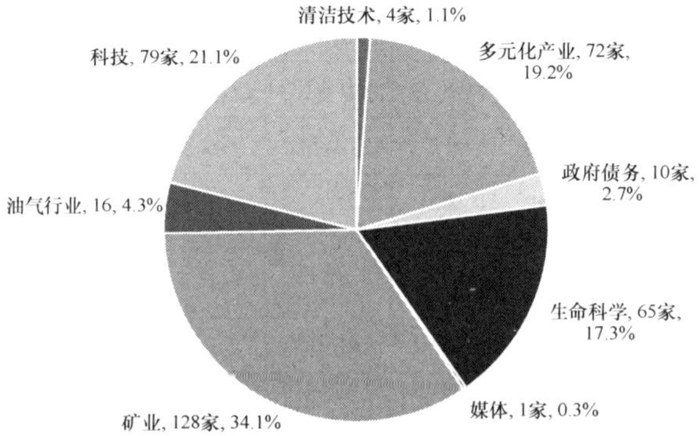

图 4 – 1　加拿大证券交易所上市公司行业分布

资料来源：http://thecse.com/en/listings.

4.3 加拿大金融监管

4.3.1 历史沿革

4.3.1.1 经济自由放任时期的金融监管

在 1929 年世界经济大危机之前，受经济自由放任思潮的影响，加之金融活动复杂程度不高，加拿大的金融监管机构较少而且不受重视。当时，加拿大最主要的两大金融监管机构是保险监管办公室（Office of the Superintendent of Insurance，OSI，以下简称“保监办”）和银行总监督官办公室（Office of the Inspector General of Banks，OIGB，以下简称“银监办”）。保监办成立于 19 世纪末，后变为内阁的保险部（Department of Insurance，DOI），负责监管联邦注册的寿险公司、财险公司、信托公司、贷款公司及养老计划，并向政府提供保险精算。受工业革命的影响，保监办当时的主要任务是解决制造业发展过程中遇到的问题。而由于当时加拿大的银行业并不发达，所以对银行业务的监管也在保监办的一揽子监管职责之中。1925 年，随着家庭银行（Home Bank）的倒闭，加拿大议会决定成立银监办，专门负责监管加拿大的特许银行。尽管如此，在自由竞争思潮的影响下，政府实行银行监管的观念并未得到普遍认同。此外，出于监管成本和效率的考虑，当时的监管主要采取金融机构自行规管的非现场稽核方式。在很长的时间里，由于对监管缺乏重视，加之业务比较单调，银监办始终都是小规模运作，并未起到实际的监管效果。

加拿大银行业监管的早期发展之所以比较缓慢且晚于保险业监管，是因为加拿大的银行体系比较稳固。加拿大早期的基础产业是农业、林业、木材加工业等，经济活动和资金需求的季节性比较强，而加拿大银行业实行英国式的分支行制度，地区之间的资金余缺调剂比较容易，不仅保证了银行的利润，也减少了银行倒闭的可能。

4.3.1.2 金融分业经营时期的金融监管

1929－1933 年的世界经济大危机导致了世界上许多金融机构的破产，也使人们意识到了金融监管的重要性。在美国《格拉斯—斯蒂格尔法》的影响和带动下，加拿大由原来的金融混业经营走上金融分业经营的道路。与此同时，加拿大当局也开始从金融活动的被动参与者逐步向主动管理者转变。加拿大两大皇家专门调查委员会麦克米兰委员会（Macmillan Commission）和博特委员会（Porter Commission）的调查研究推动了金融监管机构的统一和监管法规的完善。20世纪30年代初，麦克米兰委员会在分析金融机构经营失败原因的基础上，首先提出了应当在加拿大金融体系中发展监督管理部门的观点。20世纪60年代，博特委员会的调查也表明，加拿大原有的法律和一般规范框架已经不能适应当时的经济发展，亟待成立一个职能强大并受到政府大力支持的监管部门。这份报告直接影响了1967年加拿大《银行法》的修改，对加强银行监管起到了关键性的作用。与此同时，为了保障小投资者的存款利益并逐步改进加拿大存款机构的最低财务标准，加拿大财政部在1967年设立了存款保险公司（Canada Deposit Insurance Company，CDIC，以下简称“存保公司”）。1983年，法律赋予存保公司协助维持金融稳定和信誉的职责，银行也成为存保公司的监督对象之一。

20世纪80年代，随着金融活动日益频繁复杂，加拿大对金融监管更加重视，省级监管机构也纷纷成立，如安大略省存款保险公司、安大略省保险委员会、养老金委员会等机构等。

与加拿大金融分业经营相适应，这一时期的金融监管以分业监管为特征，金融监管职责由保监办、银监办和存保公司共同承担。其中，银监办和存保公司负责监管银行业，保监办负责监管保险业，而省级监管机构负责监管证券业。此外，这一时期的金融监管逐渐由宽松向严格过渡，监管范围更加广泛，监管目标更加具体。分业监管模式起到了较好的管制作用，金融机构倒闭数量大幅度减少。

4.3.1.3 金融混业经营时期的金融监管

加拿大金融业的发展使原本存在于银行、信托公司、保险公司和券商间的界限日渐淡化，这给金融监管机构的重新整合提出了迫切的要求。1985年，加拿大商业银行和北部银行（Northland Bank）的倒闭推动了监管机构的统一进程。1986年，加拿大财政当局提出整合金融监管机构，并决定在银监办和保监办的基础上成立金融机构监管办公室（Office of the Superintendent of Financial Institutions，OSFI），或称金融机构监管署（以下简称“监管署”）。监管署于1987年正式成立，标志着加拿大开启了金融混业监管的时代。

1992年，加拿大再次修改《银行法》，允许银行从事传统银行业务以外的信托、证券和保险业务，并允许其他金融机构向银行业务渗透，从而在法律上确立了加拿大金融混业经营的合法性。与此同时，混业经营对金融监管提出了更高的要求，此后《银行法》的每次修改都提出了更加严谨的制度安排。

在坚持混业监管模式的基础上，加拿大加紧了对原有监管机制的调整。之前OSFI虽然是金融监管的主要部门，但法律并没有明确规定其职责并赋予相应的监管资源。而1996年通过的C－15法案明确规定，OSFI应通过推动行业规范的建设、降低银行经营失败的风险等手段，增强社会公众对金融体系的信心。该法案还特别强调了OSFI早期干预行为的重要性。1999年，加拿大财政部颁布了以风险管理为核心的《监管框架》，明确了OSFI监管操作的原则和方法。2001年，加拿大成立金融消费者管理局（Financial Consumer Agency of Canada，FCAC），专门负责金融消费者的保护工作，并监察相关的金融机构。

这一时期的银行监管表现为统一监管和功能型监管两大特征。监管领域不再以金融机构的种类划分，对银行业、保险业、信托服务和养老金计划的金融监管由新成立的监管署统一执行，并更加注重对金融产品功能的监管。

4.3.1.4 加拿大金融监管的国内外合作

在加拿大金融监管署成立后，一个由监管署、存保公司、中央银行和财政部主要负责人组成的金融机构监督委员会也随之成立。该委员会主要负责协调解决监管机构之间可能出现的分歧，并保障监管署行使监察权力，大大加强了不同金融监管机构之间的国内合作与协调。此外，省级监管机构与联邦监管部门的对话合作机制也得到了进一步完善。行业自律协会、行业管理中心和金融协议成为这一合作机制的重要组成部分。在混业经营条件下，银行监管与其他金融监管之间联系紧密，各自职能不断完善，各类监管部门之间合作协调，成为这一时期金融监管制度发展的显著特点。

同时，加拿大还积极参与国际金融监管合作，一方面引入国际金融监管标准，另一方面开展与国际监管组织的合作。早在1988年，加拿大就是《巴塞尔协议》的积极倡导者和实施者，是国际上最先采用该协议的少数国家之一。作为巴塞尔委员会的成员之一，加拿大还率先推行《新巴塞尔协议》，并在2007年正式采用该协议。《新巴塞尔协议》提出了以资本充足率、监管部门监督检查和市场纪律为三大支柱的监管框架，代表了银行监管的未来方向。《巴塞尔协议》虽然没有强制执行力，但实际已成为银行监管的国际标准，得到了各国监管机构的普遍认同。此外，加拿大金融监管部门还与国际证券管理组织、国际保险监督官协会、国际金融稳定局等国际金融监管机构保持着密切的联系。[①]

---

① 左连村，刘婧. 中国与加拿大金融业监管比较研究[J]. 产经评论，2013（5）：79－90.

4.3.2 监管体制

加拿大实行联邦和省（地区）两级平行分权金融监管体制，两级监管部门间不存在垂直领导关系。其中，联邦级金融监管的对象包括所有银行、在联邦注册的保险公司、信托公司、信用社等金融机构，监管重点在于相关机构的债务偿付能力；省（地区）级金融监管的对象包括省（地区）级注册的证券公司、投资基金、信用合作社、保险公司、信托和贷款公司等金融机构，监管重点在于相关机构的市场行为。

4.3.2.1 联邦级金融监管机构

加拿大联邦级金融监管机构包括财政部、加拿大央行、金融机构监管署（OSFI）、存款保险公司（CDIC）和金融消费者管理局（FCAC）。其中，财政部直接向财政部长汇报工作，其余4个独立机构通过财政部长向联邦议会汇报工作。财政部作为加拿大的金融管理当局，主要负责制定金融政策法规，协调联邦和省（地区）级金融监管机构的关系等。加拿大央行负责制定和执行货币政策，代理国库和发行货币，是加拿大银行体系的最终贷款人，并承担系统重要性银行（D－SIBs）的支付清算等职责。

OSFI 是联邦最主要的综合监管机构，在加拿大金融监管体系中处于核心地位。其监管活动大致可分为管理和监督两大类，监管重点是金融机构可能存在的重大风险，职责集中于以下几个方面：监督和早期干预，促进稳健的风险管理和治理实践，查找涉及金融机构安全和可靠性的因素等。OSFI 的工作有以下几大特点：一是强调监管的高效性和有效性，争取最大化审慎监管的有效性，同时最小化合规成本并允许创新和竞争。二是区别对待大小银行。OSFI 认为采取一刀切的办法可能会抑制小银行的竞争与发展能力，因此在加强风险管理、保护储户和债权人权益等方面，区别对待大型和中小型金融机构，对国内的系统重要性银行采取更高的资本和报告要求。三是加强横向联系与协作。OSFI 与联邦和各省（地区）监管部门紧密合作，共同加强对金融体系的监督。四是加强国际合作。OSFI 积极参与金融稳定委员会、巴塞尔银行监管委员会和国际保险监督官协会等国际监管机构的活动，根据加拿大国情灵活实施国际监管要求，并努力把加拿大的金融监管经验向世界推广。

CDIC 成立于1967年，成员为吸收存款的银行、在联邦注册的信托公司和贷款公司等，省辖机构在得到省政府的授权后可申请成为 CDIC 的成员。CDIC 是加拿大国有企业即皇家公司，由一个11人组成的理事会治理，除理事会主席之外，有 5 名理事来自商界，另 5 名理事来自财政部、央行、OSFI 和 FCAC 等政府部门，以综合吸纳公私两方面的经验与意见。CDIC 拥有 29 亿加元事前基金（ex ante fund）和 190 亿加元经常贷款权限。作为加拿大六大国内系统重要性银行的破产清算机构，CDIC 具有提供内部纾困的权力，其法定职责包括：为储户提供存款保险，维护储户合法利益；促进金融稳定；服务储户利益，以适当方式使 CDIC 的损失敞口最小化；推广完善的商业和金融标准，强化金融系统等。

FCAC 成立于 2001 年，将以前散布于不同联邦机构的金融消费者保护职能集于一身，监管对象包括所有银行、联邦注册的保险公司、信托和贷款公司以及合作性质的信用协会，其经费由被监管的金融机构按资产额均摊。FCAC 的法定职责主要包括两类：一是确保联邦监管的金融机构遵守有关消费者保护的法律法规；二是宣传金融消费者的权利与义务，帮助公众获得必要的有关金融产品和服务的信息。FCAC 具备强制执行力，在金融机构违反相关法律时，FCAC 除通知 OSFI 及其他监管部门外，还可以根据违法的严重程度和频率，要求相关金融机构承诺纠正错误，或实施罚款、刑事制裁等措施。

加拿大在联邦层面成立了 4 个监管协调机制：一是金融机构监督委员会（FISC），由 OSFI 牵头，成员包括财政部、央行、CDIC 和 FCAC 的负责人，原则上每季度开一次会，必要时也可随时召集会议，旨在相互沟通信息并解决实际监管问题等；二是高级咨询委员会（SAC），由财政部副部长牵头，成员与 FISC 相同，主要是向财政部长提供金融稳定政策及立法建议等；三是 CDIC 理事会，由 CDIC 牵头，上述联邦机构负责人均为其理事会成员，主要负责存款保险研究和金融危机发生之后的处置。四是监管机构首长会议机制，由央行行长牵头，财政部、OSFI 和主要省份（魁北克省、不列颠哥伦比亚省、阿尔伯塔省和安大略省）的证券监管部门参与，以共享资本市场信息，加强对策沟通和监管协调。

4.3.2.2 省区级金融监管机构

在世界工业化国家中，加拿大是唯一没有全国性证券交易监管机构的国家。加拿大早期的证券公司大多都在省（地区）内设立，证券也在省（地区）内发行和销售，故逐渐形成了由省（地区）政府监管证券业的金融监管体制。

加拿大的 10 个省和 3 个地区均设立了证券委员会或金融服务委员会，负责对证券公司、信用社和在省区政府注册的信托、贷款和保险公司等进行监管。证券委员会将某些证券监管职责赋予了许多自律组织，如加拿大投资证券商协会、加拿大共同基金交易商协会，加拿大投资业监管组织、加拿大投资业协会、加拿大投资者保护基金等，这些组织负责监管自己的会员及从业人员。此外，加拿大还有多伦多、蒙特利尔、温哥华、阿尔伯塔、温尼伯等5个主要证券交易所参与市场监管，其职责涉及持续披露的审查、股票上市的核准、督察审核及公众报告以及维持二级市场有效性等。

虽然加拿大各省区证券监管部门所遵循的原则和目标基本相似，但证券法律法规各异，依其制定的各项实施细则差别更甚。繁复的监管规章导致上市公司的交易成本上升，多年来饱受各界的批评。20世纪90年代，13个省区的证券委员会自愿联合组成了加拿大证券管理委员会（CSA），其主要职责是协调各省区的证券监管，确保立法原则及标准的统一，避免重复监管和简化上市公司融资流程。但CSA只是一个过渡性机构，并未完全打破区域藩篱。2010年，时任加拿大财政部长弗莱厄蒂就指出，对于一个人口仅为3 400万的国家而言，有这么多的证券监管机构，是加拿大金融业最大的软肋。

近年来，加拿大证券业监管体制出现走向全国统一监管的趋势，但由于各省区难以达成统一，而且涉及法律的修改，所以进程十分缓慢。2009年，联邦政府曾提出建立全国性证券监管机构并制定《联邦证券法》，但魁北克省和阿尔伯塔省以该项立法违宪为由予以反对，联邦政府遂将该法案提交最高法院裁决，但被否决。2013年，弗莱厄蒂与安大略省及不列颠哥伦比亚省财政厅长签署协议，决定建立单一的全国性证券监管机构，各省区无须放弃证券监管权，但须按统一监管条例执行监管，并由各省厅长理事会负责监督。机构总部计划设在多伦多，并在各省区设立办事处。联邦政府呼吁各省区积极加入上述协议，目前除上述两省，还有萨斯卡其旺省、新不伦瑞克省、爱德华王子岛省、育空地区共6个省区已签署协议。①

4.3.3 监管框架

加拿大的金融监管以风险管理为核心。1999年，加拿大财政部颁布新的金融监管框架，其目的在于通过有效的金融监管实践，降低监管成本，维护公平市场竞争，提高服务效率，避免不必要的损失，增强公众对金融业的信心。新监管框架的基本思想是建立以风险为核心的金融监管体系，将有限的监管资源集中于风险突出的金融机构和金融领域，把金融风险的识别、衡量、监测和控制贯穿于监管工作的始末，并建立一套完整的风险评估和评级体系。该监管框架已成为金融机构监管署进行日常操作的指导性文件，其主要步骤包括：（1）确定金融机构的重要活动；（2）对重要活动进行净风险评估；（3）对重要活动进行净风险评级；（4）对金融机构进行综合风险评级；（5）确定金融机构的安全等级并进

① 季凌鹏. 加拿大金融监管经验做法及对我国的启示[J]. 财经界（学术版），2016（5）：1－3，8.

行现场监管。

4.3.3.1 确定金融机构的重要活动

根据金融监管框架规定的程序，监管署首先需要确定被监管金融机构的重要业务活动。需要考虑的因素包括金融机构的组织结构、战略商业计划、资本配置以及内部与外部的财务状况等。衡量标准主要有：重要活动产生的资产涉及公司收支平衡表内外的总资产，重要活动的风险加权资产涉及公司风险加权资产总额，重要活动产生的收入关系到公司的总收入，重要活动的税前净收益涉及公司税前总净收益，重要活动的风险权重资本涉及公司风险权重资本总额，重要活动的内部资本配置涉及公司总资本金，重要活动所需的准备金属于公司总准备金的一部分。

4.3.3.2 对金融机构重要活动的净风险评估

在确定了金融机构的重要活动后，监管署将对其净风险进行评估。净风险涉及 3 个影响变量，即内在风险、风险管理质量和风险发展趋向，因此需要分别对其进行评估，进而完成净风险评估。

第一，内在风险评估。内在风险指重要业务活动本身潜在的不确定性风险，评估标准是风险发生的可能性及其对公司预期资本和收益所能产生的负面影响。因此，在评估金融机构内在风险的时候，需要全方位了解该公司的经营环境及其主要商业行为。内在风险评估包括对信用风险、市场风险、保险风险、操作风险、流动性风险、法律风险和战略风险 7 个子项的评估，评估时不考虑风险管理质量，评估结果分为“低”“中”“高”3 个级别。

第二，风险管理质量评估。风险管理质量评估分为两部分，即经营管理质量评估和风险管理控制功能评估。其中，经营管理质量评估以公司的重大业务活动为测评对象，评估结果是重大业务净风险评估的支持性要素；风险管理控制功能评估以公司机构为测评对象，是对公司机构综合风险评估的必要准备。风险管理控制功能评估包括对财务分析、合规性分析、内部审计、风险管理、高级管理层和董事会监察 6 个子项的评估。高水平的经营管理可确保政策、程序、控制系统富有效率并提高员工水平。虽然对单项公司业务而言，经营管理质量评估更为重要，但是监管框架文件认为风险管理控制功能的评估结果基本可以反映经营管理质量的水平，所以经营管理质量评估通常从风险管理控制功能的 6 个子项出发。如果这 6 项功能运行稳健高效，则相应地认为金融机构的经营管理质量较高。风险管理质量评估的结果分为“强”“可接受”和“弱”3 个级别。

第三，净风险评估。净风险评估包括对净风险状态和净风险趋向的判定。其中，净风险状态根据重要业务活动内在风险评估结果和风险管理质量评估结果作出。例如，“低”内在风险和“强”风险管理质量组合，则净风险处于“低”水平；“中”内在风险和“可接受”的风险管理质量组合，则净风险处于“中”级水平；“高”内在风险和“弱”风险评估质量组合，则净风险处于“高”水平（参见表4-4）。净风险趋向是指净风险在一定时间范围内由现有状态的发展方向，分为上升、平稳、下降3种情况。综合重要业务活动内在风险评估、风险管理质量评估和风险发展方向评估结果，即可得到最终的净风险评估结果。

表4-4　重要业务活动的净风险评估组合

重要业务活动风险管理质量评估	重要业务活动内在风险评估		
	低	中	高
	重要业务活动净风险评估		
强	低	低	中
可接受	低	中	高
弱	中	高	高

资料来源：左连村，刘婧. 中国与加拿大金融业监管比较研究[J]. 产经评论，2013（5）：79-90。

4.3.3.3 对金融机构重要活动的净风险评级

监管署对金融机构的净风险评估是逐项进行的，对各项目的风险评估只能说明某项重要业务活动的风险状况，而不能说明一家金融机构所有重要业务行为的整体风险状况，因此还须对整个金融机构的净风险状况进行评级，即净风险总评级。由于各重要业务活动的重要性不同，因此在衡量总的净风险级别时，必须对每项重要业务活动设置不同的权重，并汇总到一个总的风险矩阵中。净风险总评级分为4个级别，即低、中、中上和高。

与净风险总评级同时进行的，还有对风险管理控制功能的总评级以及对风险发展方向的总评级。总评级的基础与相应的风险评估相同，风险管理控制功能的总评级分为强、可接受、需要提高和弱4个级别，风险发展方向的总评级分为上升、稳定和下降3个级别。

4.3.3.4 对金融机构的综合风险评级

在确定了金融机构净风险的总评级之后，金融机构监管署还要根据金融机构的资本充足状况、收益状况和时间周期等因素，对金融机构进行资本评级、收益评级以及综合风险发展方向评级，并在综合考虑这些因素的基础上，对金融机构进行综合风险评级（参见图4-2）。

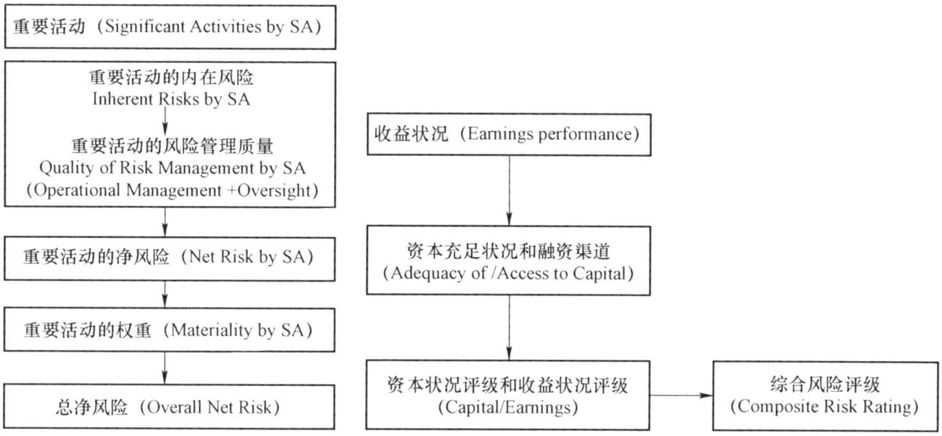

图4-2 加拿大金融机构的综合风险评级流程图

资料来源：左连村，刘婧. 中国与加拿大金融业监管比较研究[J]. 产经评论，2013（5）：79-90。

金融机构的综合风险评级分为低、中、中上和高4个级别。一般而言，净风险总评级越“低”且资本和收益评级越“强”，则金融机构的综合风险越“低”；净风险总评级越“高”且资本和收益评级越“弱”，则金融机构的综合风险评级越“高”。但在“低”“中”净风险总评级和“弱”资本和收益评级的组合或“中上”“高”净风险总评级和“强”资本和收益评级的组合下，金融机构的综合风险评级还需要考虑其所处的经济环境和行业环境。另外，在一定的时间范围内，综合风险评级存在“下降”“平稳”和“上升”3个发展方向。二者的不同组合决定了金融机构所处的综合风险等级（参见表4-5）。

表4-5 金融机构综合风险评级组合

净风险总评级	资本和收益评级			
	强	可接受	需要提高	弱
	综合风险评级			
低	低	低	中	*

续表

净风险总评级	资本和收益评级			
	强	可接受	需要提高	弱
	综合风险评级			
中	*	中上	中上	*
中上	*	中上	高	高
高	*	高	高	高

注：*表示评级结果依金融机构所处的环境而定。

资料来源：左连村，刘婧. 中国与加拿大金融业监管比较研究[J]. 产经评论，2013（5）：79－90。

4.3.3.5 确定金融机构的安全等级并进行现场监管

根据金融机构的综合风险评级结果和综合风险发展方向，监管署将其风险关注度划分为“0”至“4”共5个等级，并依此确定监管计划和监管强度。等级越高，说明金融机构存在的风险越大，就越需要监管机构的介入干预。若风险关注等级处于“0”级，则说明该机构经营稳健，监管署对其会适当降低监管力度，只进行常规监管，无须采取任何行动。若风险关注等级处于“1”级，则说明该机构已经存在不稳定因素，监管署会对其提出早期警告。若风险关注等级处于“2”到“4”级，则说明该机构存在严重的安全隐患或面临生存危机，监管署通常会采取现场监管措施、加强监管力度并提高监管频率，如加强对特定资产的监管、扩大审计范围、进行行政罚款、撤换高管成员、与金融机构签订协议等。根据金融监管框架的规定，对于安全等级属于“0”和“1”级的金融机构，监管署至少要每季度进行一次评估。对于安全等级属于“2”至“4”级的金融机构，监管局则需要每月进行评估，并加强与公司管理层的沟通，实施各种现场监管。

4.3.4 监管特点

4.3.4.1 具有相对完备的监管法律体系

加拿大具有相对完备的金融监管法律体系，不仅在各领域都有相应的法律法规做支撑，而且能够根据金融实践的新发展及时修改相关法规，确保金融监管在任何时刻均有法可依。以《银行法》为例，1992年以前，加拿大规定每10年对《银行法》进行一次修改；而1992年之后，其修改间隔缩短为每5年一次。实际上，进入新世纪后，日新月异的金融发展加快了法律体系的调整进程，加拿大议会几乎每年都会通过若干有关《银行法》的补充或修改条例。在执法方面，加拿大监管部门严格遵循法律程序，监管过程公开透明，从而使其监管效果和权威性都得到了增强。正如加拿大央行副行长保罗·詹金斯所言，最好的监管方法莫过于将有效监管和透明的处理机制一同纳入金融体系的制度设计之中。

4.3.4.2 监管体制兼具独立性与协调性

加拿大实行“两级多头”的金融监管体制，兼具独立性与协调性。其独立性主要体现在，联邦和省区两级监管机构分权而治，分别对联邦级和省区级注册的金融机构进行相对独立的监管。其协调性主要体现在，虽然两级监管机构独立地处理各级事务，但彼此并不分割，而是通过签署协议加强合作协调、减少矛盾。另外，两级监管项下存在多个职能互补的部门，并设有专门委员会协调各部门的工作。因此，加拿大金融监管体制无论是横向还是纵向都有明确的职能分工和清晰的权责体系。

这种“两级多头”的体制主要是受加拿大政治制度的影响而形成的。加拿大作为联邦制国家，早期受英国政治经济的影响，接受了在联邦高度集中、在地方有庞大分支机构的银行保险体系，所以对银行和保险业的监管主要集中在联邦层次上。同时，由于加拿大各省区对政治权利的要求，各省在处理辖区内经济事务的自主权较大。加之加拿大的证券早期大多在省区范围内发行销售，所以现今对证券业的监管也多由省级主导。

4.3.4.3 具有较强的风险控制能力

加拿大财政部颁布的《监管框架》建立了一套用以评估金融机构综合风险的标准化程序和风险指标体系。该体系遵循净风险总评估——整体功能评级——资本和收益评级——综合风险评级的先后顺序，从评估重大业务到评估金融机构逐层深入。虽然对不同类型、不同规模金融机构的评估所采用的行业数据和参照体系有所区别，但评估程序没有太大差异。这种标准化的评估评级大大增强了其公正性和准确性，而且有助于对处于不同风险等级的机构采取不同的监管措施，在各类大、中、小型金融机构中得到了广泛的应用。此外，加拿大是率先实行巴塞尔新资本协议的少数国家之一，在金融监管中非常重视对金融活动风险的识别和衡量。

4.3.4.4 注重功能监管和弹性监管

加拿大在实行混业监管制度之前以金融机构种类作为监管范围的划分依据，在实行混业监管之后根据金融功能而非金融机构种类设立监管部门，所以混业监管也被称为功能监管。功能型监管通过整合部门关系、明确各部门的监管对象和权责范围来强化控制能力。例如，金融监管署、存保公司和金融消费者管理局对银行的监管分别在金融主体（银行自身运行）、金融产品（存款安全性）和消费者意识（金融知识水平和维权意识）3 个层次展开。功能型监管保障了金融机构的稳定，确立了监管机构的权威地位，提高了监管效率，同时也推动了监管机构之间的交流合作。

加拿大金融监管中的管理介入制度体现了弹性监管的特征。在综合风险评估的基础上，金融监管署根据各项风险指标的评估结果和对机构运行的综合考察，将金融机构的安全状况划分为不同等级，并据此确定监察力度和介入程度。这种因时而异的弹性监管措施不仅大大提高了监管效率、减少了资源和时间浪费，而且突出了监管的针对性，更有利于防范风险。

4.3.4.5 具有独特的金融监管理念

加拿大金融监管当局认为，成立金融监管署的主要目的不是对金融机构施加管制，而是为之提供服务，不是为了排除金融机构倒闭的可能性，而是推动行业规范建设，帮助存款人、投保人和养老金计划参保人等避免不必要的损失。在实践上，金融监管署一方面通过系统的风险控制措施对金融机构实施监管，另一方面适当放松对金融机构经营范围的限制，以满足金融机构在激烈的全球竞争中增强自身实力的需求。金融监管署独特的金融监管理念体现了加拿大审慎的金融文化理念，对加拿大的金融监管和经济金融的稳健运行起到了重要的支撑作用。①

4.4 加拿大企业融资

加拿大公司的融资方式可分为内部融资和外部融资。其中，外部融资渠道主要包括债务融资和股权融资。

4.4.1 债务融资

加拿大商业银行通常为企业提供两种贷款，一种是经营周转贷款，另一种是定期贷款。其中，经营周转贷款通常需要“应要求随时偿还”。除非银行担心借款人的信用状况，否则通常不会要求还款，但“应要求随时偿还”可使贷款条款更

---

① 左连村，刘婧. 中国与加拿大金融业监管比较研究[J]. 产经评论，2013（5）：79－90.

为简单。经营周转贷款通常用于满足营运资金需求。除预支现金外，经营周转贷款有时还使借款人取得信用证和借出美元。借款人享有多种利率选择，如浮动优惠利率、银行承兑利率等，在大额美元借贷中还可选择伦敦银行同业短期拆借利率。加拿大银行的经营周转贷款通常采用浮动利率，但在借款金额较大的情况下，银行会为借款人提供通过利率掉期转向固定利率的机会。

一般而言，银行会取得借款人所有动产或指定存货和应收账款的担保权益，作为其经营周转贷款的担保。经营周转贷款通常会规定授予借款人的最大信用额度，但同时也会受到“借款基数”的限制。“借款基数”由借款企业存货和应收账款价值的某个百分比计算得出，但银行会扣除其不愿接受作为借款基础的资产，如账龄超过 90 天的应收账款或存疑、废旧的存货。

除了借款人的资产担保，银行还可能要求股东提供个人保证。但这种做法越来越少见，对于信誉良好的借款人尤其如此。借款人必须将股东贷款和所有担保的偿还日置于银行贷款之后，并将股东贷款的所有担保转让给银行，但如果未发生过或不会发生银行贷款违约，则可按正常顺序偿还。银行可能还会要求借款人在银行持有其担保权益的资产保单中将其列为附加被保险人和保险受益人，或为其“主要负责人”购买人寿保险。如果股东拥有足够好的信誉，银行也可能会仅基于股东的保证而放贷，股东或可以让该银行开出以加拿大银行作为受益人的信用证，从而代替基于借款人资产的担保。

加拿大商业银行为企业提供的另一种贷款是定期贷款。借款人往往将定期贷款用于购置固定资产，并按商定期限在确定的时间内偿还。银行通常只有在借款人出现特定违约事件时才能要求其提前还款，但在某些情况下，一些银行也会将之约定为“应要求随时偿还”。

定期贷款的首要担保通常是借款人固定资产的担保权益，但是银行通常要求借款人将其所有资产作为担保。上述有关利率、附加担保和保证的选择也适用于定期贷款，但定期贷款通常不附信用证，且更多采用固定利率。

虽然银行是企业在加拿大进行债务融资的主要渠道，但企业也可通过保险公司、信托公司、信用合作社、财务公司、资产销售商等获得融资。与银行相比，这些融资渠道更适用于小众利基市场，在相对长期的固定利率融资方面较银行更具优势。企业还可以通过附条件买卖或租赁的方式从制造商处购置资本资产，从而避免大额预付现金，并在资产的使用年限内分期支付价款。

在某些情形下，公司还可通过保理公司来增加其现金流。保理公司通常会以某个贴现率（一般低于计算“借款基数”时所用的贴现率）买入公司的应收账款，或以此为抵押向公司发放贷款，并直接向债务人收取应收账款。当债务人因信誉问题而未能还款时，保理公司对融资企业是否具有追索权依双方协议而定。若债务人未还款是产品质量问题引起的，则融资企业通常要对保理公司承担责任。[①]

4.4.2 股权融资

企业可通过公开市场发售和私募发售两种渠道进行股权融资。其中，公开市场发售通常旨在筹措大笔资金，但由于需要雇用专业咨询团队，所以会产生大量的费用，不适用于初创公司的融资。私募发售可以由发行人直接进行，也可通过投资交易商进行，并存在豁免情形。有些豁免是专为机构投资者或高净资产个人设定的（如合格投资者豁免），也有些豁免是为其他投资者设定的（如家人和朋友、雇员豁免及发行备忘录豁免）。私募投资者经常会通过投资或收购股权以及为市值较高的企业安排债券融资的方式来寻求控制权。

对于小型或初创公司而言，风险资本是外部股权融资的另一个来源。风险投资公司通常会收购大量少数股权，并提供与此配套的债权融资。与此同时，风险投资者往往会要求取得对公司管理和决策的重大控制权。这是企业在寻求风险资本融资前需要考虑的主要因素。

境外公司通常可以选择在多伦多证券交易所主板市场（TSX）或创业板市场（TSXV）上市，上市途径主要包括直接上市、首次公开募股发行（IPO）、反向收购（买壳、借壳上市）、通过资本基金公司项目上市（仅适用于创业板上市）。

第一，直接上市。已经在其他证券交易所上市的境外公司若能达到 TSX 对外国公司的上市标准（通常高于对加拿大本国公司的上市标准），则可直接在 TSX 上市。如果境外公司在 TSX 认可的主要证券交易所（如纽约证券交易所和伦敦证券交易所，但不包括中国的上海证券交易所和深圳证券交易所）上市，则可享受 TSX 对于某些规章或报告要求的豁免。未达到 TSX 较高标准的境外公司仍然可以按照对加拿大本国公司的上市标准直接上市，但 TSX 通常会要求该公司在加拿大发行足够数量的证券，以满足 TSX 对于市场流动性的要求。

第二，首次公开募股发行。以首次公开募股的方式在 TSX 上市是境外公司惯常采用的上市途径。公司需要向潜在投资者提供招股说明书，全面、详细、清楚地披露所有与将发行证券有关的重要信息。其内容必须符合加拿大省级证券监管委员会和加拿大证券管理委员会的相关要求，通常依即将发行的证券性质和发行机构的行业类型而定。招股说明书属于法律文件，如果其中含有不实陈述，购买人有权根据省级证券法撤销已购买证券，或者要求证券发行人及其董事、各证券

---

① http://blg.com/en/News – And – Publications/Documents/Doing_Business_in_Canada_zh.pdf.

承销商和所有相关专家赔偿损失。

第三，反向收购（买壳、借壳上市）。在反向收购中，中国公司可寻求一家在TSX上市但业绩不佳或不甚活跃的公司，通过购买其股票以获得对该上市公司的控股权。由反向收购方式组成的公司须符合TSX或TSXV的基本上市要求，并遵照与基本上市申请类似的审批程序。上市公司和境外公司需提供关于反收购资讯的联合文件，并获得证券持有人的批准。联合文件中有关双方公司的信息必须到达招股说明书的披露标准。

第四，通过资本基金公司项目上市。资本基金公司（Capital Pool Company，CPC）方案是TSXV为矿业和油气行业的境外公司提供的上市途径。其首要步骤是设立一家除现金外无任何其他资产的资本基金公司，以IPO的形式在TSXV上市。IPO所获资金将主要用于搜寻拟收购公司或资产目标以及相关的尽职调查程序，收购后形成的公司必须满足TSXV的最低上市要求。CPC必须在IPO之后的24个月内收购合适的公司或资产以完成合格交易（Qualifying Transaction），该合格交易必须有过半数股东同意方可进行。作为合格交易主体的资本基金公司或境外公司需提供有关合格交易的信息报告，报告披露的信息必须达到招股说明书的披露标准。

第5章 加拿大法律环境

5.1 加拿大法律体系

5.1.1 加拿大法律的起源和发展

作为英联邦成员国，加拿大的法律制度深受英国的影响，全国大部分省和地区都沿袭了英国的法律传统，魁北克省的法律则由于历史原因更多地受到了法国的影响。19 世纪以来，加拿大的法律还受到了美国法的强烈影响。

加拿大的法律制度主要是以英国普通法为基础发展起来的。1670 年，英国殖民者根据哈德逊湾公司宪章将英国法移植到加拿大西部。随后，新不伦瑞克省和新斯科舍省随后于 1758 年引入英国法。1763 年，英国政府在接管加拿大之后颁布《皇室公告》，在加拿大各地广泛推行英国的代议制和法律。爱德华王子岛省（1773 年）、安大略省（1792 年）、不列颠哥伦比亚省（1858 年）、阿尔伯塔省和萨斯喀彻温省（1870 年）先后接受英国法。魁北克省的法律亦受到了英国的影响，直到 1774 年英国政府颁布《魁北克法案》，其民法制度才恢复了法国的大陆法系传统，而其刑法则长期实行英国的法制体系。

1867 年《英属北美法案》的颁布标志着加拿大自治领的建立，开始向独立的主权国家迈进。这部法案的起草者被称为“加拿大联邦之父”。他们在起草该法案时希望其在原则上同英国宪法相似，所以在政治和法律制度上均仿照了英国的模式。这部法案在百余年间历经多次修订，于 1982 年被改称为《1867 年宪法法案》，直到今天仍然是加拿大最重要的宪法法案之一。

在殖民地采用英国法后，英国殖民者规定，殖民地的任何立法都不得与英国法相抵触。但这种情况在后来有所变化。1856年，英国议会通过《殖民地法律无效法案》，规定殖民地法律不得与英国制定的专门针对殖民地的法律相抵触。1931年，英国政府通过了《威斯敏斯特法》，标志着加拿大获得了立法主权的独立性，该法律规定：除非应加拿大的请求，英国议会不得为加拿大立法；加拿大联邦及各省的法律即使同英国法相抵触，也同样有效。

尽管如此，加拿大在许多方面仍然表现出对英国法的继承性。在宪法方面，英国宪法的主要原则，包括责任内阁制、法治主义、议会至上等都被移植到了加拿大宪法中。在刑法方面，加拿大1893年制定的《加拿大联邦刑法典》主要参考1878年英国法官詹姆士·斯蒂芬编撰的《英国刑法汇编（草案）》编制而成，该法典直到1955年才被新的刑法典取代。在民商法方面，加拿大联邦及各省均或多或少地采用了英国民商法中的重要法规，如1852－1854年《普通法民事诉讼法》、1873－1875年《法院组织法》、1881年《财产转让法》、1882年《汇票法》、1893年《商品买卖法》、1938年《专利法》及《商标法》等。在司法制度方面，加拿大承袭了英国的司法独立原则、法庭设置、陪审员制度、律师制度，以及司法人员的培训和教育方式等。

另一方面，加拿大对英国的法律文化传统也有根据北美社会发展而改变和创新的一面。例如，在宪政制度上，加拿大继承了英国宪政制度的基本原则，但在国家结构上则模仿美国建立了联邦制。在民商法方面，自第一次世界大战以来，加拿大越来越多地受到邻国美国的影响，在保险法、赔偿法、劳动法、反托拉斯法、贸易法、公司法、证券法等法律部门尤其如此。在司法制度上，英国有辩护律师和事务律师的区别，而加拿大和美国的律师通常既是辩护律师又是事务律师。另外，自第二次世界大战以来，加拿大更多地借鉴美国的司法判例，而非英国判例。在法学教育和司法实践方面，加拿大也与美国日益接近。加拿大与美国及墨西哥在1992年签署了《北美自由贸易协定》（North American Free Trade Agreement，NAFTA），在北美大陆经济一体化的进程中，其有关国际贸易的法律体系更加与美国趋同。不过，当前美国特朗普政府与加拿大重新启动了《北美自由贸易协定》的谈判，两国久久僵持不下，一时难以达成新的协议，其中一个突出的分歧在于原《北美自由贸易协定》中第十九章关于争议解决的规定。加拿大坚决维护原定的内容，即贸易纠纷需交由两国参与的仲裁机构解决，而美国则力图废除该条款，凭借其强势推行单边主义的做法。

魁北克省是加拿大法国后裔居民最集中、法兰西文化保留最多的省份。该省不仅在民族、语言、宗教上与其他省不同，而且在法律制度上也与其他省相异。

魁北克的法律制度起源于法国，属于大陆法系，在被英国征服后，其公法逐渐英国化，但民商法等私法领域仍然保留着较多法国民法的传统和特征。魁北克有成文的民法典及民事诉讼法典，而不像其他省主要以司法判例作为裁决的依据。

魁北克独特的法律传统与加拿大的历史发展密切相关。实际上，比英国殖民者更早来到加拿大的是法国人。1534年，法国人雅克·卡蒂埃发现了圣劳伦斯河。1603年至1763年，法国人在加拿大建立了新法兰西殖民地，并将当时法国的政治、法律制度、庄园制、天主教等移植到了这里。1763年，法国在英法“七年战争”中失败，被迫将加拿大割让给英国。英国在统治加拿大的初期，对法国人实行同化政策，在各地推行英国的代议制和英国法。这种做法遭到了魁北克法裔居民的强烈抵制，他们纷纷向英王请愿，要求恢复原有的以法国民法为基础的法律制度。此时，北美十三州殖民地摆脱英国的势头日渐高涨，英国政府担心魁北克有可能倒向北美十三州，而联手反对英国。迫于情势，英国议会作出让步，于1774年通过了《魁北克法案》，规定在魁北克并行法国民法和英国刑法，原法属殖民地的庄园制、天主教制度予以保留，法语和英语同为加拿大的官方语言。《魁北克法案》的公布使魁北克原有的语言、社会制度以及以法国民法为基础的法律制度得以保留，使大陆法系民法在加拿大得以延续，也使加拿大形成了两大法系并存但相互浸染的特色。

魁北克早期沿用的法国法大多为“巴黎习惯法”，这些习惯法都是在宗主国当地颁布的，很多方面不适合北美的社会状况。于是，魁北克政府于1866年仿照1804年《法国民法典》制定出了《魁北克民法典》。该法典由前言和四编内容组成，其中第一编界定了公民和家庭的权责，第二编是涵盖物和财产权，第三编规定了财产权的取得和转移，第四编属于商法。该法典共2 615条，其内容、编排体例及风格都与《法国民法典》十分类似，但也存在一些不同之处。例如，魁北克实行民商合一，《魁北克民法典》将商法作为一编列入了民法典；法国则实行民商分立，《法国民法典》与《法国商法典》是两部独立的法典。另外，《魁北克民法典》保留着较多法国大革命前的习惯法，并未完全体现出法国大革命对《法国民法典》的影响。

《魁北克民法典》在颁布后的一个世纪里一直保持高度稳定，个别修改也是以法国的法律改革为依据的。直到20世纪60年代，为了适应北美社会的发展变化，魁北克开始对其民法进行大规模的修改。这次改革运动不仅从加拿大普通法和美国法中寻求灵感，也从欧洲大陆法和英国法有关合同及民事责任的一般理论中寻求启发。改革的内容涉及已婚妇女的民事权利、宗教婚姻仪式、离婚、产权登记、动产及不动产的抵押和继承、财产托管等。

1867年，魁北克颁布了民事诉讼法典。该法典在编撰中受到了《法国民事诉讼法典》和美国《路易斯安那州民事诉讼法典》的强烈影响。《魁北克民事诉讼法典》由九编组成，内容包括一般条款、普通诉讼程序、针对法官的补救方法、裁决的执行、特别诉讼程序、简易裁决、仲裁、小额索赔的财产恢复和集体诉讼。这部法典在很大程度上以法国传统的习惯法为基础，于1897年经过初步修改，后于1965年进行了大幅度改革。其中，1965年的修改方案参考和借鉴了加拿大其他省、美国以及某些欧洲国家的相关法律。

严格地讲，魁北克采用的是一种混合型的法律制度。其公法源于英国法，属于普通法系；其私法源于法国法，属于大陆法系。而其私法本身，也随着时代和社会发展，产生了不少变化。由于魁北克地处北美，周围都是通行普通法的地区，因而难以抵挡普通法的强大冲击。魁北克不得不调整其法律制度，吸收和借鉴某些普通法的原则和精神，以满足社会发展的需要。比如20世纪60年代的民法改革，就是主要借鉴了英、美以及加拿大普通法省的立法经验。在商法方面，魁北克没有单独的商法典，而其中的一些重要领域，如银行法、破产法、票据法、专利法、商标法、版权法等的立法权都归属于联邦，魁北克与其他普通法省都受联邦立法的管辖。此外，由于魁北克的商法在历史上不够发达，而且难以适应北美社会的需要，所以即使在魁北克管辖的领域，也受到了普通法的强烈影响。总体而言，魁北克同美国前法属殖民地路易斯安那州一样，正日益脱离大陆法的模式，而向着以英、美为代表的普通法靠拢。[①]

5.1.2 加拿大法律的渊源

法律渊源指法的效力来源，即法的构成及其外在表现形式。加拿大法律的渊源主要包括制定法、判例法和衡平法等。

5.1.2.1 制定法

制定法是加拿大法律最重要的渊源之一。制定法是由国家立法机关按照既定的程序制定和颁布的法律。根据宪法，加拿大目前有11个立法机关，包括联邦议会以及各省的议会。不过，各个立法机关的立法权限有所不同。联邦议会和省议会通过的法律被称为主体立法，联邦议会和省议会的从属机构制定的法律被称为从属立法。从属立法有多种形式，如附则、条例、具有制定法性质的文件、议会命令、规则及规定等。颁布从属立法的机构必须根据联邦机会和省议会通过的授权法和管理法赋予的权力进行。

① 刘艺工. 加拿大民商法[M]. 北京：民族出版社，2003：1－6.

5.1.2.2 判例法

判例法属于法官立法，即法庭对某一特定案件的裁决对类似的后续案件具有立法的属性。法官在裁决案件时会就涉及的法律问题和判决理由等写出事实材料，判决理由可以作为先例供以后的法院在判决时参考或直接采纳。根据该先例判例的核心原则（rule by precedent），长期积累的判例汇编可作为法官未来判案时的指导。这些判例汇编也被称为普通法。普通法起源于英国，是加拿大法律的主要渊源，所以加拿大的法律制度以普通法法系为特征。但魁北克省的法律制度以法国法和罗马法典传统为基础，不过普通法也对其产生了相当大的影响。

5.1.2.3 衡平法

随着对英国法的采用，加拿大不仅继承了普通法，还继承了衡平法。在历史上，加拿大和 15 世纪至 19 世纪时的英国一样，有两种平行的法院（即普通法法院和衡平法法院）和法律（即普通法和衡平法）。随着 1875 年英国司法系统将普通法法院和衡平法法院合二为一，两种法院平行的司法体制也逐渐在加拿大消失，转变为由一种法院同时实施普通法和衡平法的救济制度。但由于请求实施衡平法补救措施者必须满足衡平法所要求的各种条件，所以普通法和衡平法之间的区别仍然非常重要。

5.1.2.4 其他渊源

除制定法、判例法和衡平法之外，加拿大法律还有一些其他渊源，比如英王特权、惯例、著名学者的法学著作和道德。

第一，英王特权。虽然一般而言，英王特权未经政府行政机关的建议和同意不得行使，但在法律上，它确实代表着法的另一种渊源。英王的许多权力事实上是宪法赋予的。历史上，英王对加拿大自治领及各省均拥有一定的权力，并分别赋予加拿大总督和各省省督。如今，大部分英王特权已经随着制定法的颁布而被废除，但英王特权仍然在加拿大的制度和实践中存在，有着不容忽视的影响力。

第二，惯例。习俗和惯例在本质上是法律所认可的或者法律所推崇的实践和做法。虽然人们很难断定一种实践或做法在何时可以被固定或发展为惯例而成为法的渊源，但在一些特定案件中，惯例仍然被视为一种法的渊源。

第三，著名学者的法学著作。严格地讲，法律学说本身并没有法律效力，不能作为法律渊源直接加以引用，法官或律师引用权威法学著作的目的也大多是增强自己观点的说服力。与大陆法系国家相比，法律学说对于加拿大司法实践的作用要小得多。但在加拿大判例汇编尚不完备、法理尚不精湛的年代，一些英国早期的法学著作确实发挥了不小的作用。

第四，道德。在加拿大学者看来，道德也是一种法的渊源。在司法实践中，如果法官找不到可以依据的制定法、与事实情况有关的判例或司法先例及可适用的惯例，则可能会采用道德原则作为判决的理由。比如，诚信（good faith）是大陆法和普通法所捍卫的基本价值观，主要目的在于防止机会主义者利用他人的疏忽而取得不正当的利益。

5.2 加拿大商事法律概览

5.2.1 劳动法

加拿大非常重视劳工权益，有关劳工权益的内容大部分包含在其人权领域的立法当中。自由与平等作为人权的核心，始终贯穿于各项劳工立法。劳动者可以依据结社自由的原则组建或加入工会；所有劳动者，无论性别、信仰、种族和年龄，均一律平等。另外，由工会牵头，代表广大劳工的利益与雇主（包括政府机构与私人雇主）定期就工资水平、福利、劳动条件等进行劳资谈判（collective bargaining），也是加拿大劳动法的一项重要内容。

联邦政府和各省及地区政府均颁布了有关劳工和雇佣事务的法律，涉及雇佣标准、人权、职业健康与安全、工伤赔偿、劳动关系等多项内容。其中，联邦政府对具有全国性、国际性或跨省区性的某些行业具有管辖权，如航运与运输、铁路、省际交通、航空、通信、广播和银行业等，而大多数加拿大企业则受其业务所在省或地区法律的管辖。

5.2.1.1 雇佣标准法

加拿大联邦、各省及地区的雇佣标准法涵盖解雇通知、最低工资、工作时间、休假工资、正常请假等方面的最低标准，但对如经理和专业人员等特定类别的雇员存在一些例外规定。

解雇通知

加拿大法律规定，企业在无理由解雇员工时必须出具书面通知或支付薪资以替代通知。例如，在安大略省，企业欲解雇受雇满 1 年的员工，应当提前 1 周通知或给予 1 周的工资。联邦法律管辖的企业欲解雇连续工作满 3 个月的员工，应当提前至少两周通知或给予相应的待遇。解雇通知时间通常随雇员工龄的延长而增加，但最长的法定解雇通知时间为8周。

对于企业大量解雇员工的行为（大部分省和地区的判定标准为在4周内解雇50名以上员工，部分省份的标准低于10人），雇佣标准法通常设定了更高的通知要求以及其他责任，如告知政府机构等。

根据《加拿大劳动法》，受联邦法律管辖的企业若停业或大量解雇员工（在4周内解雇50名以上员工），需提前16周通知联邦政府。在大多数情况下，企业必须设立“联合计划委员会”，且必须有员工和工会代表参加。该委员会负责制定岗位调整计划，以尽量减少不必要的解职，降低解雇对员工的影响，并为其二次就业提供帮助。

在安大略省和联邦管辖范围内，雇佣标准法还要求企业在某些情况下为员工提供额外的遣散费。在安大略省，如果企业工资总额达到250万加元，或者因停业而在6个月内解聘50名以上员工，则工龄5年以上的雇员有权获得遣散费。遣散费的计算方式为工作满1年折合1周的工资，不足1年的部分按比例折算，最高可达26周的工资。在联邦法律管辖范围内，如果员工在被解雇之前已经连续工作满12个月，则有权享受法定遣散费。其计算方式为工作满1年折合两天的工资，最高为5天的工资。

除了上述有关解雇通知和遣散费的要求，加拿大有3个管辖区的雇佣标准法还作出了有关“不公平解雇”的规定。一般而言，如果员工不存在严重的不当行为，或发生了超出企业控制的其他情形，则员工在被解雇后可向雇佣标准法庭或仲裁员提出赔偿请求。若被认定确实遭遇了不公平解雇，则员工有可能恢复工作并获得相应的赔偿。在联邦管辖范围内，在非管理岗位至少工作12个月的非工会员工也可提出不公平解职申诉。在魁北克省，工作满两年的员工即可提出不公平解雇申诉，而新斯科舍省则要求至少工作10年。

根据阿尔伯塔省、曼尼托巴省、纽芬兰及拉布拉多省、新斯科舍省、爱德华王子岛省、萨斯喀彻温省以及育空地区的法律规定，员工主动辞职必须向企业递交辞职报告，递交时间依其工龄和企业所在地而不同，为离职前1～6周不等。魁北克省还要求员工提供合理的辞职理由，但并未对递交辞职报告的时间作出明确规定。

最低工资、加班工资和休假工资

加拿大各辖区对雇员最低工资的规定有所不同，每小时从10.45加元到13加元不等。[①] 对于工资支付方式以及相关文件的保存等事宜，雇佣标准法通常也有

① 数据截至2017年7月1日。

具体规定。

每个辖区的雇佣标准法均规定了员工正常工作时间的上限。在许多辖区，员工可以自愿超时工作，企业也可以在紧急情况下要求员工加班。此外，雇佣标准法明确规定了员工享受用餐休息、班次间休息和每周休息日的权利。企业必须对超时工作的员工支付加班工资或者折算成休假。例如，在安大略省，员工在1周工作超过44小时后，有权获得至少1.5倍的正常工资，法律规定免予享受的情况除外。值得注意的是，经理和某些专业人员的加班工资不依此计算。许多省份允许企业和员工达成书面协议，按员工在一段时期内的平均工作时间计算加班工资，或实行每周4天工作制等。

根据雇佣标准法的规定，员工每年均可享受带薪休假。除萨斯喀彻温省，员工在工作的前5年每年可享受至少两周的带薪休假，休假期间的工资至少为年薪的4%。大部分省份的最低法定休假时间会随员工工龄的增加而延长至3周，休假工资可相应地增加至年薪的6%。在萨斯喀彻温省，员工每年可享受3周的假期，工作满10年后可增加至4周。在安大略省和育空地区，员工每年可享受两周的假期，但相关法律未强制企业根据员工工龄而增加休假。

此外，雇佣标准法确认了一些法定假日，如元旦、国庆节、劳动节、圣诞节等。各省区员工可享受的假日有所不同，从每年6天到10天不等。符合条件的员工通常可在法定假日获得工资，例如必须在假日前的规定时段内完成一定天数的工作。如果员工在法定假日工作，则有权获得按小时计算的加班费。在许多省份，员工除了可获得法定假日工资，还有权享受1.5倍的小时工资。

正常请假

雇佣标准法允许员工正常请假，如孕产假、育儿假、丧假等，企业不得因此将其解雇或予以处罚。一般而言，企业在员工正常请假期间必须继续向某些福利计划供款，但通常不必支付其工资，员工在请假结束后必须回到其之前的岗位。

加拿大各地对员工正常请假的规定存在较大差异。就孕产假和育婴假而言，大部分省区的孕产假为15到18周，育婴假为34到37周。在新斯科舍省，未休孕产假的员工可以享受长达52周的育婴假。在魁北克省，员工可以享受18周的孕产假和52周的育婴假，在生产或收养孩子时可以休假5天，企业在某些情况下必须支付其两天的工资。

就丧假而言，不列颠哥伦比亚省、曼尼托巴省、新不伦瑞克省、纽芬兰与拉布拉多省、新斯科舍省、爱德华王子岛省、魁北克省、萨斯喀彻温省、西北地区、育空地区及联邦司法管辖区为员工提供了丧假。丧假从3天到7天不等，企业在某些情况下必须支付部分工资。在安大略省，50人以上企业的员工在家属或法律规定的其他人员死亡时，可以请10天事假，但不领薪水。

若企业违反了雇佣标准法的规定，员工可向所在辖区的有关部门提出控诉，负责雇佣或劳动标准的官员将进行调查和裁决。各辖区的劳动关系委员会或其他行政性或类司法性机构负责对此类裁决的上诉举行听证。在部分省区，员工可就企业违反雇佣标准法的行为向法庭提起民事诉讼。对于没有工会的企业，此类问题通常由集体谈判人员及其代表诉诸仲裁加以解决。

5.2.1.2 人权法

加拿大的每一个司法辖区都制定了人权法，其宗旨之一是防止工作场所中的歧视行为，并提供相关的救济。大多数司法辖区禁止基于种族、血统、国籍、民族或出生地、政治信念、肤色、性别表达和认同、宗教或教义、性别、性取向、婚姻状况、家庭状况、年龄、身体或精神障碍、被赦免的犯罪记录等因素的歧视行为。大多数省份和地区将性骚扰视为性别歧视，一些辖区将强制退休视为年龄歧视。对于残障人士，企业有责任在其能力范围内最大限度地为其提供便利。

加拿大的大多数辖区设有人权委员会，负责调查和解决有关非法歧视的控诉。如果问题未能得到解决，人权委员会可能会将案件提交至人权法庭进行裁决。在安大略等省份，员工可以不经人权委员会或其他调查机构而直接向人权法庭提起控诉。一般而言，人权法庭有权判予失业或工资损害赔偿、乐趣丧失和感情受伤害的损害赔偿以及罚金。此外，人权法庭还可能要求企业恢复雇员的工作，并采取相关措施以确保歧视不再发生。例如，企业可能会被要求制定反歧视政策并定期向人权委员会报告，对其雇佣制度或实践作出实质改变。

5.2.1.3 职业健康与安全法

根据职业健康和安全法，企业和员工均有减少在工作场所发生事故风险的责任，企业应采取一切合理的措施保证员工的健康和安全。一些省区的法律规定，企业需要保护工作场所或周边所有人的健康和安全，该责任不限于本企业的员工。员工有权了解工作场所存在的危险，如有正当理由认定存在危险，则可拒绝工作。尽管该权利通常需经过特定的程序才能行使，但企业不得因此对员工予以处分。如果工作场所发生了导致死亡或严重伤害的事故，企业必须在规定的时间内及时上报。此外，加拿大所有辖区的职业健康与安全法均规定，劳资双方可建立联合健康和安全委员会并定期召开会议，商讨工作场所中的安全问题。

加拿大各辖区的政府健康与安全官员或检查员负责相关法律的执行工作，如对违法事件进行调查、应员工或企业要求前往工作现场，或到工作现场进行突击调查。若发现企业未执行有关职业健康与安全法规，相关官员可下令企业整改或发出“停工令”，要求企业将有害物质或设备移出工作现场。企业如果对相关官员作出的决定不服，可以向劳动关系委员会或裁定机构提出申诉。

根据职业健康与安全法的规定，违法的个人和企业将被处以类刑事处罚，如罚款或监禁。各辖区对罚款金额上限的规定有所不同，有些省份对每起案件的罚金可高达 50 万加元或以上。此外，加拿大刑法也对严重违反职业健康与安全法以及导致严重事故的个人和公司的刑事责任作出了相关的规定。

5.2.1.4 工伤赔偿法

在加拿大的大多数辖区，企业必须参加工伤赔偿保险计划。各省区的工伤保险委员会对保险计划进行管理，工伤保险法庭负责对因福利要求和其他事由产生的纠纷进行裁决。联邦管辖范围的企业员工保险通常由其工作所在的省区予以管理。

员工若因工作遭遇伤病，即可领取保险金并享受相关的康复服务等，但之后不再享有起诉企业的普通法权利。在大多数司法辖区，受伤的员工若丧失工作能力，可获得受伤前收入的 75%～90%。

工伤赔偿的资金主要来自企业供款。企业需要缴付的保险金额与工作场地的类型有关。一般而言，工作场地出现事故的风险越大，则企业需缴付的保险金额越高。有些省份的工伤保险法律规定，保险记录不佳的企业需缴付较高的金额，而记录良好的企业可享受一定折扣。

5.2.1.5 劳动关系法

加拿大各辖区的劳工关系法涵盖工会的组成、认证和集体谈判等事宜。根据有关法律，工人有权组织工会并由谈判代表与企业进行谈判。工会的组建需要经过认证程序，如果企业在多个省份开展业务，则其工会必须得到所在省份劳动委员会的认证。

工会在通过认证后即成为员工的唯一谈判代表，企业有责任本着诚意与工会进行谈判，达成集体谈判协议。在集体谈判协议的有效期内，员工不得罢工或停工，所有争议均应通过仲裁途径解决。加拿大各辖区的劳动关系委员会均制定了有关进行合法罢工或停工之前工会与企业必须遵循的程序。一般而言，只有在集体谈判协议失效且强制性协调未取得成功后，员工方可进行罢工或停工。

劳动关系法通常还包括有关工会集体谈判权终止的规定。一般而言，企业不得鼓励员工提出终止申请。此外，加拿大各辖区的劳动关系法特别规定，在企业出售全部或部分业务的情形下，工会的集体谈判权将受到保护。收购方将受到现行集体谈判协议的约束，对于合格的工会必须予以承认。在收购后人员进行整合的情况下，企业可向劳动关系委员会提出申请，以确定集体谈判单位是否仍然适用。

值得注意的是，在普通法省区，企业还须遵从普通法有关雇佣事宜的规定。魁北克省的企业应参照《魁北克民法》，履行相关的责任和义务。

5.2.2 环境法

加拿大的环境保护实行联邦、省（地区）和市三级管理，以省级政府的监管最为积极。相关的法律法规细致繁多，主要包括《加拿大环境保护法》《环境质量法》《加拿大环境评价法》《水法》《森林保护法》《加拿大野生动物法》《加拿大海洋保护法》《加拿大国家公园法》《渔业法》《候鸟迁徙法》《原子能安全与控制法》《危险物品运输法》等。

5.2.2.1 环境许可和治污责任

加拿大大多数辖区的法律要求企业在开展经营活动前必须获得环境许可，以限制污染物的排放，违反相关规定的企业将被处以高额的罚金。一些辖区颁布了针对被污染场所的法规，即使当事人没有造成污染或当前并不拥有该场所，也可能需要承担责任。因此，任何企业在计划投资于现有企业时，应当就该企业持有的不动产是否存在污染开展调查。

5.2.2.2 环境影响评价

一般而言，企业在立项或开工之前需要进行环境影响评价。根据《加拿大环境评价法》，相关责任部门或审查小组的考察内容主要包括以下几项：（1）项目的环境影响，包括与项目相关的有可能发生的故障或意外事故的环境影响、项目与其他已经或者将要实施的项目或与其活动结合起来可能导致的任何最终对环境的影响；（2）环境影响的重大程度；（3）公众对于该项目的评论；（4）技术上或经济上可行的措施以及可以缓解项目严重影响环境的措施；（5）该项目实施后的需求；（6）项目的主要目的；（7）技术上或经济上对环境影响可行的替代方案；（8）可能由环境引起的对该项目的变化；（9）根据相关条款建立的委员会对项目所做的相关研究结果。[①]

---

① https://www.chinacourt.org/article/detail/2015/07/id/1663356.shtml.

5.2.2.3 物种保护

加拿大联邦和各省区都颁布了有关动植物物种保护的法规。例如，联邦《濒危物种法》旨在防止野生动植物物种灭绝并确保采取必要的措施恢复其数量，联邦《渔业法》旨在保护属于商业、娱乐或原住民渔业范围的鱼类及其栖息地。省级政府也可通过指定生态脆弱水域和制定滨水保护区法规等措施保护其辖区内的濒危物种。投资者在开展项目之前务必要开展尽职调查以识别潜在的环境风险。

5.2.2.4 气候变化

虽然加拿大在2012年退出了《京都议定书》，但是新一届政府有意重新与国际社会一道应对气候变化。2016年4月，加拿大签署《巴黎协定》，并于10月出台“泛加拿大碳计划”，宣布自2018年起实施全国碳价。截至当年12月，除萨斯喀彻温省之外，加拿大各省及地区政府均已签署《泛加拿大清洁增长和气候变化框架》，并陆续推出相关的政策和机制。

温哥华市伊丽莎白皇后公园

5.2.3 竞争法

加拿大《竞争法》采取合并立法模式，对垄断、限制竞争和不正当竞争三大类同属竞争范畴的行为进行统一调整，并区分刑事犯罪和非刑事犯罪。其中，刑事犯罪行为由总检察长负责提出刑事指控，非刑事犯罪行为由竞争局局长提请竞争法庭处理。此外，《竞争法》还涉及消费者保护事宜，包括虚假宣传、垃圾邮件、欺诈性电话营销和传销等。

加拿大联邦政府反垄断与反不正当竞争组织体系由联邦竞争局（主管机构）和竞争法庭（审理机构）构成。竞争局隶属加拿大创新、科学与经济发展部，负责《竞争法》的执行。竞争局实行局长负责制，局长即《竞争法》的首席专员，又称调查委员会主席，由总督任命，全权负责加拿大《竞争法》的实施和执行工作。局长有权决定是否启动调查程序、在联邦和各省法律机构介入之前对竞争案件进行干预、对民事和公司合并事项在提交竞争法庭前提出质疑、对涉及《竞争法》的刑事案件向加拿大总检察长提出是否起诉的司法建议。1985 年，竞争局设立专门法庭，即竞争法庭，由联邦法院（诉讼部）的法官以及非司法界人士组成。根据《竞争法》的规定，该法庭拥有审理非刑事犯罪案件的专门权力。若对其判决不服，可上诉至联邦上诉法院。

5.2.3.1 竞争刑事犯罪行为

加拿大《竞争法》规定的竞争刑事犯罪行为包括共谋、投标操纵行为、与联邦金融机构签订协议行为、虚假宣传和欺骗性销售行为。

共谋

共谋是《竞争法》规定的最严重的犯罪行为，主要指经营者之间为了限制或削弱竞争而联合或达成协议，其中包括：（1）就产品的运输、加工、生产、供应、储存等方面拒不为消费者提供便利；（2）为了不合理提高价格而不恰当地限制或减少产品产量；（3）不恰当地阻碍或减少产品在生产、加工、购买、储存、租赁方面以及人身、财产保险方面的竞争。一旦确定有罪，企业主将被处以 5 年以下的监禁或 100 万加元以下的罚款，或两者并处。为鼓励本国产品出口，共谋条款不适用于加拿大产品的出口协议。但产品出口协议不得包含以下内容：（1）引起或可能引起出口产品真实价格的降低；（2）限制或可能限制市场进入或出口产品业务的扩大；（3）已经或可能阻碍或削弱有关出口产品服务的竞争。

投标操纵行为

加拿大《竞争法》第 47 条规定，投标操纵行为（bid-rigging）是指两个或多个投标人或招标人相互串通，在投标时或投标前约定其中一方或多方进行投标、拒绝投标或者中途撤标。在加拿大竞争局提供的材料中，操纵投标行为有 4 种形式：（1）虚假投标，即表面上参与竞标，而实际上投标人协议以很高的标价象征性地投标；（2）限制投标，即投标人协议或者放弃投标或者撤标；（3）循环投标，即事先选定出最低价的供应商，彼此约定在类似的项目中循环中标；（4）市场划分，即事先约定供应商在某一指定的地区不参与竞争或不与某一指定的客户竞争。操纵投标行为违反了公平交易、自由竞争的市场要求，因此一旦确定有罪，操纵投标的公司和个人将依据法院的判决被处以数额不等的罚款，或者 14 年以下监禁，或两者并处。

与联邦金融机构签订协议行为

加拿大《竞争法》第49条规定，禁止金融机构与其他联邦金融机构签订关于存款利率、贷款利率或贷款费用、客户服务费数额或种类、客户贷款数额和种类等事项的协议。故意代表该金融机构签署协议的董事、高管或雇员，被指控为犯罪的，将被处以1 000万加元以下的罚金，或5年以下的监禁，或二者并罚。

虚假宣传和欺骗性销售行为

为了提高市场信息的质量和准确性，制止欺骗性销售行为，加拿大《竞争法》第52条至第60条对虚假宣传和欺骗性销售行为作了规定。

关于虚假陈述，《竞争法》第52条规定，任何人不得直接或间接地为了产品促销、产品供应和使用以及其他任何商业利益，以任何方式对公众进行虚假或引人误解的陈述，以至对消费者产生实质性的影响。所谓实质性的影响，就是某一陈述能够影响某一消费者购买宣传的产品或接受宣传的服务。在诉讼过程中，判断某一陈述是否是虚假或引人误解，主要考虑该陈述给消费者留下的总体印象和其文字含义。加拿大《竞争法》对虚假宣传和欺骗性销售行为规定了刑事和民事处罚两种。竞争局局长有权在调查、质询的基础上决定适用刑事或民事条款。如果适用刑事条款，将由总检察长决定是否起诉；如果适用民事条款，在竞争局局长的申请下，将由竞争法庭管辖。一旦确定为刑事犯罪行为，将依法院的判决，处以数额不等的罚款，或5年以下监禁，或两者并处。

加拿大《竞争法》规定的欺骗性销售行为主要有以下几种：

第一，欺骗性的电话销售行为。《竞争法》第52条第1款将电话销售定义为，利用互动电话通信工具，直接或间接达到推销商品或其他商业目的的行为。加拿大禁止任何电话销售，除非行为人能够公开、合理、及时地披露以下信息：在电话销售开始时，必须告知行为人的姓名、产品类型和促销目的、产品和服务的价格、送达产品的限制条件等。加拿大《竞争法》禁止以下欺骗性电话销售行为：作虚假或引人误解的陈述；在有奖竞赛、抽奖或其他有奖游戏中，参与者获得奖品或其他利益须以预付货款为条件，或者未公开、充分地披露中奖的数量、价值和中奖区域等影响中奖概率的内容；出于诱使消费者购买或使用其产品的目的，赠送无成本或低于公开市场价格的商品，除非公开、及时、合理地披露赠品的公开市场价格以及向消费者提供产品的期限、条件等内容；预先付款的产品送达后，其价格远远高于公开市场价格。任何人违反以上规定者将被确定有罪，依法院判决接受罚款或5年以下监禁。

第二，欺骗性的中奖通知。根据《竞争法》第53条的规定，这种犯罪行为主要是通过普通邮递或电子邮件方式给接收者发送中奖通知，然后要求后者付款或引诱其进行其他消费（如买保险）以获得奖品。如接收者真的获奖并且行为人提供了足够的信息披露，则该通知不属于违法行为。要求披露的信息有：奖品的数量和价值、行为人的地址以及影响中奖概率的因素。同时要求行为人不能不合理地延迟发送奖品和奖金，奖品和奖金的分配必须是随机的或依据参与者的技巧、运气决定。对欺骗性电话销售和欺骗性中奖通知这两种犯罪行为，都规定了尽职义务条款。一家公司应对其雇员和代理人的行为负责，除非公司能证明自己履行了足够的尽职义务阻止该行为的发生。当一家公司或公司的雇员或代理人触犯该法规时，制定或影响该销售策略的个人也要受到法律的处罚，除非他能证明自己已经恪尽职守，试图全力阻止该行为的发生。

第三，多层次销售和金字塔式销售。加拿大《竞争法》第55条把多层次销售定义为，通过一种分销产品的计划，使该计划的某一参与者因提供给另一参与者产品而获利，如此循环。该法界定多层次销售本身是合法的商业行为，但规定了一些条件：在向潜在的新加入者陈述有关收入问题时，必须提供公正、合理、及时的信息，这些信息包括参与者的真实收入情况，产品的特征、价格和实用性，产品相关市场的情况，将参与的计划和相同计划等情况，操作计划者属于公司法人、合伙人还是独资人等商业组织形式。任何夸大的陈述，导致潜在的新加入者认为加入后赚钱很容易都是违法的。金字塔式销售具体表现为各种欺骗性销售的多层次销售行为，是《竞争法》所禁止的。从其规定的内容看，金字塔式销售和我国的非法传销行为类似。《竞争法》规定的不合法行为有：给招募新成员的人付酬；在允许某人参加该计划之前，要求其购买指定的产品；出售给参加者不合理数量的产品；以不合理的商业条件禁止参加者退货等。以上两种行为一旦确定有罪，将依法院判决处以数额不等的罚款或5年以下监禁，或两者并处。

5.2.3.2 竞争民事违法行为

加拿大《竞争法》规定的民事违法行为包括拒绝交易、委托销售、排他性交易、搭售和市场限制、滥用市场支配地位、兼并。

拒绝交易

根据《竞争法》第75条，对拒绝交易行为（refusal to deal）的判定包括5个条件：（1）在一般市场交易条件下，某一经营者（买方）由于无法从任何地方得到足够的商品供应而被迫停业，或受到实质性的影响；（2）经营者未能获得商品是由于市场上供应商之间缺乏足够的竞争所致；（3）经营者愿意且能够满足商品供应者通常的交易条件；（4）产品供应足够丰富；（5）拒绝交易对某一市场的竞争正在或者可能产生恶劣的影响。

根据加拿大竞争局提供的指南，在理解拒绝交易的5个判定条件时，应注意以下几点：如果被拒绝交易的产品占其产品的大部分，并且缺乏其他合理的可替代产品，必然影响经营者继续获利的能力，就被认定为具有实质性的影响。被拒绝交易的经营者必须尽力寻找合理的可替代货源。当然，也要考虑替代产品的价格、质量或边际利润。如果替代产品成本过高，使其无利可图，就不属于合理的替代。就供应商之间没有足够的竞争而言，如果其他的供应商愿意供货，或者不能获得足够的产品是由于供应商合法的商业决定，而非为了限制竞争的目的，则不被认定为违法行为。一般交易条件是指符合供应商一般的付款条件、购买条件和一些合理的技术服务要求。如果由于工厂失火、原材料短缺、生产能力有限等原因造成供应不足，供应商可以免责。拒绝交易行为发生后，竞争法庭可以命令一个或多个供应商在指定的时间内接纳被拒绝交易的客户，除非在指定的时间内，由于关税的降低和免除等原因，使得被拒绝交易的人能够获得足够的商品。

委托销售

加拿大《竞争法》规定的非法委托销售行为主要是指零售商品供应商用委托销售的方式达到控制商品价格的目的，或通过委托销售歧视性地对待受托人或者歧视性地对待零售商和受托人。对以上行为，竞争法庭可以命令供应商停止产品的委托销售行为。

排他性交易、搭售和市场限制

根据加拿大《竞争法》第77条规定，排他性交易是指供应商向客户提供商品时，以要求客户和其指定或提名的客户交易，或限制其购买指定或推荐的产品为条件，或以其他优厚的条件引诱客户满足以上条件的行为；市场限制是指供应商向客户提供商品时，以要求客户在指定区域内销售为条件，否则就强加一定处罚的行为；搭售是指供应商以下列内容为供货条件：（1）必须同时购买供应商的其他产品或其指定的产品；（2）限制客户使用或销售除搭售产品或其指定的商品以外的商品；或者（3）以其他优惠的条件诱使客户满足此要求。当市场上某一供应商处于主导地位，或某商品占据了很大的市场份额时，会出现以上3种行为。对此，竞争法庭可以发出救济令阻止该行为的发生，以恢复竞争。但是，如果上述3种行为的发生属于以下原因，竞争局不得发出禁止令：（1）在一个合理的期间内，是为了便于新的供应商或新的产品进入市场；（2）搭售是由于合理的技术原因；（3）在贷款业务中，是为了确保贷款安全的目的而采取的必要措施。

滥用市场支配地位

加拿大《竞争法》第78条、第79条具体规定了滥用市场支配地位（abuse of dominant position）的内容。结合竞争局的有关解释，滥用市场支配地位的判定包括 3 个条件：

第一，企业具有控制某一产品市场的能力，必要条件是有足够的市场份额。如果某一产品的市场份额低于 35%，企业就不被认为占据市场支配地位。另外，如果关税、政府政策等因素导致了对进入市场的限制，削弱了竞争，从而造成替代产品的缺乏、潜在竞争者的不足，以及因技术革新而短期内带来的垄断，亦不被视为反竞争的条件等。

第二，处于支配地位的公司已有旨在削弱竞争的行为，包括收买竞争对手的客户或供应商，利用优势品牌弹压或排挤竞争者，切断对竞争对手的必要供应，利用长期合同束缚客户从而限制客户改变供应商，以及滥用拥有的商标、专利等工业产权的行为。

第三，反竞争行为已经或可能实质性地阻碍或削弱了竞争，诸如排挤了竞争对手或阻止竞争对手进入市场等。当出现滥用市场支配地位的情形时，竞争局可以首先要求当事人自愿服从法律，主动采取纠正措施。如果当事人就恢复市场竞争达成协议，竞争局可要求竞争法庭签发许可令，许可其继续经营。如果要求当事人自愿服从未能成功，竞争局可要求竞争法庭发救济令，制止市场支配地位的滥用行为。如果竞争法庭认为该救济令不足以制止该行为，则可以直接采取剥夺资产和股份的措施以恢复市场竞争。

兼并

加拿大《竞争法》第 91 条规定，兼并是指通过购买、租赁资产或股份，或者通过混合或联合以及其他方法，使一家企业直接或间接地控制另一家企业的部分或全部经营活动，或在另一家企业中获得重大利益的行为。在加拿大，所有规模和所有经济部门的合并，都必须经过竞争局的审查，以决定其是否可能导致实质上的削弱或阻碍竞争的结果。

此外，若兼并交易金额超过了《竞争法》规定的门槛则必须提前申报，否则将受到刑事处罚。《竞争法》规定，兼并方及其附属机构的资产超过 40 亿加元，或其在加拿大或来源于加拿大的年销售收入超过 40 亿加元；如果一方通过合并能获得超过 3.5 亿加元的资产，或通过获得的资产能取得在加拿大或来源于加拿大的年销售收入达 3.5 亿加元以上，必须提前申报。

如果竞争局局长调查后，发现兼并或拟议中的兼并行为可能导致削弱或阻碍竞争的后果，竞争局局长可以首先通知各方，自愿服从法律，自愿采取措施消除可能造成的阻碍或削弱竞争的后果；如果自愿服从的方法未能成功，竞争局局长将该案件交由竞争法庭管辖。如果竞争局局长认为，对一项拟议的兼并行为交由竞争法庭处理缺乏足够的理由，依法可以签订事前裁定证明，允许该兼并进行。

竞争法庭在决定一项兼并是否实质上阻碍或削弱竞争时，要结合以下因素考虑：兼并或拟议中的兼并使外国产品或外国竞争者进入后可能提供的有效竞争的程度、双方是否可能或已经破产、提供可替代产品的程度；兼并或拟议中的兼并对任何市场进入的限制和影响，包括国际贸易中的关税或非关税壁垒，各省之间的贸易障碍；兼并或拟议中的兼并对市场上有效竞争的维持和影响程度、排除健康或有效竞争的可能性和其他可能影响市场竞争的因素。但加拿大《竞争法》第92条明确规定，竞争法庭不得单独以市场份额的集中程度来确定某一兼并或拟议中的兼并已经或可能引起阻碍或削弱竞争的后果。另外，加拿大《竞争法》第94条对金融机构和运输行业的合并作了特殊的规定。第95条规定，如果企业的联合或拟议中的联合是为了开展特定的研究开发项目，以提高企业的革新能力，竞争法庭不得签发命令阻止其联合，尤其在第96条规定了效益免除的内容。如果竞争法庭发现合并或拟议中的合并能够获得效益，而该效益足以弥补限制或削弱竞争带来的后果，倘若禁止合并的话，该效益将不能获得，此时，竞争法庭将不签发禁止令。对于判定合并或拟议中的合并是否能带来效益，主要考虑是能否使出口产品的真实价值有明显的提高，能否实现国内产品对进口产品的有效替代等。但是，竞争法庭不得仅仅依据两个或两家企业之间利益收入的分配情况来确定效益的高低，而是将由此带来的整体市场效益作为衡量标准。如果竞争法庭发现合并或拟议中的合并已经或可能阻碍或削弱竞争，竞争法庭可以签发救济令。对一项已经完成的兼并，竞争法庭可以命令解除兼并，没收财产；对于拟议中的兼并，竞争法庭可以签发禁止令，阻止其兼并。①

5.2.4 消费者保护法

加拿大政府的消费者权益保护工作，一方面体现在国家立法上，有多部法律包含消费者权益保护内容；另一方面，则表现为各级政府依法履行职责，依法维护消费者的合法权益。同时，加拿大的商家和经营者都十分注重企业形象，尽可能地满足消费者的要求，各种民间消费者组织也为保护消费者合法权益发挥着重要作用。如此，加拿大各级政府、企业及社会组织共同构成了比较完备的消费者权益保护体系。

5.2.4.1 消费者保护相关法律

加拿大《竞争法》禁止企业发布具有以下特征的公开陈述：（1）错误或具有

---

① http://www.cicn.com.cn/zggsb/2017－05/23/cms97416article.shtml.

重大误导性；（2）未经过足够和适当的测试；（3）包含虚假的证言或不实的价格陈述。若当事人因故意或重大过失作出此等陈述，则可追究其刑事责任并进行刑事处罚；若非如此，则可进行民事处分，包括下令中止反竞争行为和处以大额行政罚款。

欺诈性营销行为包括双重标价、传销、诱饵推销以及发布欺诈性中奖通知等。《竞争法》禁止企业在促销竞赛陈述中暗示产品接受者已经赢得或将会赢得奖项或利益，并试图让产品接受者支付费用，除非产品接受者确已赢得比赛且企业已遵守披露要求。欺诈性营销行为将被处以刑事或民事处罚，对公司行为具有控制力或影响力的董事和高管也可能被追究责任。

《消费品包装及标签法》旨在保护消费者免受虚假陈述的误导，帮助消费者区分不同产品。根据该法的规定，食品和非食品产品的“交易商”，即产品零售商、制造商、加工商或生产商及从事任何产品进口、包装或销售业务的任何人，禁止销售、推广或向加拿大进口任何预包装产品，除非其附有规定规格的标签。标签上的产品名称和净含量等特定信息必须用英语和法语双语书写，且必须符合规定的尺寸和位置要求。

除《消费品包装及标签法》的要求外，《食品和药品法》还通过规定食品和药品的纯度和质量标准及标签和广告标准，对食品、药品、化妆品和医疗设备的广告、销售及进口进行监管。

《危险产品法》涵盖危险或受控产品和物质的广告、销售和进口规范，涉及压缩气体、易燃和可燃材料、氧化材料、有毒和传染性材料、腐蚀性材料及可发生危险性反应的材料等。一般而言，该法禁止供货商销售或进口将危险产品置于工作场所，除非进口商提供一份披露特定信息的材料安全数据表，且危险产品的包装和标签符合特定的要求。

《加拿大消费品安全法》旨在防止对人体健康或安全构成危险的消费品的制造、进口、广告和销售，例如以虚假、误导或欺诈的方式对消费品的安全性进行宣传或包装。联邦政府可根据此法召回问题产品。该法还规定了企业报告消费者产品安全事故和产品缺陷以及保持供应链相关记录的义务。

此外，还有一些法律涉及对特定产品的市场营销和销售规范。例如，《纺织品标签法》要求服装和布艺家私必须贴有标签，《贵重金属标签法》明确了贵重金属制品的销售规则，《农产品市场营销法》规定了农产品的标准和等级以及农产品的进出口和省际交易事宜，《烟草法》要求烟草产品的包装必须显示其对健康的危害和影响；《机动车安全法》规定了加拿大进出口机动车的安全标准。

5.2.4.2 消费者保护机构

加拿大在联邦政府和各地都设立了相应的消费者保护机构。在联邦政府层面，最主要的消费者保护机构是联邦创新、科学与经济发展部及其下属的消费者事务局，此外还有竞争、度量、食品安全等10多个部门在各自职责范围内保护消费者的合法权益。在省级政府层面，加拿大各省均设有相应的负责消费者保护事务的机构，在各自权限范围内处理相应的消费者保护事务，并与联邦机构相互合作、相互配合。

最高管理机构：加拿大创新、科学与经济发展部

加拿大创新、科学与经济发展部是加拿大联邦政府的重要组成部门之一，负责广播电视管理、破产和合并监管、知识产权管理、进出口管理、度量衡管理以及保护加拿大消费者的合法权益等事务，其基本职责在于改善投资环境，推进科技创新，提高加拿大在国际市场所占的份额以及营造一个公平竞争的市场环境。可见，创新、科学与经济发展部负责统筹管理消费者权益保护工作，制定消费者权益保护领域的基本政策、计划和法规，发挥统一领导的作用。

直接管理机构：消费者事务局

消费者事务局是加拿大联邦政府中直接负责消费者保护事务的机构，负责消费者权益保护事务的具体管理和实施。该机构由相关领域的律师、秘书等专业人士组成。其主要宗旨是促进和保护消费者的合法权益，并通过培养理性和自信的消费者，促进加拿大市场公平竞争和创新。该机构主要负责管理市场，促进市场的平等和公平竞争；保护消费者免受虚假和误导标识的影响；制定、监督和执行商品交易规则；确保消费者了解基本的、准确的产品信息，使其作出正确的购买决定；负责执行《包装和标识法》《纺织品标识法》《重金属销售法》等。

具体来说，消费者事务局主要通过以下方式保护消费者：听取和征求消费者的意见和建议，并以此作为制定消费者保护政策的依据；制定各种具体的消费者保护政策措施；具体实施各种消费者保护措施和计划，处理消费者保护的具体事务；组织专家学者进行相关消费问题的研究，并把研究结果向社会公布；为消费者提供各种消费信息和情报，加强对消费者的教育，提高消费的合理性；为各种非营利性的消费者组织和志愿者团体提供资金支持和相关指导，促进其能够自我维持并在消费者保护中发挥重要作用；指导和协调各地方消费者事务局的工作。目前，该机构的关注焦点主要集中在以下3个方面：保护在市场中处于弱势地位的消费者，确保政策对其是公平的；增强消费者在电子市场的信心，推动电子商务的发展；引导消费者形成可持续发展的消费理念和行为，从而促进整个市场的良性发展。

合作协调机构：消费者对策委员会

为加强在消费者保护领域的合作，加拿大政府依据国内商业协议的相关条款成立了消费者对策委员会，其成员由联邦和各省区的代表构成。该委员会为消费者保护工作的国内合作提供了一种“联邦–省–地方”三位一体的模式，并通过整合各类法律法规和增强公众意识等方式提高消费者的市场地位。其基本任务为：根据国内商业协议，整合直销员规定（给予消费者10天的冷静期以及要求准确的信息披露）、信贷成本披露规定（规定信贷提供者广告的方式和在合同中披露产品的成本）、软垫和填充物标准（对安大略等3个省的填充物安全和管理体系进行整合）以及网络销售合同等；通过合作改进协议，推动各消费者保护机构之间的信息交换；为各级政府消费者权益保护事务主管官员提供相关支持和帮助；下设的消费意识委员会负责对消费产品的信息进行调查、整合以及公布；负责定期对加拿大消费者手册进行更新；与其他相关机构一起，共同推进各种消费者权益保护计划的实施。作为一个协调机构，消费者对策委员会与消费者事务局、各地区的消费者保护机构以及各种消费者权益保护组织共同合作，推动加拿大消费者权益保护事务的发展。

金融领域的消费者保护机构：加拿大金融消费者管理局

加拿大金融消费者管理局（FCAC）依据《加拿大金融消费者管理局法》成立，隶属于联邦政府财政部，是加拿大金融领域最重要的消费者保护机构，既具有消费者服务职能，又具有金融监管职能。该局负责监督、报告受联邦监管的金融机构贯彻立法的情况，包括《银行法》《保险公司法》《信托和贷款公司法》《合作信用协会法》和《加拿大金融消费者管理局法》中关于消费者权益的规定，监督金融机构遵守自愿守则及其对消费者作出的承诺；负责告知消费者与金融机构进行交易时的权利和义务，提供及时和客观的信息和工具，从而帮助消费者了解且能货比三家的金融产品和服务，并通过培训等渠道提高消费者的金融知识水平及权利意识。FCAC管辖的金融机构包括所有银行、联邦注册的保险公司、信托和贷款公司以及合作性质的信用协会。FCAC每年通过财政部长向议会提交有关自身活动、金融机构履行法律义务的报告，经费由被监管的金融机构按资产额均摊。

联邦政府的其他消费者保护机构

在加拿大，联邦政府将保护消费者的合法权益纳入各种职能之中，各个部门都执行相应的专门法案，在各自负责的领域中保护消费者的合法权益。比如，竞争局负责执行《竞争法》的相关规定，对商业行为加以规范，制止各种不正当竞争行为；创新、科学与经济发展部下属的度量衡管理机构负责对各种度量、质量标准加以规定，约束经营者的行为；卫生部负责执行《食品药品法》，主要对药品的质量和安全进行监督和管理；食品检验局则主要负责对于食品市场的监督和检查。这些机构和消费者保护的主管机构一起共同构成了加拿大消费者保护的行政体系，为消费者提供全面的保护。

各省区的消费者保护机构

加拿大各省和地区均设有类似消费者事务局负责具体的消费者事务。各地消费者保护机构体系与联邦类似，由诸如经济发展部或者社会服务部等机构负责制定总体性消费者保护政策和法规，由消费者事务局等机构负责处理相应的事务；其他机构在各自领域内予以协助。

地方消费者保护机构主要有以下职责：制定并执行本地区消费者保护的具体政策、法规、各种消费标准以及具体的行动方案；听取本地区消费者的意见建议，并将其体现在相关政策中；受理消费者投诉，并帮助消费者解决消费纠纷；进行消费调查和研究，为消费者提供各种消费信息和情报；通过各种途径对消费者进行教育，促进消费水平的提高。[①]

5.2.5 知识产权法

加拿大没有关于知识产权的统一立法，但针对不同类型的知识产权均制定了相应的法律法规，主要包括《专利法》《商标法》《著作权法》《工业设计法》以及相应的实施规则。加拿大还针对某些特殊类型的知识产权出台了相关的法规，如《集成电路图法》及其实施规则、《植物培育者权利法》《电子文件个人资料保护法》等。加拿大所签署的国际条约也是其知识产权法律体系的重要组成部分，包括《保护文学和艺术作品伯尔尼公约》《国际承认用于专利程序的微生物保存布达佩斯条约》《成立世界知识产权组织公约》《保护工业产权的巴黎公约》《专利合作公约》《保护表演者、音像制品制作者和广播组织罗马公约》《联合国生物多样性公约》《世界版权公约》《世界知识产权组织版权公约》《世界知识产权组织表演和录音制品公约》《与贸易有关的知识产权协定》等。此外，加拿大《刑法》和《竞争法》的部分条款以及各省制定的专门法规也适用于知识产权保护。

5.2.5.1 专利法

根据加拿大《专利法》，具备专利申请资格的发明包括任何具有新颖性和实用

---

① http://www.cicn.com.cn/zggsb/2018－01/25/cms103976article.shtml.

性的技术、流程、机械、制造工艺或合成物，或对其具有新颖性和实用性的改进。据此，在加拿大获得专利权的发明应具有新颖性、实用性和创造性。

加拿大采用“申请在先”原则授予专利权，即最先提交某项发明专利申请的人有权获得该发明的专利权。对于在其他国家依据相关条约或公约获得专利权者，若加拿大也是该条约或公约的签约国，则只要其在提出申请的 12 个月内在加拿大提出申请，该项专利在加拿大具有同等效力。

一旦获得专利权保护，发明人或发明的其他所有权人即拥有排他性制造、销售和使用该发明的法定权利。专利权的有效期为自提交申请之日起后 20 年。其间，如果专利受到侵犯，专利权所有人可以寻求禁止令阻止侵权行为，并有权对侵权所造成的损失主张赔偿。如未经专利人同意擅自在自己制造或销售的产品上使用专利权利人名称、擅自在产品上使用“专利”字样以达到欺骗公众的目的、未获得专利而欺骗公众获得专利的，则侵权人将受到 200 加元范围内的罚款，或者不超过 3 个月的监禁，或者二者并处。为申请专利提供虚假陈述和信息材料的，将受到 500 加元范围内的罚款，或者不超过 6 个月的监禁，或者二者并处。此外，加拿大《专利法》针对医药专利的侵权行为规定了更为严厉的惩罚，若侵权人是公司则可能将受到高达 10 万加元的罚款。

5.2.5.2 商标法

根据加拿大《商标法》，商标是用于将自身与其竞争对手区分开来的一个文字、符号、设计或者其组合。凡是根据《商标法》进行注册的申请人将享有在加拿大全境使用该商标的专有权，从而禁止他人使用与其相混淆的商标。注册商标的保护期为 15 年，可每 15 年续展一次，续展次数不受限制。但如果一个注册商标在 3 年内未被使用，则可能会被撤销。外国申请人可以依靠其商标在外国的注册和使用情况，或者该商标在本国已经是驰名商标的事实在加拿大申请注册商标。

虽然加拿大《商标法》和《商标法实施规则》没有对商标权侵权的处罚作出明确规定，但司法实践中，行为人如未经许可而使用他人商标的，将构成对商标权的侵害。商标权利人有权主张停止侵权行为并获得赔偿。

5.2.5.3 著作权法

著作权指对文学、戏剧、音乐或艺术作品进行出版、制作、复制、翻译、广播、改编或公映等的排他性权利。加拿大《著作权法》对著作权的保护期通常为作者有生之年及去世后 50 年。《著作权法》还适用于某些特殊作品，比如照片、录音制品、表演作品、互联网传播作品、身后问世作品、电脑程序等，其著作权的期限按照不同的标准予以确定。根据加拿大《著作权法》的规定，只要创作者或原作者为《伯尔尼公约》《世界版权公约》或者WTO成员方的公民或永久居民，则其原创的文学、戏剧、音乐或其他艺术作品将自动享有著作权。

如果未获得著作权人同意而使用其作品，则被视为侵犯其著作权的行为。另外，出租、出售、分销或进口侵权作品属于间接侵犯著作权的行为。侵权者或将收到临时及永久性禁令、对侵权行为造成的损失予以赔偿、被处以惩罚性损害赔偿，甚至受到刑事方面的处罚。

5.2.5.4 工业设计法

加拿大《工业设计法》旨在保护已完成物品上的、能引起视觉注意并可仅凭肉眼判断的形状、外形、模型、装饰的原始特征，或者这些特征的任意组合，如家具、鞋类、智能手机、瓶子、车辆、家用器具、玩具和织物的设计，仅体现物品的实际用途或者制造、建造方法或规律的设计特征通常不符合工业设计保护的条件。在加拿大经登记注册的工业设计具有排除他人制造、使用、租赁、销售该设计的权利，保护期为自注册之日起10年。一旦注册成功，包含该设计的物品必须被标签，以告知他人该物品上存在设计注册。若未对物品进行适当的标签，则可能无法向任何侵权人索赔，并可能导致设计注册失效。根据《巴黎公约》的规定，一项工业设计的申请人因较早递交注册申请而有权获得优先权。如果申请人在《巴黎公约》缔约国提出过申请，并且在申请提出的6个月内就同一设计在加拿大提出申请，则可视首个外国申请日为在加拿大的申请日。

根据加拿大《工业设计法》的规定，工业设计权利人在权利受到侵犯时，可向法院提出救济请求，如临时及永久性禁令、按设计所有人蒙受的损失或侵权者所获利益处以损害赔偿、惩罚性损害赔偿、没收或销毁侵权物品。

蒙特利尔艺术博物馆

蒙特利尔艺术博物馆

5.2.6 破产法

加拿大企业的破产与无力偿债事宜属于加拿大联邦司法管辖范围，主要适用《破产法》（Bankruptcy and Insolvency Act，BIA）和《公司债权人安排法》（Companies' Creditors Arrangement Act，CCAA）。BIA 规定了无力偿债企业的资产清算程序和清算收入在债权人之间的公平有序分配，以及企业的财务重组程序。CCAA 提供了一个债务人重组框架，允许债务超过 500 万加元的无力偿债企业通过协商达成令债权人满意的安排。此外，省级接管法对联邦《破产法》起到了一定的补充作用。一般而言，加拿大企业的无力偿债程序主要包括 4 种，即 BIA 规定的清算程序、BIA 规定的重组程序、CCAA 规定的重组程序和接管程序。

5.2.6.1 BIA 规定的清算程序

独资企业、合伙企业或公司的破产清算程序主要包括以下 3 种：

第一，如果在加拿大居住、开展业务或拥有资产的无力偿债人负债达 1 000 加元，且其资产负债表显示资不抵债或到期不能偿还债务，则可自愿转入破产状态。

第二，破产人可依据 BIA 提交重组建议书，尝试进行重组。如果建议被债权人否决，则视为破产人已转入破产状态；一旦如此，破产人的所有无担保债权人必须中止其对破产企业或其资产提起的任何诉讼。

第三，如果在加拿大居住、开展业务的债务人负债达 1 000 加元并在提交申请前 6 个月内实施了破产行为，则债务人可能会被债权人提起非自愿破产申请；如果申请被法院接受，则债务人破产。值得注意的是，存在未清偿债务本身不足以构成破产行为。

企业宣告破产后，其所有财产将被交由一名破产受托人管理。在有担保债权人强制执行其担保权益后，破产受托人将根据 BIA 的规定清算破产企业的剩余资产，首先偿付优先或高级债权人，然后按比例偿付无担保债权人。

5.2.6.2 BIA 规定的重组程序

BIA 规定的重组程序以重组建议书的形式进行。重组建议书是债务人与债权人签订的允许债务重组的合同，其目的是使债权人的债权在不需要对债务人资产进行破产清算的情况下得到清偿。重组建议书可由无力偿债人、破产人、破产人的财产受托人、无力偿债人的财产清算人或无力偿债人的接管人提出。一旦债务人提交了重组意向通知或重组建议书，则诉讼中止令将禁止有担保和无担保债权人对无力偿债人提起或继续诉讼。重组事项由重组建议书建议的受托人监督执行，但无力偿债人仍占有和控制其业务和资产。BIA 没有对重组建议书制定具体标准，但一份成功的重组建议书除需要法院认可其公平性外，还需得到多数债权人以及每一类债权人中债权金额达三分之二以上多数的债权人批准。如果某类有担保债权人经投票对重组建议书予以否决，则该重组建议书对此类有担保债权人不具有约束力。如果某类无担保债权人或法院对重组建议书予以否决，则视为破产人转入破产状态。

5.2.6.3 CCAA 规定的重组程序

CCAA 是加拿大大型企业重组的首要法律依据。CCAA 允许存在财务困难的企业与其债权人通过谈判达成解决方案，从而使企业避免破产并继续作为持续经营的实体开展业务。CCAA 提供的救济只适用于总债务不低于 500 万加元的无力偿债公司。债务人通过向法院申请签发中止令以暂停针对债务人的诉讼，即可启动该程序。重组期间，债务人将继续占有其资产，同时受制于法院可能设定的资金或特定资产使用限制。和解计划或方案必须经每类债权人中的多数、每类债权人中债权金额达三分之二以上多数的债权人以及法院的批准。CCAA 的程序要求相对较少，所以法院在其中具有较大的自由裁量权。

5.2.6.4 接管程序

接管是有担保债权人最常用的通过债务人授予其担保权益的资产（如设备、存货、商业不动产）实现债权的方法。私下任命或法院任命的接管人将占有并变卖债务人资产，在扣除管理费用之后，首先按优先权依次分配给有担保债权人，然后将余额分配给无担保债权人。

5.2.7 反海外腐败法

5.2.7.1 反外国公职人员腐败法

加拿大1998年出台了《反腐化外国公职人员法》(Corruption of Foreign Public Officials Act，CFPOA)，以打击国际商业交易中向外国公职人员行贿的行为。此法中的大部分内容与美国的《反海外腐败法》和英国的《反贿赂法》相似。

CFPOA规定的刑事犯罪包括在经营过程中直接或间接向外国公职人员或其利益相关人给予、提供或同意给予或提供贷款、奖励、利益或任何形式的好处，企图以此换取后者在执行公务时的某项行为或敷衍，或诱使其利用职务之便对其国家或国际组织的行为或决策施加影响。

一般而言，赠予金额极低的礼物、给予非金钱利益（如住房或学费减免）也被视为违反CFPOA的行为，外国政府或国际组织法律许可或有所规定的利益除外。赠予对象不仅包括立法司法人员，而且包括外国各级政府机构的行政人员以及代表外国政府机构的理事会、委员会或国有公司的雇员，但不包括已经卸任或尚未入职的人员。另外，为推销产品和服务而产生的直接且合理开支，则不在禁止之列。

CFPOA适用于加拿大公民(包括外籍的永久居民)和加拿大公司在境外的行为。CFPOA对犯罪的惩处不受时效的限制，法院将对违法者判处自由裁量的罚金，并处以最高达14年的监禁。

5.2.7.2 采掘业透明度措施法案

继欧盟和美国之后，加拿大政府于2014年通过了《采掘业透明度措施法案》(Extractive Sector Transparency Measures Act)，强制要求采掘业企业披露其向加拿大境内外各级政府及原住民团体支付的费用，法案已于2015年4月1日正式生效。

该法案适用于参与油气、矿产资源勘探开采的公司以及拥有或持有这些资源权益的公司。必须发布年度披露报告的实体包括：（1）在加拿大证券交易所上市的公司；（2）在加拿大有经营场所、业务或资产的实体，且根据其合并财务报表，在最近两个财年中至少有一年满足以下至少两个条件：① 拥有不低于2 000万美元的资产，② 已经产生了至少4 000万美元的收入，③ 平均雇用了至少250名员工；（3）其他规定的实体。这些公司的子公司以及其直接或间接控制下的实体也要遵守该法案的规定。相关部门对规定中的“控制”具有解释权。

符合上述条件的公司有义务披露其向国内外各级政府、两个或两个以上政府共同设立的机构以及行使政府职能的实体（如信托、董事会、委员会或公司）支付的款项，公司向境内原住民团体支付的款项在该法案生效两年后按其规定披露。按规定需要公开披露的支付款项包括：（1）税款（消费税、个人所得税除外）；（2）特许权使用费；（3）费用，包括租赁费、报名费、管理费以及其他办理执照、许可证或特许权的费用；（4）产量分成权；（5）奖金，包括签约定金、资源发现定金以及生产奖金；（6）除普通股股息以外的股息；（7）基础设施改善款项；（8）其他规定的付款类别。

虽然该法案目前不包括项目层面的强制报告制度，但其第 9 条已明确提出了有关项目披露的形式和报告方式，未来可能还会出台相应的行政指导性文件，明确项目级的支付是否需要披露。该法案规定，如果公司未能遵守披露报告要求，如提交虚假报告或误导性陈述，或为避免披露而故意更改付款构成，将被处以最高 25 万加元或累计更高的罚款。

5.3 商务纠纷的解决

在加拿大解决商务纠纷的主要途径包括诉讼、调解和仲裁等。

5.3.1 诉讼

加拿大法院系统由联邦法院系统和地方法院系统构成，其中，联邦法院系统包括加拿大最高法院、联邦法院、联邦上诉法院、税务法院和军事法院，地方法院包括低级法院、高级法院和上诉法院。根据其管辖范围，商事纠纷大多由地方高级法院审理，而加拿大所得税法相关案件和知识产权案件由加拿大联邦法院审理。例如，安大略省高等法院对其拥有管辖权的商事案件专门列有一份“清单”，其中包括破产、债权人权益、股东纠纷、公司安排等。

加拿大各省区均对民事纠纷案件的审理和裁判行为制定了程序规则。例如在开庭之前，民事诉讼各方均需提交与诉讼相关的证据文件，包括电子邮件、计算机文件、录音或录像等。文件披露后，当事方有权对另一方的一名代表进行质证。除非得到法院准许，对非当事方或另一方超过一名代表的质证通常不被允许。

在集体诉讼中，原告通常为代表集体利益的一人或多人，而作为被告代表进行诉讼抗辩的情形极为少见。在案件进入调查和审判阶段之前，法院需要对集体诉讼进行认证，否则将按常规诉讼程序进行。

蒙特利尔法院

5.3.2 调解

调解指双方当事人之外的第三方在分清是非和责任的基础上，根据有关法律规定和合同约定，并参考国际惯例，推动争议双方在互谅互让的基础上达成公平的调解协议。加拿大的一些地区要求当事人在案件审理之前先行调解，但当事人有权自行选定调解员。训练有素的仲裁员、德高望重的律师以及经验丰富的退休法官都可以作为调解员。与诉讼相比，调解程序的成本较低，灵活快捷，对抗性较弱。若调解不成，当事方也可继续通过诉讼程序解决纠纷。

5.3.3 仲裁

仲裁指双方当事人通过协议方式将争议提交仲裁机构，由仲裁员按仲裁程序进行裁决。如果一方不执行仲裁裁决，另一方有权向法院申请强制执行。与诉讼程序相比，仲裁的正式程度相对较低，但费用也较少，并能以非公开的形式较快地完结。在国际仲裁方面，加拿大自 1986 年起开始执行《联合国承认与执行外国仲裁裁决公约》（United Nations Convention on the Recognition and Enforcement of Foreign Arbitral Awards）以及《联合国国际贸易法委员会国际商事仲裁示范法》（UNCITRAL Model Law on International Commercial Arbitration）。

第6章 加拿大社会文化环境

6.1 人口结构

6.1.1 年龄和性别

根据加拿大统计局的估算，截至2017年7月1日，加拿大的人口数量约为3 670.8万，较10年前增长了10.4%。其中，65岁及以上人口数量约为619.6万，占人口总量的16.9%，较10年前提高了3.2个百分点。根据联合国确立的老龄化社会判定标准，若一个国家65岁及以上人口数量占总人口数量的比重达到7%，则意味着该国进入了老龄化社会。按此标准，加拿大已经处于老龄化社会阶段（参见表6-1，图6-1）。

表6-1 **2008-2017年加拿大老龄人口数量及占比**

年份	总人口数量	65岁及以上人口数量	老龄人口占比（%）
2008	33 245 773	4 532 605	13.6
2009	33 628 571	4 661 110	13.9
2010	34 005 274	4 796 143	14.1
2011	34 342 780	4 950 310	14.4
2012	34 750 545	5 167 113	14.9
2013	35 152 370	5 382 526	15.3

续表

年份	总人口数量	65 岁及以上人口数量	老龄人口占比（%）
2014	35 535 348	5 588 097	15.7
2015	35 832 513	5 786 076	16.1
2016	36 264 604	5 989 898	16.5
2017	36 708 083	6 195 544	16.9

资料来源：加拿大统计局网站。

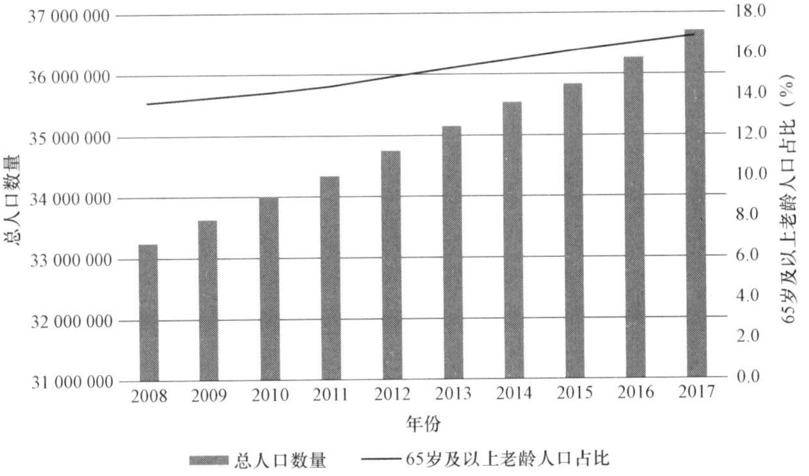

图 6－1　2008－2017 年加拿大老龄人口数量及占比

资料来源：加拿大统计局网站。

2017 年，加拿大 15 岁以下人口数量占比为 16.0%，15～44 岁人口数量占比为 40.0%，45～63 岁人口数量占比为 27.5%，而 65 岁及以上人口已经超过 15 岁以下儿童的数量。男性在 15 岁以下和 15～44 岁这两个年龄段的占比均高于女性，而女性则在高龄人群中占有较高的比重。在 90 岁以上人口中，女性与男性的数量之比达到了 24:1（参见表 6－2，图 6－2）。

表 6－2　　2017 年加拿大人口的年龄与性别结构

年龄	总人口数量	男性人口数量	女性人口数量
0～14 岁	5 877 081	3 013 221	2 863 860
15～44 岁	14 531 926	7 330 849	7 201 077

续表

年龄	总人口数量	男性人口数量	女性人口数量
45～64 岁	10 103 532	5 038 133	5 065 399
65 岁及以上	6 195 544	2 825 638	3 369 906
其中：65～89 岁	5 889 834	2 735 935	3 153 899
90 岁以上	305 710	89 703	216 007
合计	36 708 083	18 207 841	18 500 242

资料来源：加拿大统计局网站。

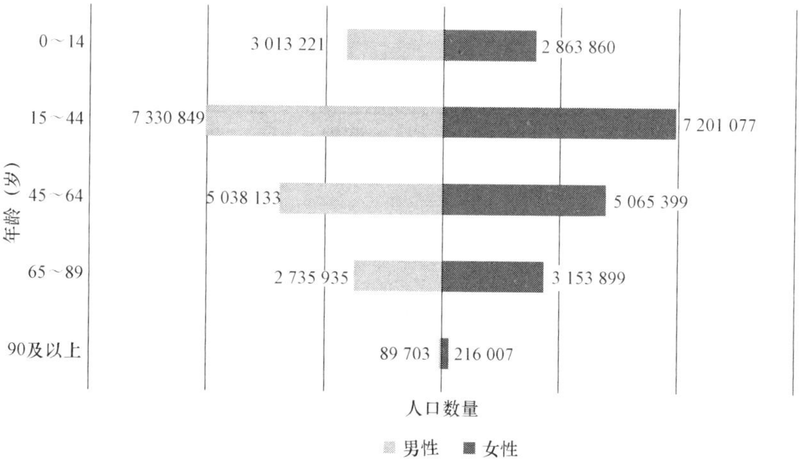

图 6－2　2017 年加拿大人口结构

资料来源：加拿大统计局网站。

加拿大统计局的数据显示，2014－2016 年，加拿大人出生时的期望寿命，即平均寿命为 82.0 岁，其中女性和男性的平均寿命分别 84.0 岁和 79.9 岁，二者均较 2013－2015 年增加了 0.1 岁。在过去的 10 年中，加拿大男性平均寿命年均增长 2.4 个月，女性年均增长 1.7 个月，二者之间的差异呈现逐渐缩小的趋势（参见表 6－3，图 6－3）。

表 6-3　**2005/2007-2014/2016 年加拿大人的平均寿命**　单位：岁

年度	男性	女性	全部
2005/2007	78.1	82.7	80.5
2006/2008	78.3	82.9	80.7
2007/2009	78.5	83.0	80.8
2008/2010	78.8	83.3	81.1
2009/2011	79.1	83.5	81.4
2010/2012	79.4	83.6	81.6
2011/2013	79.6	83.8	81.7
2012/2014	79.7	83.9	81.8
2013/2015	79.8	83.9	81.9
2014/2016	79.9	84.0	82.0

资料来源：https://www150.statcan.gc.ca/n1/pub/91-209-x/2018001/article/54957-eng.htm.

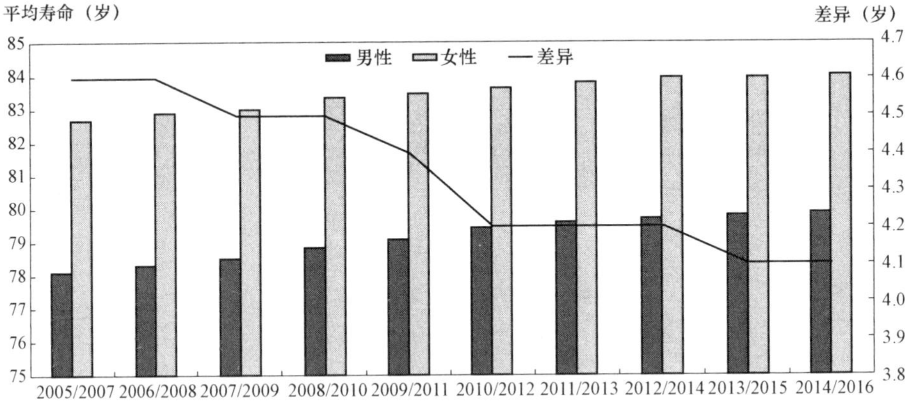

图 6-3　**2005/2007-2014/2016 年加拿大人的平均寿命及性别差异**

资料来源：https://www150.statcan.gc.ca/n1/pub/91-209-x/2018001/article/54957-eng.htm.

6.1.2　种族和移民

加拿大是一个多种族的移民国家。其 2016 年人口普查结果显示，加拿大有超过 250 个种族，约四成人口具有多种族身份。其中，英裔和法裔人口的占比最高，但远低于 1871 年普查时的水平。在 20 个主要种族中，加拿大原住民（包括印第安人、因纽特人和梅蒂人）约 2 100 万，欧洲裔人口接近 2 000 万，华裔人口约 1 800 万，东印度裔人口约 1 400 万，菲律宾裔人口约 83.7 万。[①]

截至 2016 年，加拿大有 21.9%的人口为外国移民，该比例接近 1921 年普查时的 22.3%，为联邦建立以来的最高水平。2011－2016 年，加拿大的新移民数量为 1 212 075 人，占总人口的 3.5%。其中，60.3%为经济移民，26.8%属于家庭类移民，11.6%为难民移民。大部分（61.8%）新移民来自亚洲（包括中东地区），而非洲新移民占比（13.4%）首次超过欧洲，位居第二。来自中国的新移民数量为 129 020 人，占比 10.6%，次于菲律宾和印度，位居第三。多伦多、温哥华和蒙特利尔容纳了超过一半的移民和新移民，草原省份和太平洋沿岸省份也日益获得移民的青睐。[②]

目前，加拿大移民事务由加拿大移民、难民和公民部（Immigration, Refugees and Citizenship Canada，IRCC）、加拿大边境服务署（Canada Border Services Agency，CBSA）及加拿大移民和难民事务委员会（Immigration and Refugee Board of Canada，IRB）共同负责。其中， IRCC 主要负责移民的入境事务，为新移民定居提供计划、方案和安排，向难民提供保护，并负责加拿大公民身份申请的审批、旅行证件（如签证等）的签发以及本国国民出境签证的办理、签发工作。CBSA 是加拿大负责边境执法、移民执法和海关服务的联邦机构，对符合“不准入”条件并在加拿大居留的人员实施逮捕、拘留和遣返。IRB 对在加拿大境内的难民庇护申请作出决定。[③]

巴拿马移民

东南亚移民

非洲移民

加拿大国庆日游行队伍

① http://www12.statcan.gc.ca/census－recensement/2016/as－sa/98－200－x/2016016/98－200－x2016016－eng.cfm.

② https://www150.statcan.gc.ca/n1/daily－quotidien/171025/dq171025b－eng.htm?indid＝14428－4&indgeo＝0.

③ 卫平. 加拿大移民制度[J]. 现代世界警察，2018（6）：37－42.

菲律宾移民

高卢人后裔

英国二战老兵

拉丁美洲移民

蒙古移民

苏格兰移民

委内瑞拉移民

锡克教移民

匈牙利移民

伊拉克移民

西部草原省份

华人社团

加拿大国庆日游行队伍（续）

6.1.3 语言和宗教

加拿大的官方语言为英语和法语。20 世纪初，大多数加拿大人的母语为英语或法语，约十分之一人口的母语为原住民语言或移民语言。随着移民的增加，加拿大人的语言也越发多样化。加拿大 2016 年的人口普查结果显示，有 22.0%的加拿大人不以英语或法语为母语，各种移民语言共计 130 余种（参见图 6－4）。

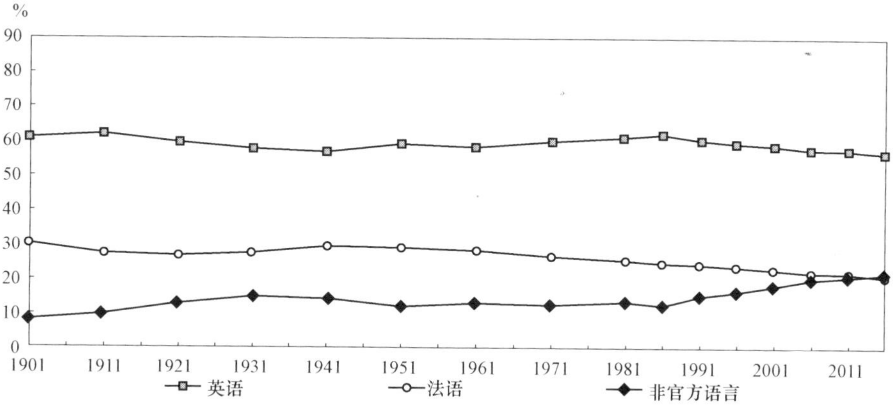

图 6－4　1901－2016 年加拿大人口的语言结构

资料来源：https://www150.statcan.gc.ca/n1/pub/11－630－x/11－630－x2018001－eng.htm.

自 20 世纪 70 年代起，随着越来越多的中国人移民加拿大，以汉语为母语的加拿大人口数量显著增加。1971 年，以汉语为母语的加拿大人口数量尚不足 10 万，而到 2016 年已经超过 130 万（参见图 6－5）。

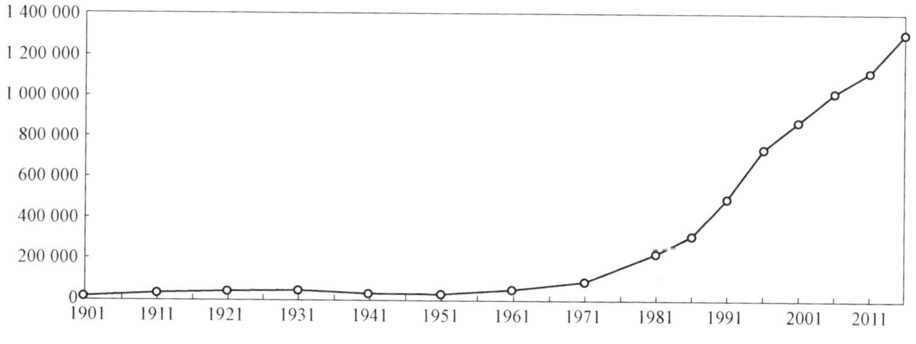

图 6－5　1901－2016 年以汉语为母语的加拿大人口数量

资料来源：https://www150.statcan.gc.ca/n1/pub/11－630－x/11－630－x2018001－eng.htm.

安大略省万锦市市长穿汉服与当地华人联欢

1982 年，加拿大通过了《人权宪章》，作为加拿大宪法的第一部分，宪章明确规定公民享有宗教信仰的自由。加拿大 2011 年的全国家庭调查结果显示，约三分之二（67.3%）的受访者信仰基督教，约 7.2%的受访者信仰伊斯兰教、印度教、锡克教或者佛教，约 1.0%的受访者信仰犹太教，约 0.2%的受访者信仰传统土著精神，近四分之一（23.9%）的受访者没有宗教信仰。[①]

蒙特利尔圣约瑟夫大教堂

① http://www12.statcan.gc.ca/nhs – enm/2011/as – sa/99 – 010 – x/99 – 010 – x2011001 – eng.cfm#a5.

蒙特利尔圣母大教堂内景

6.2 社会生活

6.2.1 饮食习惯

加拿大人的饮食以肉类、蔬菜为主，面食、米饭为辅，特别喜欢吃沙丁鱼和野味。蔬菜偏好生吃，偏甜酸，喜欢清淡。早餐较为简单，通常在家食用，主要吃烤面包、鸡蛋、咸肉、牛奶、果汁、素片粥、玉米片粥等。午餐通常自带或用快餐，一般包括三明治、饮料和水果。晚餐为正餐，相对丰盛，主食为鸡、牛肉、鱼或猪排，并辅以土豆、胡萝卜、豆角、面包、牛奶、饮料等，还有用豆子和小萝卜做的清汤。加拿大人通常会在上午10点和下午3点用点心，一般吃苹果馅饼、香桃馅饼等。

加拿大的食品比较便宜。除含巧克力的食品以及罐头等加工制品外，其他食品均不加税。鸡、鸭、鱼、肉以及蔬菜等的价格都不高，但水饺、汤圆等中国食品却很贵，因为这些食品多为手工包制而成，成本较高。加拿大的果蔬大多从美国中部、西部和南美国家进口，一年四季品种繁多，如桃、李、柑、橘、葡萄、芒果、柿子、石榴、菠萝、草莓、樱桃、龙眼、荔枝、香蕉、猕猴桃、板栗等，蔬菜亦是琳琅满目。

加拿大市面上的饮食种类繁多，最常见的快餐有热狗、意大利披萨、炸土豆丝、汉堡包、肯德基炸鸡和中餐盒饭等。加拿大有很多咖啡厅，环境很美，夏天时常常把桌椅摆在厅外，吸引情人或朋友相聚。加拿大的大型购物中心通常有一层楼的特色餐厅，提供英国、法国、印度、日本、中国、巴西、墨西哥、黎巴嫩等国的饮食，供消费者选用。加拿大的中餐馆以粤菜馆居多，主要由来自中国的香港、广东以及来自越南的华人经营，另外有中国的四川、潮州和山东等风味的餐馆。夜班族经常光顾唐人街的华人餐馆，他们一般会营业到凌晨 4 点。

加拿大本土的咖啡店

多伦多和维多利亚的唐人街

在加拿大的各种餐馆用餐通常要支付一定的省级销售和服务税。顾客若有吃不完的食物，可以请服务员打包，带回去，但不可带含乙醇的饮料，因为加拿大法律禁止公民在公共场所饮酒。在加拿大的快餐店用餐一般无须支付小费，但中餐盒饭和意大利披萨等外卖服务要收取一定的服务费。在加拿大的自助餐厅用餐通常需要支付 10%～15%的小费。加拿大的餐馆都分为吸烟区和非吸烟区。若几个人一同外出吃饭，通常实行 AA 制。

和中国人的习惯不同，加拿大人在宴请宾客时通常会遵循“三不”传统，即不备烟酒、不吃热食、不排桌席。

第一，加拿大人请客吃饭都不备烟酒。因为加拿大有禁烟规定，在联邦政府大楼、电梯、银行、商店、学校及多数公共场所吸烟是违法的。如果发现有人在酒楼、餐馆吸烟而不加以制止或者纵容其吸烟，会被处以 5 000 加元的罚款。对酒也是如此，餐厅、酒吧只可在晚上 11 点到凌晨 1 点卖酒，饮酒者也只能在有酒牌的地方或住宅内喝酒，而在其他地方饮酒都是违法的。

第二，加拿大人喜欢吃冷食。这种冷食不同于中国的冷盘菜肴，一般是由主人先将各式菜肴烧好，用碗、盘、碟等器皿盛好后依次将其摆在厨房内的餐桌上，待客人到齐，供客人享用。因为菜肴烧得比较早，时间一长，也就成了凉菜。加拿大人称之为“冷餐宴会”。

第三，加拿大人宴请从不安排桌席。通常是客人们手拿一次性塑料餐盒和叉子，一个个排在摆满饭菜的台前，自己动手随意选取食物，自找地方用餐。如果没有吃饱，还可以再去取食，与自助餐类似。因为不排桌席，所以客人们取好饭菜后，有坐有站，无拘无束。①

6.2.2 休闲活动

加拿大幅员辽阔，风景优美，其冬季广域千里的冰雪世界、种类繁多的野生动植物以及奇特多样的民族文化，吸引了大批国内外游客。加拿大政府十分重视旅游资源的开发、保护和利用，先后在全国开辟了数以百计的自然和古迹保护区，景区内配套服务设施，布局合理，管理完善，理念先进。加拿大政府很早就制定了《旅游业委员会法案》，并依托该法案建立了功能完备、运行高效的半官方旅游业协会组织，取得了良好效果。此外，为了保护、管理和利用好优质的国家公园等旅游资源，加拿大政府专门制定了《国家公园法案》，对在国家公园内开展的一切活动作了全面细致的法律界定。目前，加拿大共设立了38个国家公园和8个国家公园保留地，其总面积约占国土面积的5%（参见表6–4）。

表6–4 加拿大部分国家公园概况

名　称	所在地区	面积（km^2）
森林野牛国家公园（Wood Buffalo National Park）	阿尔伯塔省、西北地区	4 480 700
圣劳伦斯岛国家公园（St. Lawrence Islands National Park）	安大略省	870
班夫国家公园（Banff National Park）	阿尔伯塔省	664 100
冰川国家公园（Glacier National Park）	不列颠哥伦比亚省	134 900
乌克什沙里克国家公园（Ukkusiksalik National Park）	努纳武特地区	2 050 000
瓜依哈纳斯国家公园（Gwaii Haanas National Park）	不列颠哥伦比亚省	149 500

① 徐艳文. 独特的加拿大饮食[J]. 烹调知识，2011（10）：61.

续表

名　称	所在地区	面积（km^2）
贾斯珀国家公园（Jasper National Park）	阿尔伯塔省	1 087 800
瓦普斯克国家公园（Wapusk National Park）	曼尼托巴省	1 147 500
草原国家公园（Grasslands National Park）	萨斯卡其旺省	90 700
谢米里克国家公园（Sirmilik National Park）	努纳武特地区	2 200 000
明安群岛国家公园（Mingan Archipelago National Park）	魁北克省	15 100
雷夫尔斯托克山国家公园（Mount Revelstoke National Park）	不列颠哥伦比亚省	26 000
芬迪国家公园（Fundy National Park）	新不伦瑞克省	20 600

资料来源：张颖. 加拿大国家公园管理模式及对中国的启示[J]. 世界农业，2018（4）：139－144.

阿尔伯塔省班夫国家公园

依托发达的经济水平、高效专业的商业开发、高质量的服务业以及完善的法律政策体制，旅游业已经成为加拿大重要的经济部门。2016 年，加拿大旅游业相关产值达 916 亿加元，同比增长 4.2%，占其 GDP 的 2.1%。2017 年上半年，加拿大旅游业相关产值达 414.7 亿加元，同比增长 6.7%。加拿大旅游业的增速超过 GDP 增速，成为近年来稳定的经济增长点。其背后的主要推动因素包括航空旅费、餐饮费用和住宿费用的增加，三者近年来的价格分别增长了 6.1%、1.9%和 1.0%。

费尔蒙露易丝湖城堡酒店

班夫温泉城堡酒店

维多利亚费尔蒙特帝后大酒店

温哥华泛太平洋酒店

加拿大的酒店

旅游业也是加拿大重要的就业部门，相关就业人口达 170 万人，每 11 个就业者中就有 1 个从事与旅游相关的行业，而且 51%的从业者为 35 岁以下的年轻人，旅游业也因此成为加拿大重要的青年就业渠道。此外，旅游业还是加拿大中小企业聚集的产业。加拿大有 5.2%的企业从事旅游业，其中 99%为中小型企业。

2016 年，加拿大旅游业取得了惊人的增长，全年住宿旅客近 2 000 万人次，比 2002 年的最高纪录仅低 0.4%。其海外市场表现强劲，国际入境人数同比增长 16%，其中美国市场增长 10%，全球其他地区平均增长 11%。美国仍然是加拿大最主要的旅客来源地，赴加游客达 1 389 万人次，共消费 91.9 亿加元。而法国、中国、韩国、印度、澳大利亚和巴西等国的旅客数量也创下历史新高。其中，韩国入境旅客 24 万人次，较上一年增长 30%；中国 61 万人次，增长 24%；澳大利亚 33 万人次，增长 16%；印度 22 万人次，增长 13%；法国 55 万人次，增长 9%；巴西 11 万人次，增长 2%。

2016 年，全球出境游游客数量达到 12 亿人次，较上一年增长 4%，全球旅游产业产值估计为 1.5 万亿美元。为了更好地开发加拿大旅游资源，吸引更多国际游客到加拿大旅游，加拿大政府推出了《加拿大新旅游愿景》。其目标包括：（1）到 2021 年中国游客数量翻番；（2）到 2021 年赴加拿大游客数量增长 30%；（3）到 2025 年将加拿大打造为世界旅游大国。

为此，加拿大将主要采取 3 项措施。一是加强市场开发力度，具体包括向加拿大旅游局（Destination Canada）注资 9 550 万加元用于对外旅游宣传；针对加第一大游客来源地美国投资 3 000 万加元用于开展主题推介活动；实施“千禧一代计划”，通过加大宣传每年吸引约 3 亿青少年旅游者将加拿大作为其优先旅游目的地；利用科技手段开展旅游推广活动等。二是加强旅游入境便利性，具体包括增加签证中心数量、提升电子签证服务水平、增加双边航空运输协议、增加加拿大水域游轮线路和数量、提高残障人士旅游的便利化水平等。三是提升旅游产品水平，具体包括投资 860 万加元用于提升加拿大原住民特色旅游的服务水平；办好“中加旅游年”；提升加拿大国家公园旅游质量，展现加拿大丰富的旅游资源；利用境内独特的法国文化吸引游客；投资 350 万加元用于推广加拿大的艺术文化和作品；拨款增强加拿大旅游职业培训和大数据处理能力。

加拿大滑雪胜地翠湖山庄

中国是加拿大的第二大旅客来源地，2016 年入境游客达 61 万人次。中国游客在加拿大的消费总额为 14 亿加元，人均消费达 2 438 加元。2016 年，中国总理李克强与加拿大总理特鲁多正式宣布 2018 年为“中加旅游年”，同意就促进双向游客往来扩大合作。2017年，加拿大在中国增开了7个签证中心并大力提升中加间航空运力，使中国游客赴加拿大旅游的便利化程度提高了21%。此外，加拿大政府还积极培训旅游企业调整经营方式，以更好地适应中国游客的消费习惯，如引入支付宝、微信支付等手机支付方式、扩大银联支付网点、增加普通话服务、在中国社交媒体上宣传加拿大旅游产品等。[①]

6.2.3 重要节日

6.2.3.1 法定节日

加拿大的法定节日共有11个（参见表6－5）。其中，每年1月1日为元旦，同世界各地一样，人们通常会通宵聚会，相互祝福，迎接新年的到来。

每年3月或4月的复活节前周五为耶稣受难日，以纪念耶稣在十字架上殉难。

复活节是纪念耶稣死后复活升天的日子，由于该节日是在春分满月后的第一个星期天，所以将其后的星期一，即复活节后周一作为节日。

维多利亚日为维多利亚女王的诞辰日，该节日始于1845年，即维多利亚女王登基后的第8年。

7月1日是加拿大的国庆节，以纪念1867年7月1日加拿大自治领的创建，各城市通常会组织游行狂欢，晚上还会举办烟火表演。

各省区对8月第一个周一的公民节有不同的安排，不列颠哥伦比亚省、新不伦瑞克省、萨斯喀彻温省、西北地区和努纳武特地区将其定为法定节日，阿尔伯塔省、曼尼托巴省、安大略省、新斯科舍省和爱德华王子岛省视之为普通节日，而纽芬兰及拉布拉多省、魁北克省和育空地区并不庆祝该节日。

9月的第一个周一为劳动节，自1894年成为法定假日，通常会举办大规模的庆祝活动。

感恩节是为感谢上帝赐予丰收而设立的节日。16世纪，英国探险家马丁·弗罗比舍（Martin Frobisher）试图探索一条从大西洋前往东方的航线未果，却来到了加拿大这片土地。他庆幸自己历经艰难而幸存，所以举行了一个感谢上帝的仪式，后被认为是加拿大的第一个感恩节。

1918年11月11日是第一次世界大战结束之日，此后加拿大将每年的11月11日定为阵亡将士纪念日，以纪念所有为国捐躯的将士，弘扬爱国主义传统。在首都渥太华联邦广场的国家纪念碑前通常会举行各种纪念仪式，人们会在胸前佩

---

① http://ca.mofcom.gov.cn/article/ztdy/201805/20180502743489.shtml.

戴罂粟花，并在上午 11 点自觉默哀两分钟。

每年的 12 月 25 日是耶稣诞辰纪念日，也是加拿大和其他西方国家最盛大的节日——圣诞节。如同中国的春节，圣诞节是加拿大人合家团聚的日子，家家都会摆放圣诞树，亲朋好友之间会互寄贺卡、交换礼物，圣诞晚餐的传统菜肴是烤火鸡。

圣诞节的第二天即 12 月 26 日是节礼日，是帮助人们从圣诞假日季的忙碌中恢复过来的假日。各大商店通常会在这一天进行降价促销。该节日源自英国，按照英国的惯例，这一天要向邮递员等赠送“节礼”，故称“节礼日”。

表 6－5　　加拿大法定节日

节　日	日期
元旦（New Year's Day）	1 月 1 日
耶稣受难日（Good Friday）	复活节前的第一个星期五
复活节后周一（Easter Monday）	复活节后的第一个星期一
维多利亚日（Victoria Day）	5 月 25 日前的第一个星期一
国庆节（Canada Day）	7 月 1 日
公民节（Civic Holiday）	8 月的第一个星期一
劳动节（Labor Day）	9 月的第一个星期一
感恩节（Thanksgiving Day）	10 月的第二个星期一
阵亡将士纪念日（Remembrance Day）	11 月 11 日
圣诞节（Christmas Day）	12 月 25 日
节礼日（Boxing Day）	12 月 26 日

资料来源：https://www.tpsgc－pwgsc.gc.ca/remuneration－compensation/services－paye－pay－services/paye－centre－pay/feries－holidays－eng.html.

6.2.3.2　全国性传统节日

除法定节日之外，加拿大还有一些传统的全国性节日，比如情人节、愚人节、母亲节、父亲节、土著节、万圣节等。

2 月 14 日是情人节（Valentine's Day），是源于欧洲的传统节日。当天，情侣之间通常会互赠贺卡和礼物，礼物一般是巧克力和玫瑰花。家庭成员或异性朋友之间通常也会在情人节互赠礼物。

4 月 1 日是愚人节（April Fool's Day），最早流行于法国。因为鱼在 4 月里最容易上钩，所以法国人称上当受骗的人为“4 月的鱼”。这一天人们会大搞恶作剧，以使他人出丑为乐。

5月的第二个星期日是母亲节（Mother’s Day）。人们通常会为母亲送上一份礼物或贺卡，以表达对母亲的感恩之情。

6月的第三个星期日是父亲节（Father’s Day），与母亲节类似，是孩子向父亲表达感恩的节日。

6月21日是加拿大土著节（Canadian Aboriginal Festival），所有加拿大人都为第一民族（印第安人、因纽特人和梅蒂人）的文化及其对加拿大的贡献而庆祝，表达他们对土著民族文化的认可和颂扬。土著居民会身着盛装，载歌载舞，展示其祖先创造并传承下来的音乐和舞蹈。

11月1日是万圣节（Hallowmas），又称“鬼节”，是源于苏格兰和爱尔兰的传统节日。在万圣节前夕（Halloween），各家各户会把雕有鬼脸的南瓜做成灯笼摆在门窗前，孩子们会在傍晚时分戴着各式鬼脸面具去敲邻居的门，并说“Treat or trick”（“不给糖吃，我就捣蛋”），主人则会用早已准备好的糖果来打发这些“小鬼”。有些地方还会举行游行活动，人们扮成各种妖魔鬼怪，载歌载舞，欢度节日。

万圣节

6.2.3.3 地区性节日

与全国性节日相比，加拿大的地区性节日更具特色，比如枫糖节、魁北克省节、渥太华金香节、卡尔加里牛仔节等。

枫糖节（Maple Syrup Festival）是魁北克、安大略等省份最重要的民族节日之一。3 月是采集枫树汁、熬制枫糖的季节。节日期间，制作枫糖的枫糖屋对外开放，接待游客。屋里有壁炉、长木桌椅、烛灯等充满怀古情调的摆设。人们在枫糖屋里尽情欢乐，品尝枫糖浆和用雪将滚烫的枫糖浆凝制而成的太妃糖。游人还可以乘坐马车游览周围的枫树林。

6 月 24 日是魁北克省节（Quebec Day），原为欧洲传统的宗教节日圣让·巴蒂斯特节，于 1977 年被魁北克省政府正式等位魁北克民族的节日。传统上，人们在午夜围着篝火跳舞狂欢，现在则燃放焰火、举办音乐会和盛装彩车游行。游行队伍先由东向西，然后再向南，象征着法裔祖先当年开发魁北克的经历。

魁北克省庆游行队伍

渥太华郁金香节（Canadian Tulip Festival）在 5 月中上旬举行，为期两周。该节日始于 1945 年，当时荷兰女王为躲避欧洲战火而流亡海外，曾在渥太华被加拿大人收留。二战后，为了感谢这座城市和加拿大军队在收复荷兰时所作的贡献，荷兰女王向渥太华赠送了大量的郁金香球茎。如今，渥太华郁金香节已成为世界上最壮观的郁金香盛会之一，每年都会吸引全球数十万游客前来观赏。

卡尔加里牛仔节（Calgary Stampede）每年 7 月在阿尔伯塔省的卡尔加里举行，是世界上规模最大的牛仔竞技活动。牛仔节由盛大的游行拉开序幕，包括音乐、舞蹈、乐队、花车、皇家骑警、原住民、牛仔公主、王子、历届牛仔竞技男女冠军等一百多个队伍，由市中心的第六大道进行长达 5 公里的游行。牛仔竞技项目主要有驯马、驯牛、套索、篷车赛等。

6.3 教育概况

加拿大是世界上教育经费投入最高的国家之一，每年的教育经费支出约占 GDP 的 7%。加拿大联邦政府不设教育部，其全国教育规划由国务秘书部负责，省际教育交流与合作由各省教育部长组成的教育部长理事会负责，省内教育事务由各省教育部负责。加拿大拥有世界一流的大学、中学、小学教育，在全国范围推行 12 年免费义务教育，高等教育普及率居世界前列。

6.3.1 基础教育

加拿大在全国范围推行 12 年免费义务教育，中小学教育共计 12 年。学校类型包括公办学校、教会学校和私立学校。其中，公办中小学与学前教育由政府全额拨款，而私立学校和教会学校的经费由政府拨款、学生缴费和私人捐款等构成。加拿大法律规定，6～18 岁的公民必须要上小学和中学。学生在公办中小学读书的学杂费、书本费、校车费等费用一律由国家承担。学校的各种设备、图书资料等均可供学生免费使用。学校无重点和非重点之分，公立学校一律以“就近入学”为原则招收学生。

加拿大的小学（1～7 年级）教育以学生发展为中心，强调教育应该满足学生需要，促进学生的健康发展。例如，不列颠哥伦比亚省的列治文校区在官方文件中明确规定：“小学的特殊任务是为所有学生提供机会，以发展使其拥有丰富多彩的幸福生活所需要的态度、技能和知识，并让他们能够成为我们民主社会和整个社区中积极负责的参与者”。

加拿大的中学（8～12 年级）教育注重培养学生的能力及其与社会需求的衔接。8 年级的学生一进中学就要制定自己的学习计划，包括 8～10 年级计划和 11～12 年级计划两个阶段，从而为其进入大学学习、接受职业教育或者择业做准备。一般而言，学生在 10 年级已经对今后如何进入社会做出了选择。根据每个学生的不同选择，学校提供了各类课程供学生修习，不能完成普通课程的学生还可以选修特殊课程。此外，每所学校都设有学生顾问机构，为其提供学业咨询、心理咨询、职业生涯设计等方面的帮助和服务。①

① 秦晓辉. 加拿大基础教育的特色浅探[J]. 新课程研究（上旬刊），2015（1）：8－11，7.

6.3.2 高等教育

加拿大的研究生教育依授予的学位等级分为硕士生教育和博士生教育，对应的两级学位分别为硕士学位和博士学位。

在硕士生教育阶段，加拿大的大学实行分类教学策略和弹性学制，其授予的学位类别也因此有所区别，主要分为学术型硕士学位和专业型硕士学位。其中，学术型硕士学位所依据的是“研究导向”的硕士培养计划，其培养目标在于形成博士学习或社会领导阶层所必需的研究能力、分析能力、方法论方面的能力、解释的能力和表达能力。在具体的培养方式上，学术型硕士教育又可分为“基于论文写作”和“基于课程学习”两种培养方案，充分体现了加拿大研究生教育的“因材施教”和“分类培养”。专业型硕士学位所依据的是“职业定向”的硕士学位培养计划，其培养目标在于为学生进入特定的专业或实践领域做准备，如果学生已经进入了某一专业或领域，那么就要扩展其作为专业人士或实践者的知识基础和技能。

加拿大的博士生教育侧重于学术研究和知识创新，其培养目标为引领学生迈向专业领域的学术前沿，通过原创性的研究活动，提升其自主探究和独立工作的能力、设计和执行研究项目的能力、在特定领域处理复杂问题时的判断力和创造力以及创新知识或对知识做出新的理解与诠释的能力等。虽然加拿大的博士学位也有研究型和专业型之分，但二者都要求学生能够撰写出具有原创性的高水平研究论文。其中，“研究导向”的博士学位培养计划更强调高级学位论文的原创性研究和对知识的原创性贡献，达标者将获得哲学博士学位（PhD）；“实践导向”的博士学位培养计划则具有更强的应用性，达标者将获得教育博士学位（EdD）。

研究生导师和论文导师在硕士和博士人才的培养中扮演着举足轻重的角色，其职责在于帮助学生选择适当的研究主题、规划和指导研究的进程、为学生提供特定领域的专业化训练，从而对研究生教育的质量提供了内部保障。

加拿大研究生教育的学位类型主要包括 3 种，即研究型学位、专业型学位和以促进专业发展为目的的研究型学位。

研究型学位是研究生学位中最为普遍的类型。各学科领域的硕士学位和博士学位的旨趣都在于高深的研究和学术进展。硕士学位的获得要经过课程学习以及科研项目或论文写作。博士学位的获得一般要经过课程学习以及综合考试，但主要是以论文的形式从事学术研究。一些培养计划允许学士学位获得者直接攻取哲学博士学位，还有一些项目为学生在获得硕士学位之前转向博士阶段学习提供了“捷径”。

专业型学位旨在为学生提供某一专业实践的特殊技能和必备的资质。专业型学位通常在硕士层面授予，如专业型硕士学位或应用型硕士学位。除了课程学习，实习经历也是必要的。言语障碍病理学和图书馆学是要求硕士层次训练的两个典型的专业领域。工商管理硕士（MBA）则是另一个流行的专业型学位。

以促进专业发展为目的的研究型学位主要针对已经具备专业资格证书的学生群体。他们到大学接受研究生教育是为了获得更多的专业知识或从事有关此领域的深入研究，相关专业主要包括护理、社会工作、教育、工程等。此种类型的学习和研究型学位的获得既可以是硕士层次的，也可以是博士层次的。[①]

蒙特利尔大学

魁北克大学

不列颠哥伦比亚大学

麦吉尔大学

加拿大的高等院校

6.3.3 国际教育合作

6.3.3.1 加拿大的国际教育战略

国际教育是加拿大重要的服务贸易产业，不仅为加拿大带来了直接经济收入，还有助于创造更多的就业机会。作为世界上最主要的留学目的国之一，加拿大凭

① 韩其敏，皮国萃. 加拿大研究生教育的发展脉络与未来走向[J]. 继续教育研究，2015(4)：134－137.

借国际教育吸引来的优质劳动人口提高了加拿大文化的多元性，为国家的持续发展注入了动力。

2014 年，加拿大国际贸易部发布《加拿大的国际教育战略：利用知识优势推动创新和繁荣》，清晰地表明了加拿大未来一段时期的国际教育发展战略，旨在吸引更多的海外学生赴加拿大留学，同时鼓励更多的加拿大学生赴海外学习，并加强加拿大和外国教育机构之间的联系。

该文件尤其强调国际教育在创造新的就业岗位、促进加拿大经济发展和持续繁荣等方面的重要作用，并描绘了未来的发展蓝图：到 2022 年，在保证加拿大本地学生利益的前提下，使海外留学生的人数在 2011 年的基础上翻一番，达到 45 万人以上。这可为加拿大带来至少 8.6 万个新的工作机会，使国际教育产业相关工作岗位增加到 17.3 万个；国际学生在加拿大的消费支出将增加到 161 亿加元；每年为加拿大带来的直接经济收入约为 100 亿加元；带来的财政收入约为 9.1 亿加元。

具体而言，加拿大的国际教育战略包括以下 5 项措施：

第一，聚焦重点国际教育市场，制定相应特色的市场战略。该战略指出，国际教育主要的需求方来自新兴的发展中国家。据此，加拿大将巴西、中国、印度、墨西哥、越南以及北非和中东地区等列为优先发展市场，制定出具有针对性的生源市场开拓战略并定期进行更新，将资源更多地投入到优先市场及加拿大在这些国家的使领馆。同时，加拿大也将努力维持法、英、美、德等传统生源市场。

第二，加大教育品牌营销力度，维护优质的教育品牌形象。该战略报告分析认为，作为世界级高等教育留学目的国和全球创新和研发中心，加拿大具有友好安全的环境、价廉质优的教育、丰富多彩的校园生活、尖端的科研设施、良好的移民前景等诸多优势。该报告建议加拿大与优先市场的主要合作伙伴共同制定市场营销计划，制作因地制宜的品牌营销资料，维护其作为世界高等教育引领者的形象。在营销和建立战略合作伙伴的过程中利用好加拿大的多元文化优势。

第三，扩大国际教育合作领域，深化与海外机构的教育交流。该战略致力于扩大与加拿大开展合作的外国高校和科研机构数量，并提升合作的深度与广度。加拿大政府将继续支持机构间合作，重点领域包括学生和教师的流动、联合研究、联合课程开发、联合学术与技能项目开发等。报告强调要发挥海外加拿大高校校友网络的积极作用，大力深化战略关系。

第四，发挥政府协调作用，多方合力推动战略实施。该战略强调，加拿大政府应在促进高等教育国际合作中发挥更重要的作用，充分扮演好协调和参与的角色。因此，国际教育被列入 2013 年出台的加拿大“全球市场行动计划”中的 22 个重点工作领域之一。联邦政府各相关部门之间、联邦与各省区之间及其他教育部门或机构之间将加强战略协作，以高效利用现有资源，共同推进国际教育。

第五，加大经费投入，发挥奖学金的激励作用。根据 2013 年加拿大“经济行动计划”，加拿大政府决定每年拨款 500 万加元支持国际教育战略的实施，主要用于在 6 个优先市场的推介活动；两年内投入 4 200 万加元，用于提高加拿大驻外使领馆处理签证申请的效率，以满足越来越多赴加学生的签证需求；除现有的奖学金项目外，两年内向“全球联通项目”（Mitacs Globalink）拨付 1 300 万加元以支持优秀的国际学生来加拿大学习以及加拿大学生赴海外进行培训或实习。为确保战略目标的实现，加拿大政府将根据评估方案，对国际学生人数、双边协议实施情况等进行考核，并于 2018 年开展中期评估工作。①

6.3.3.2 中加教育合作发展概况

中国是加拿大在亚太地区最大的教育合作伙伴。1970－2001 年，加拿大政府通过加拿大国际发展署共计向中加管理教育计划（CCMEP）、中加大学联系计划（CCULP）以及特殊大学联系计划（SULCUP）3 个项目投资 6 870 万加元，研究方向涉及自然科学、海洋科学、工程学、管理、法律、农业、医药、教育、少数民族文化与女性研究等。

如今，中国和加拿大的国际教育合作日益紧密，中国已成为加拿大最大的留学生来源国。中国教育部的统计数据显示，2015 年，中国出国留学生为 52.4 万人，其中赴加拿大的留学生总数的比例超过 30%。中国与全球化智库发布的《中国海归发展报告》显示，2015 年，中国的海归人数已经达到 50 万，但前往加拿大的中国留学生选择归国的人数最少。毕业后留在加拿大参加工作或创业的中国留学生将其所学知识用于加拿大的社会经济建设，为推动加拿大的经济发展作出了贡献。

加拿大与中国的高等教育交流合作方式以高校间的直接合作为主，许多高校通过 CCMEP、CCULP 和 SULCUP 计划建立了交流合作关系。由于教育并非加拿大联邦政府的管辖范畴，加拿大无法将大量的财政资金用于加拿大与中国之间的国际教育交流合作项目，但各高校也因此获得了更大的自主权。目前，中加教育合作紧密，在留学教育、学者互访、合作办学等方面取得了丰硕的成果。

中国学生赴加拿大留学概况

加拿大教育体制先进，对世界各地的学生具有很强的吸引力。中国学生前往加拿大留学主要是进入高等院校进行本科或研究生阶段的学习，也有一些有条件的家庭将尚在中小学阶段的孩子送去加拿大留学。加拿大国际教育局的统计数据

---

① 李晓述. 加拿大国际教育战略介评[J]. 科教导刊，2017（8）：5－6.

显示，中国是加拿大最大的国际学生来源国，2015 年底达 11 万余人，占加拿大国际学生的三分之一，是位居第二位的印度留学生的 3 倍。

加拿大对中国留学生的吸引力主要在于其完善的教育体制、丰富的教学资源、相对低廉的教育成本、宽松的签证政策、良好的治安环境等。中加双方的政策支持和两国教育机构间日益紧密的合作，也为中国学生前往加拿大深造创造了更好的条件。此外，加拿大对留学生移民申请的政策优惠是吸引中国学生赴加拿大留学的另一重要因素。相对于其他类别的移民申请，凡具有加拿大留学经验的学生毕业后有 3 年工作签证就可以通过经验类移民项目相对快速地申请移民身份。

中加学者互访概况

当前，中国学者主要可通过两种渠道赴加拿大访学：一是中国教育部国家留学基金管理委员会（以下简称“留基委”）的合作渠道，二是所在单位或个人合作渠道。前者指留基委等相关部门与国外留学机构合作安排学者出国，如留基委与不列颠哥伦比亚大学合作奖学金项目就是依双方签订的合作备忘录设立的，旨在联合资助中国具有较大发展潜力的优秀人才赴不列颠哥伦比亚大学作为访问学者或博士后开展 3～12 个月的研究。当前，与留基委签订备忘录并设立面向中国访问学者的合作奖学金项目的加拿大高等院校包括多伦多大学、康考迪亚大学、麦吉尔大学、不列颠哥伦比亚大学、维多利亚大学、韦仕敦大学、圭尔夫大学、卡尔加里大学、纽芬兰纪念大学、萨斯卡其旺大学、拉瓦尔大学等。

中国学者通过所在单位派出或个人合作渠道赴加拿大访学的项目包括青年骨干教师出国研修项目、地方合作项目、西部地区人才特别培养项目、艺术类人才特别培养项目、国家公派高级研究学者、访问学者与博士后项目等。这些项目的受理单位各不相同，既有留基委受理机构及“211 工程”建设高校，也有签订相关协议的省级政府教育厅，还包括各类其他单位，如新疆生产建设兵团教育局就是西部地区人才培养特别项目的受理单位之一。

加拿大学者到中国访问的项目同样广泛，既有政府支持的项目，也有独立的研究项目。例如，中加博士后赞助补贴就是专门为获得加拿大自然科学与工程研究委员会（NSERC）的博士后前往中国进行为期 1～2 年的访学而设立的，补助金额达到每年上万加元。该项目由 NSERC 与中国国家自然科学基金委员会合作建立，基础为双方于 1987 年签订并于 1995 年续签的谅解备忘录。

“中加学者交换项目”（Canada－China Scholar Exchange Program，CCSEP）是目前中加学者互访项目中影响最大、最为重要的一个。1973 年，该项目由中国教育部和加拿大外交、贸易和发展部共同签订谅解备忘录而设立，成为中加两国政府之间的重要教育合作项目。其推广活动由加拿大驻华大使馆和中国留基会共同负责。通过该项目，两国相互派遣学者进行海外研修。以中国学者前往加拿大研修为例，学者可分别获得中加双方的经费赞助。其中，奖学金、加拿大入境城市至留学目的地的食宿费用以及医疗保险费用等由加拿大政府承担，而学者的一次性往返国际旅费则由中国留基委承担。据统计，20 世纪 90 年代至 21 世纪前 10 年，共有 467 位中国学者通过 CCSEP 项目到加拿大各高等学校进行了 4～12 个月的学习与访问。根据加方统计，从 1973 年项目启动到 2016 年的 43 年中，加拿大共有超过 1 000 名学者参与了 CCSEP 项目。

中加合作办学概况

办学模式灵活是加拿大教育体制的特色之一。中国 1995 年出台的《中外合作办学暂行规定》允许中国学校和外国组织或个人合作办学；而 2003 年出台的《中外合作办学条例》则进一步细化了上述规定中的内容，提升了此类学校的法律地位，从而加速了中外合作办学的进程，为中外合作办学提供了法律基础。目前，中加合作办学已经涵盖幼儿园、中小学和高等教育等多个层面。

中加中小学合作办学以在中国境内设立海外学校为主要形式。1995 年，第一所加拿大海外学校在中国成立，不列颠哥伦比亚省成为加拿大首个允许加方在国外合作办学的省份。这些学校均为私立学校，不仅同时受到不列颠哥伦比亚省与中国的法律制约，而且采用的是不列颠哥伦比亚省的课程、学习目标和教材等，所雇用的师资也在该省获得了资格认证。此外，这些学校还须经过不列颠哥伦比亚省教育部的认证，并定期接受检查。值得注意的是，在这类学校获得高中文凭的中国学生有机会直接前往加拿大或其他英语国家就读大学，而无须参加托福等外语考试。

在高等教育领域，中加合作办学的形式大致分为两种：一是引入国外教学资源，如师资和各种信息、数据、资料等，学生在国内校方的管理下完成学业，由加拿大大学颁发学位或资格证书；二是学生在国内修习一定年限或完成大多数课程后，转入境外合作学校继续就读，获得境外大学的学位或资格证书。

此外，中加两国的大学还积极开展合作科研与合作人才培养（教师发展）项目。2004 年，中国留基委与加拿大国际管理学院合作设立“中加教育合作与人才培养项目”，为中加教育合作开拓了新的领域。2010 年，中国教育技术协会与加拿大多伦多大学安大略教育研究院主办“中加教育与技术研讨会：构建全球研究共同体”，提出了利用网络技术实现中加人员共同研究、共建“知识共同体”的新思路以及在网络技术的支持下进行教师培养与课堂教学改革等一系列建设性意见。①

① 郑春生. 加拿大国际教育交流合作研究[A]. 唐小松. 加拿大发展报告（2017）[R]. 北京：社会科学文献出版社，2017：203－223.

6.4 社会保障

6.4.1 老年保障制度

经过百余年的发展，加拿大的老年社会保障体系已较为完善，主要包括完备的老年法规制度体系、多支柱的养老金保障体系、规范的老年长期护理服务体系、广覆盖的家庭护理和社区支持体系、全方位的社会和市场参与体系等内容。

6.4.1.1 老年法规制度体系

加拿大的老年法规制度由联邦、省和市 3 级老年法案、保险、计划等组成，其法规制度设立与执行由政府的司法事务、卫生保健、社会发展、耆年事务、税务管理等部门负责。

其中，第一层是联邦或省政府的法案、规章。《加拿大政府养老金法案》《加拿大卫生法案》《加拿大卫生专款计划》《慈善组织会计法案》等构成了加拿大老年法规制度的基本框架。

第二层是省和市政府的法案和计划。加拿大的省和市政府设有各具特色的老年法规制度，如安大略省的老年法规制度有《养老院及老人院法案》《护理院法案》《安大略省医疗保险计划》《安省残障人士法案》及多伦多政府的耆老战略等，奠定了该省老年服务的基本格局。

第三层是政府部门的规划和标准。加拿大联邦政府的社会发展部、卫生部及省级政府的耆老事务厅、卫生厅等部门依据政府颁布的法案制定老年服务行动计划和标准，以促进相关法案的实施。其中影响较为广泛的有《加强医疗保健十年计划》《家庭护理：国家行动计划》《地方卫生系统一体化法案》《安大略省长期护理协会建议的行动计划》等。

6.4.1.2 养老金保障体系

加拿大的养老金保障体系由三大支柱组成：第一支柱为普享型公共养老金和相关津贴；第二支柱为收入关联型公共养老金；第三支柱为私人养老金，包括职业养老金和个人养老金。

第一支柱：普享型公共养老金和相关津贴

加拿大养老金的第一支柱包括三部分：一是老年收入保障方案（OAS），二是收入保障补贴方案，三是配偶津贴和遗属津贴。约98%的加拿大老年人口被第一支柱养老金所覆盖。

受英国《济贫法》“补缺”主导理念的影响，加拿大于1927年建立了首个收入调查式的公共养老金计划（Old Age Pension，OAP），该计划属于非缴费选择型最低养老金。第二次世界大战以后，世界范围的社会保障理念由济贫主导转变为“全面的社会保障”。《贝弗里奇报告》提出了“社会保障全面计划”，主张国家实施包括社会保险、社会援助等在内的全面社会福利政策。随着社会保障理念的转变，加拿大公共养老金制度融合了“补缺”和“普享”的福利理念。1951年，加拿大议会通过了《老年收入保障法案》（Old Age Security Act），并于次年开始实施“普享”的老年保障金计划（OAS），以替代OAP。根据OAS计划，年满70岁的加拿大居民每月可领取40美元的普享养老金。为弥补OAS的不足，加拿大通过了《老年救助法案》（Old Age Assistance Act），对65～69岁的低收入老年人提供收入调查式的老年津贴。1970年，OAS的领取年龄降至65岁，老年救助制度的历史使命就此结束。

作为加拿大老年收入保障制度的核心组成部分，OAS主要有两大特点。第一，以普享为主要原则，设定基于收入的递减机制。OAS面向全体国民设立，体现了普享原则。自1989年开始，政府开始实施一种基于收入的累进制递减机制，对高收入者间接减少OAS的发放。对于年收入超过最高限额（2017年的最高限额为121 279加元）的国民，其所得的OAS要退还一部分，退还数额为实际收入超过最高限额的15%。对于收入特别高的国民，其OAS有可能要全部退还（这种先发后退回的设计后来改为在发放时直接扣除）。但由于退回OAS的收入门槛很高，大部分人都可以领取全额OAS，OAS仍然具有很强的普享特征。第二，OAS以联邦一般税收为筹资来源，基于居住年限和年龄向国民发放。获得OAS的最低条件为18岁以后在加拿大居住满10年，居住每满一年可领取OAS全额的2.5%，居住满40年可获得全额OAS。OAS的标准领取年龄是65周岁，65岁以后每推迟领取一年，养老金可增加7.2%，最迟领取年龄是70岁。为保证养老金领取者的生活水平不因物价上涨而下降，OAS与物价关联，每个季度根据CPI变动进行一次调整。2017年第3季度，个人每月最高可领取的OAS为583.74加元。

受自由主义福利思想的影响，OAS计划提供的养老金水平非常低。为了防止老年贫困，加拿大政府于1961年出台了收入保障补贴计划（Guaranteed Income Supplement，GIS）。GIS是向领取OAS的低收入老年人额外发放的具有救助性质的养老金，发放数额取决于其家庭（婚姻）状况和收入水平，并与物价挂钩，不能推迟领取。GIS 的最初目标是在收入关联的公共养老金（Canada Pension Plan，CPP）制度成熟前弥补 OAS 的不足，以确保所有加拿大老年人都能通过 OAS 和 GIS 获得最低收入保障。GIS 虽然原本被设计为一项临时制度，但一直延续至今，对缓解加拿大老年贫困发挥了重要作用。根据改革的最新进展，自 2023 年 4 月起，可领取 OAS 和 GIS 的最低年龄将在 6 年间从 65 岁提高到 67 岁。2017 年 4－6 月，单身者可领取的 GIS 最高可达 864 美元。除 OAS 和 GIS 以外，加拿大政府还向 60～64 岁的低收入者提供基于“补缺”理念的配偶津贴和遗属津贴。其中，配偶津贴的发放以配偶达到 65 岁为基本条件，遗属津贴的发放以配偶去世且本人没有新配偶为基本条件。2017 年第 3 季度，加拿大配偶津贴和遗属津贴的最高发放额分别为 1 109 美元和 1 321 美元。

第二支柱：收入关联型公共养老金

由于自愿性私人养老金的覆盖面有限，OAS 计划提供的养老金水平又比较低，加拿大于 1961 年引入了一项收入关联的公共养老金计划（CPP），该计划面向年满 18 周岁的雇员和自雇者，具有强制性，目标替代率（即劳动者退休时的养老金领取水平与退休前工资收入水平之间的比率）上限是个人调整后月工资的 25%。设置相对较低的目标替代率与加拿大自由主义福利体制的特征相吻合，即主张公共养老金的发展不能挤占私人养老金的发展空间。

CPP 主要包括 6 方面的内容：（1）保障内容。除提供养老金以外，CPP 还提供残疾收入保障、死亡津贴和遗属保障。（2）缴费率。2017 年，CPP 的缴费率为 9.9%，由雇员和雇主分担，自雇者需承担全部缴费。（3）缴费基数。CPP 的缴费基数下限为固定值，1998 年至 2017 年始终保持在 3 500 美元的水平。2017 年的缴费基数上限为 55 300 美元，与社会平均工资比较接近。（4）缴费年限。领取全额 CPP 养老金的缴费年限为 39 年，最低缴费年限为 1 年。（5）领取养老金的年龄。领取 CPP 养老金的标准年龄为 65 岁，最早可以从 60 岁开始领取，若提前领取则养老金数额将被扣除一定的比例。加拿大鼓励推迟领取养老金，每延迟一年领取，养老金将增加 8.4%，最迟领取养老金的年龄不得超过 70 岁。（6）养老金的调整。CPP 将根据物价指数进行年度调整。2017 年 3 月后新退休人员平均每月的收入关联养老金为 644 加元。

1997 年，加拿大政府对 CPP 进行了重大改革，在现收现付制的基本框架下加入了预先积累因素，逐步小幅提高费率，以维持制度的财务可持续性。提高的费率中超过现收现付制所需而形成的结余部分成为公共养老储备基金，由专门成立的加拿大养老金计划投资管理局按照信托原则独立运作，由专业人士进行市场化多元投资。投资遵循长期收益最大化、规避过度损失风险的原则，业绩优良。截至 2017 年 6 月 30 日，加拿大 CPP 基金资产总计 3 265 亿加元，近 10 年的累积净收入为 1 511 亿美元，年均回报率为 6.9%。此次改革具有前瞻性，妥善解决了代际公平和制度可持续之间的冲突。

概括而言，CPP 以缴费为前提，具有强制性，覆盖就业群体，养老金与收入关联，遵循精算平衡原则，主要制度目标是实现低水平的收入替代和缓解贫困，而不是收入再分配。

第三支柱：私人养老金

加拿大养老金的第三支柱由自愿性私人养老金构成，其中最主要的两项是职业养老金（Pooled Registered Pension Plan，PRPP）和个人养老金。2015 年，基金积累型私人养老金的规模达到了加拿大 GDP 的 157%，在 OECD 国家中仅次于丹麦、荷兰和冰岛。

职业养老金由雇主选择保险公司投保，政府予以税收优惠。为了防止雇主和雇员利用保险进行逃税，加拿大联邦税务局规定雇主和雇员缴费之和不得超过雇员工资的 18%，且每年规定一个最高限额。职业养老金的类型多种多样，就供款主体而言，有的完全由雇主缴费（约 12%），有的由雇主和雇员双方缴费（约 88%）；就待遇确定而言，包括待遇确定型（DB）、缴费确定型（DC）和混合模式。在 DB 模式下，养老金数额根据以收入记录和参保年限为基础的公式计算而得（有的根据退休前数年的平均收入为基础计算，有的根据全部职业生涯的平均收入为基础计算）。该模式由雇主管理，雇员参与投资决策，以鼓励雇员稳定就业以实现未来养老金收益最大化，雇主承担所有缴费的投资风险以保证雇员退休金的未来价值。在 DC 模式下，投资风险落到雇员身上，由雇员决定缴费数量以及投资选择。1998－2015 年，职业养老金的参保人数有所增加，但覆盖率略有下降，在全体雇员中的覆盖率从 40.6%下降到 37.8%，其中男性雇员的覆盖率下降了 5.7%，而女性雇员的覆盖率基本与往年持平。职业养老金的覆盖率与学历、任职年限、员工人数、就业部门等因素相关。一般而言，高学历者覆盖率更高，在受雇单一雇主的任职年限越长覆盖率越高，年龄越大覆盖率越高，员工人数越多的单位覆盖率越高。就行业而言，公共管理部门、健康服务和社会援助部门、金融保险和地产部门的覆盖率较高，而建筑业、信息和文化服务业、批发零售业和餐饮住宿服务业的覆盖率较低。2016 年，职业养老金的参保人数为 626.2 万人，其中 52%的参保者在公共部门就业，48%的参保者在私人部门就业；67%的参保者参加了 DB 计划，18%的参保者参加了 DC 计划。2015 年，个人储蓄养老计划缴费人数为 599 万人，平均每人缴费额为 6 542 加元。

个人储蓄养老计划主要覆盖中高收入人群，个人缴费可以在年收入的18%范围内免税。该计划诞生于1957年，最初是给自雇者提供的有税收优惠的个人储蓄渠道，与职业养老金并行，但实际上包括已经参加了职业养老金的所有雇员都可以参加该计划。20世纪90年代，个人储蓄养老计划的参保人数增加了三分之一，其原因在于政府鼓励参保的税收优惠超过了OAS的一般性支出。为了扩大私人养老金的覆盖面，加拿大2012年引入了新的雇主养老金计划PRPP，旨在为退休者提供一个低成本、可转移、有可及性的储蓄工具。此方案由联邦政府提出，需地方政府通过后才能实施。该计划属于缴费确定型计划，以自动注册方式加入，雇员和自雇者有权利选择退出。其目标人群是有至少两年连续就业记录的全职和兼职雇员，费用由雇主和雇员双方承担。为鼓励持续参保，该计划允许一些人在特殊情况下（如残疾、移民等）提前领取养老金。①

6.4.1.3 老年长期护理服务体系

长期护理指为因患慢性疾病和残疾而不能自理的病人提供的医疗和非医疗服务。加拿大的老年长期护理服务体系具有以下特点：

一是护理对象明确。例如，在安大略省，需要长期护理服务的老人由社区护理服务中心评估确定，入住长期护理院的老人一般有重度肢体或认知能力问题，家人或护理人员在家里或退休公寓里提供的护理无法满足其需求。据统计，2010年入住长期护理机构的患者有63%患有阿兹海默症，2016年入住长期护理机构的患者有90%的认知受损，其中三分之一的患者认知障碍程度较深。

二是护理服务到位。加拿大的长期护理服务分为24小时监督护理服务、专业健康服务、个人护理服务3种类型，为老人提供全面的住宿、餐饮、洗衣和管家等服务。长期护理机构分为护理院、个人护理机构、持续护理机构等。从事长期护理服务的人员以各类护工为主，并包括注册护士、有处方权的护士和治疗师等专业医护人员。2012年，加拿大1 360家护理机构雇用了12.6万名护工，其提供的健康服务占总工时的73%。

三是机构管理规范。加拿大省级卫生和长期护理厅负责长期护理机构的认定和管理工作，每年对长期护理机构进行不定期检查，督促护理机构落实《长期护理法案》提出的相关要求，以提升护理机构的管理服务水平。2016年，安大略省卫生和长期护理厅对过去5年的护理机构检查情况进行了统计并予以公示，结果显示长期护理患者对服务的满意率较高。截至2015年底，安大略省有注册审批合

① 王雯，黄万丁．加拿大多支柱老年收入保障体系的评价及启示[J]．中州学刊，2017（12）：77－83．

格的长期护理院627所，有76 982张床位为长期护理患者提供护理和住宿服务，另有708张床位为患者提供短期护理服务，有362张床位为患者提供7天24小时喘息服务。但加拿大的长期护理院床位存在供需失衡问题。截至2015年12月，安大略省长期护理患者等待人数为26 495人，入住护理院平均等待时间为103天。40%的护理院规模较小，43%的护理院位于居家护理或退休公寓有限的农村社区，其中有约300个较老的护理院需要重新建设。

6.4.1.4 家庭护理和社区支持体系

进入21世纪以来，加拿大经济发展减缓，卫生保健费用大幅攀升，导致其社会福利制度面临严峻挑战。加拿大对其医疗、保健模式进行改革，倡导家庭护理服务，以减少老人入住医院和长期护理机构的时间，提出了养老服务“去机构化”的发展方向。加拿大的家庭护理和社区支持体系具有以下特点：

一是家庭护理目标清晰。《加拿大卫生法案》规定家庭护理是扩展医疗服务类别的一个要素，其目标是通过家庭和社区服务帮助老人在家里而非医院或长期护理机构中接受护理，并独立在社区中生活。

二是家庭护理职责清晰。家庭护理是指对留在家中的特殊老人或阿兹海默症症、慢性病、术后恢复或残疾人提供护理服务。家庭护理服务项目主要包括：个人护理，如帮助洗澡、洗头或穿衣等；家政服务，如保洁、家务、烹饪送餐及洗衣等；保健服务，即由专业康复师或保健助手上门提供护理服务。

三是家庭护理供给侧清晰。加拿大的家庭护理服务由当地卫生一体化网络负责组织制定计划和开展护理服务。例如，安大略省成立了14个社区护理接入中心，负责评估和接受家庭护理服务申请，确定护理类型和选派护理服务组织。凡符合安大略省家庭护理资格标准者，都可以向卫生和长期护理部提出家庭护理申请，社区护理接入中心将对申请者进行评估，以确定提供家庭护理服务种类和小时数。家庭护理成本低是护理服务“去机构化”的主要动力，统计显示，医院床位、长期护理院床位和家庭护理一天的成本分别是824加元、126加元和42加元，家庭护理费用仅为住院费用的5.1%。

四是家庭护理与家庭保健的界定清晰。家庭护理与家庭保健都属于家庭服务范畴，都是政府购买服务，二者的差别主要在于服务内容。家庭护理主要包括帮助活动、上下床、进出沐浴，洗漱、洗澡或穿衣，帮助外出办事或做家务，陪伴服务，提醒用药和帮助做饭等内容；家庭保健主要包括康复护理、家庭物理治疗、疼痛管理、伤口护理、处方管理等内容。此外，提供这两类服务的机构性质不同，提供家庭护理服务的机构没有专业要求，而提供家庭保健服务的机构应当具备卫生机构、医院等医疗资质，由执业护士、治疗师或家庭健康助手提供服务。

五是志愿服务与社区支持协同关系清晰。志愿服务是加拿大文化的重要组成部分，志愿服务人员的教育程度较高。2013 年，参与志愿服务的 15 岁以上加拿大人口约为 1 270 万，在该人群的占比达到 44%。志愿服务领域主要包括慈善和非营利机构、医疗卫生机构、辅助服务和陪伴等。此外，社区支持主要包括帮助老年人参与就业，提倡老人终身学习，让老人的知识和能力服务于社会；鼓励各类社会组织开展社区服务，为老人提供社交、健身和健康指导，提供交通服务等；开展更多的社会福利服务，如心理咨询、老年文化艺术、瑜伽课程、预防跌倒等活动。

6.4.1.5 社会和市场参与体系

慈善捐赠和善款募集是加拿大老年福利资金筹集的重要渠道，对养老服务业的发展具有巨大的促进作用。例如，成立于 1918 年的多伦多贝克莱斯特养老院有 20%的资产源于社会组织和慈善机构的捐赠。据统计，加拿大 2001 年、2014 年、2016 年的慈善捐赠额分别为 140 亿加元、240 亿加元、272 亿加元。

此外，加拿大充分运用市场机制，为老年人提供多样化的服务。例如，创办于 1961 年的 Revere 公司在加拿大和美国的部分地区管理着约 500 家社区，有近 4 500 名员工通过 Revere 的退休社区、长期护理院和护理康复中心为超过 50 000 人提供家庭健康服务。Revere 公司于 2002 年在渥太华投资建设布鲁耶老人村，提供护理院床位 706 张、独立单间 227 个，有服务专职团队 1 402 人、义工 840 人、医生 82 人。老人村服务大厅设置了社会捐赠物品专区，物品销售所得归老年社区所有。[①]

位于维多利业岛的麋鹿湖养老院

① 王建武. 加拿大老年保障制度对我国应对老龄化社会的启示[J]. 中国社会工作，2018（5）：54－57.

位于维多利亚岛的麋鹿湖养老院（续）

6.4.2 医疗保障制度

加拿大基本医疗卫生服务供给充分且质量较高，其体制机制完善、标准体系成熟，业已形成覆盖公共部门、医疗卫生服务机构、从业人员、服务质量等内容的、完整的标准体系。

6.4.2.1 卫生法统领医疗卫生事业

1984年，加拿大通过了《加拿大卫生法案》（Canada Health Act）。这是加拿大医疗卫生服务事业的基石，为加拿大永久居民或公民享受全民免费医疗提供了法律依据，为加拿大的医疗卫生服务提供了统一标准。加拿大的医疗卫生制度以公费医疗为主，即由政府出资、由私营医院医生提供医护服务。这种制度的特点是在全国10个省和3个地区实行一整套相互挂钩的全民医疗保险计划。具体而言，它由公众（政府）出资，由私人经营；从普通税收中拨款建立；统一由省级政府进行管理，免费提供医疗服务给加拿大所有公民和永居者；所有加拿大的居民不分种族、病史、收入、生活水平，都统一享受相同的医疗服务。加拿大医疗卫生服务系统中的各部分都必须符合《加拿大卫生法案》规定的5项标准：

一是医疗卫生管理系统的公共性。各省医疗系统必须由非营利性的公共机构管理并接受审计。因此，各省区政府卫生部门便成为医疗卫生服务系统的管理单位；

二是医疗保健项目的全面性。体系必须包含全部的医疗服务，包括综合医院、家庭医生、牙医等；

三是覆盖人群的普适性。全体居民（包括加拿大公民、永久居民，以及持有特定的居留身份的非永久性居民）都有享受此医疗卫生服务系统的权利，并都能享有相应的医疗服务，必须被给予公平注册医疗体系的权力；

四是医疗卫生系统使用的无障碍性。包括自然和社会两方面对公民就医有影响的因素，任何公民都不会因种族、经济、身体健康或地域等原因，在接受医疗卫生服务时受到制约，搬至其他省份的居民必须被目标省份医疗体系所保障，旅游至其他省份的居民享有随时使用急诊的权利；

五是系统使用权的通用性。鉴于国家体制的联邦性，各省区拥有各自系统的管理权，但各省区的保障体系是通用的，各省的医疗保障项目应包括省内居民临时在其他省就医所获得的卫生保健服务，各省的医疗体系必须提供可便捷使用的终端，这些家庭医生、手术大夫、牙医必须被给予合理的报酬。

6.4.2.2 分层管理体系及相关标准

加拿大医疗卫生服务体系主要包括医疗卫生就诊服务体系和医疗卫生监管体系。其中，就诊服务包括三级体系：

第一级是初级医疗卫生服务，这是医疗卫生服务体系的“守门人”，也是居民直接联系对象，是病人进入医院或专科门诊的控制点，主要由全科/家庭医生及其诊所组成，绝大部分是个体经营，具备很高的自由度，薪水与其名下注册居民的数量和工作量直接挂钩，居民可自由选择自己的家庭医生，本类其他从业者还包括牙医、护士、药剂师；

第二级是二级/公共医疗卫生服务，是加拿大医疗体系的重要组成部分，提供全面深入的医疗服务，也是家庭医疗服务的协助或直接提供者；

第三级是专业/补充医疗卫生服务，这级拥有向其他研究机构、专科医生或医院推荐病人的权利，其中许多专科医生也是个体经营，并可以在医院挂职和接受病人预约。

加拿大医疗卫生监管体系也实行分层管理并制定相应的标准。加拿大医疗卫生监管体系分三个层次：

第一个层次是联邦政府对各省、地区执行《加拿大卫生法案》情况及保健经费使用情况的监管。联邦政府的职责是制定一套全国性医疗卫生原则或标准（即《加拿大卫生法案》），并通过加拿大医疗转账基金向各省医疗卫生事业提供资金。经济欠发达省份还可以通过平衡拨款从联邦政府获得医疗卫生经费。另外，加拿大的3个地区可以通过地区特殊资金从联邦政府获得支持，协助其向区内居民提供包括卫生服务在内的公共服务。此外，联邦政府还要依宪法规定履行为几类特殊民众提供医疗保健服务的职责，比如退伍军人、在居留地生活的加拿大原住民、现役军人、联邦监狱的在押人员以及加拿大皇家骑警等。

第二个层次是各省政府对省内医院及其他有关卫生机构保健经费使用效益及卫生服务质量的监管。根据加拿大宪法，医疗保健工作主要由省、地区政府管辖。各省、地区除了与联邦政府一起资助医疗保健工作外，主要负责管理和实施本省或地区的各项医疗保健工作，包括医院、私人医生和专科医生提供的各种医护服务以及专科辅助性医疗服务（占省或地区医疗总开支的63%）。

有些省与地区政府还负责提供《加拿大卫生法案》规定范围外的补充医疗服务（如处方药品、家庭护理、医学仪器和设备等），但其所占医疗总开支的比例相对不大（如药物开支仅占省或地区医疗总开支的8%左右）。

市政府的主要职责是有选择性地对公共医疗卫生机构、地面急救车提供资助与服务，并拥有和管理老人之家。市政府与省、地区政府分别为地面急救车服务提供50%的资助。

第三个层次是医院对医生服务质量的监管。加拿大建立了一整套完备的考评和监测体系，对医疗卫生从业人员进行评价。医生就业证书由医师协会负责发放，医生获得从业证书后，就可从事相关的医疗卫生服务工作。医师协会具有认证、教育调查、纪律处分、处理与患者的关系等多项功能。各省护士必须在其所在省份的护士协会注册，护士协会依据护士工种的分类制定职业标准。护士协会与雇主、教育机构和政府合作，确保护士提高护理质量，保证消费者的权益。加拿大还有一套完善的医疗卫生行业服务信用评估体系和医院经费使用效益评估体系，并由第三方（非营利性组织、研究机构等）对医院进行衡量和排名。[①]

6.4.3 失业保障制度

加拿大失业保障制度经历了由失业保险制度向就业保险制度的转变。

1940 年，加拿大政府颁布《失业保险法案》，但该法案并未覆盖所有人群，

---

① 张青. 加拿大基本医疗卫生服务的体制、标准及其启示［J］. 中国质量万里行，2016（9）：54－55.

农林牧渔业工人以及大多数国营行业从业者（如护士、教师等）被排除在外。1945年，联邦政府以《加拿大社会保障报告》为蓝本，开始增加社会保障投入。1946－1954年间，失业保险计划经过6次改革，覆盖范围逐步扩大。1955年，新的失业保险法案出台，最长给付期从51周减少到36周，覆盖范围扩大到75%。1965年，联邦政府以免除省税收的方式换取省政府对失业救济和相关福利的全部责任。1966年，《失业救济法案》的大部分内容被《加拿大救助计划》（Canada Assistance Plan）所包含。

1970年，修订后的《失业保险法案》取代了1955年立法，覆盖范围扩大到96%的公民，处于18岁至65岁工作年龄的加拿大公民都可以享受失业保险。新法案取消了参保的收入上限，津贴率也增加到了参保人平均收入的三分之二，并自动按指数化工资率进行调整，津贴发放期限不仅取决于参保时间，还取决于国家和地方的失业率。此外，1971年出台的政策规定，当全国失业率低于4%时，由雇主和雇员负担失业保险津贴的全部成本（包括固定津贴和新增加的津贴）；但当失业率高于4%时，联邦政府必须承担固定失业保险津贴。该法案进一步放宽领取失业补贴的资格条件，从而扩大了失业保险计划的覆盖范围，并通过提高补贴金额，增强了该计划的适用性。

此后，联邦政府相继出台了8个有关《失业保险法案》的修正案，其中的显著变化包括失业保险工资替代率的下降和资格条件的收紧。具体而言，1976年的C－69法案把因无正当理由失业、自愿失业等导致被取消失业保险资格的期限从3周增加到6周，把投保最高年龄从70岁降低到65岁，把重复申领失业保险者的所得替代率从75%降低到66.67%。1977年的C－27法案确立了以变动性区域失业率作为计算给付额度的依据，1979年的C－14法案在保险资格中规定一周最低工作时数不得少于15个小时，把所得替代率降低到60%，对初入职场者与再就业者的领取申请进行限制，针对高收入者回收部分失业给付。1990年的C－21法案把惩罚期（因无正当理由失业、不当行为被解雇或拒绝接受合适工作导致失业保险领取资格暂时被取消的时间）从6周延长到12周。而1993年的C－113法案则取消了无正当理由失业者的失业保险资格，进一步把所得替代率降低到57%。1994年的C－17法案根据申领者的收入状况区别决定所得替代率，一般申领者所得替代率降至55%，低收入者的所得替代率则升至60%。

20世纪90年代初期，加拿大的经济经历了一次严重的衰退。加拿大的失业率居高不下，劳动参与率大幅下降，失业保险常年处于赤字状态。在此背景下，加拿大政府试图通过制度调整减少失业保险基金的支出。

1996年，加拿大政府对《失业保险法案》进行了修订，并将其更名为《就业保险法案》。改革的主要措施包括：第一，严格区分频繁申请者和非频繁申请者；第二，领取失业保险金的资格标准由周标准改为小时标准；第三，更加注重帮助临时失业的劳动者重新就业；第四，降低失业津贴标准；第五，降低失业保险的报销费比例；第六，延长就业保险金领取的最低工作时间，缩短领取的最长期限；第七，将覆盖范围扩大至公共部门。①

此后，加拿大不断调整和完善就业保险制度的具体规定，较为突出的变化有：2002年修改了有关获得生育给付、怀孕给付、疾病给付和同情照顾给付等特别给付待遇的规定，对被保险人因遭遇特殊情形而中断工作时进行援助；2006年修改了新就业者和再就业者领取失业保险的资格条件（从已投保工作910小时降低到840小时），同时规定加拿大就业保险委员会可根据收支平衡等情况动态调整就业保险税率；2008年创建了加拿大就业保险融资局来管理就业保险账户，确保就业保险基金收入。2009年自雇者平等法案将就业保险中的特殊给付（产假、育儿假、疾病和同情保健福利）延伸到自雇者。②

为积极推动劳动力市场的发展，《就业保险法》亦涵盖了以劳动力计划和辅助支持服务为主的项目计划，其中劳动力计划包括专项工资拨款、专项收入补助、自主创业计划、职业创造合作计划和技能发展计划等，辅助支持服务包括就业援助服务、劳动力市场合作服务及原住民人力资源发展战略等计划（参见表6-6）。

表6-6　加拿大就业保险制度的配套措施

类别	计划名称	主要内容
劳动力计划	专项工资拨款	主要通过补贴雇主为失业者创造工作机会，增加就业，这项拨款将为愿意雇用投保失业者的雇主提供工资补助。
	专项收入补助	为鼓励就业保险投保者设立，尤其是旨在鼓励长期失业者接受低工资的工作，操作方式是临时提高低收入工作的工资。
	自主创业计划	为符合就业保险资格条件的劳动者提供经济援助以及业务规划建议，帮助其自主创业。
	职业创造合伙计划	以社区为中心，为社区及当地就业机会的创造提供资助，使计划参与者有机会获得工作经验，并实现持续就业。
	技能发展计划	主要以提供经济援助的方式，通过再培训和学徒培训，指导并帮助参与该计划的劳动者获得相关就业技能。

① 赵忠，王水连，马哲. 加拿大失业保障政策的变迁、现状及影响[J]. 教学与研究，2015（1）：35-44.
② 谭金可. 从失业保险转向就业保险的加拿大经验与启示[J]. 财经问题研究，2016（3）：80-86.

续表

类别	计划名称	主要内容
辅助支持服务	就业援助服务	包括提供咨询及工作查询服务，设立求职俱乐部，提供专业的工作定位指导以及劳动市场相关信息。
	劳动力市场合作服务	为各类劳动市场的合作提供资金支持，旨在促使相关各方自发调整产业内或者行业内的劳动力市场。
	原住民人力资源发展战略	包括一系列与原住民机构签订的协议，允许他们自行制定并实施各种就业计划和服务。

资料来源：赵忠，王水连，马哲. 加拿大失业保障政策的变迁、现状及影响[J]. 教学与研究，2015（1）：35－44.

6.5 文化特征：多元文化主义

加拿大是一个由不同时期来自世界各地的移民组成的多种族国家，其移民主要包括 3 种类型：一是从加拿大自治领建立到 20 世纪初，自由迁入加拿大的法国、英国和美国移民；二是第一次世界大战到第二次世界大战期间，主要来自中欧和东南欧的移民，其中包括大量的犹太难民；三是第二次世界大战后，蜂拥而至的来自拉丁美洲、亚洲、非洲的移民。

居于主导地位的民族和其他各民族在经济利益、政治权益、语言文字、文化传统、风俗习惯、宗教信仰、民族心理、价值观念等方面的摩擦和冲突主要表现在 3 个方面。一是居于主导地位的英裔加拿大人与土著民族（印第安人和因纽特人）之间基于“第一民族”的矛盾。英裔和法裔加拿大人以其在开国建设中的特殊地位而自诩为加拿大的“第一民族”，而作为北美大陆最早的居民和主人的印第安人和因纽特人则坚称他们才有资格被称为“第一民族”，二者之间的矛盾主要集中在土地以及相应的权力问题上。二是英裔加拿大人与法裔加拿大人之间基于“建国民族”的矛盾。法裔加拿大人认为，虽然英、法两大民族均为建国民族，但由于加拿大推行的是英式政治制度，排挤甚至剥夺了他们的特权，所以在政治、经济和文化地位上，法裔民族和英裔民族并不平等。二者之间的矛盾由来已久，特别是法裔民族社会中历来存在的民族主义和地方主义的传统，使得英裔和法裔加拿大人之间的矛盾到目前为止仍是加拿大民族矛盾链条上最难解的结；三是主要民族与非主要民族之间基于“主流文化”的矛盾。自加拿大建国以来，英法文化一直充当着加拿大主流文化的角色，非主流文化被迫成为主流文化的附庸，得不到应有的尊重和相应的地位。随着非英法移民数量的不断增多，人口政治素质的提高和经济实力的增强，他们强烈要求打破主流文化一统天下的格局，以争得各自语言文化应有的地位。①

加拿大的文化政策经历了从"盎格鲁遵从""二元化""熔炉"同化政策到"多元文化主义"政策的演进。1988年，加拿大正式出台《加拿大多元文化主义法》，是世界上第一个以法律形式确认其实行多元文化主义的国家。

6.5.1 同化政策的历史演变

早在1604年，法国人就在今加拿大圣劳伦斯河沿岸的魁北克地区以及芬迪湾之间安营扎寨。1608年，探险家萨缪尔·德·尚普兰中校向圣劳伦斯河谷进发，并在抵达魁北克之后建立了永久定居点。在尚普兰的积极推动下，法国殖民者正式建立新法兰西殖民地，尚普兰本人也成为该殖民地的统治者。17世纪初至18世纪中叶，新法兰西无疑推行的是法兰西化的统治。但在经历了英法"七年战争"（1756－1763）后，法兰西帝国被大不列颠帝国所取代。法国的失利也使其丢失了北美的部分海外殖民地，新法兰西被划归大英帝国。在英国殖民者的统治下，新法兰西与法国本土的政治关联中断了，联系新、旧法兰西的经济纽带也中断了。但在文化上，这种中断还不明朗。首先，在宗教方面，信奉天主教的新法兰西人与法国国王有着千丝万缕的联系，主教仍由法国国王任命，法律和宗教还是采用典型的法国模式。其次，在司法方面，新法兰西仍然采用法国法律，《巴黎习惯法》仍规定了契约、义务和财产保护。最后，在社区生活方面，新法兰西的世俗文化仍来自巴黎，法语出版物仍一枝独秀。如此，如何"去法兰西化"而实现"盎格鲁遵从"成为新法兰西的英国殖民者必须面对的棘手问题。

"盎格鲁遵从"思潮起源于17世纪，该理论最大的试验场在北美。北美最早且最多的定居者是英国人，他们在北美的成功使其相信盎格鲁－撒克逊民族是世界上最伟大的民族。特别是在美国独立战争前后，盎格鲁民族大都占据了地方政府和此后联邦政府的要职，并在政治、经济和文化领域显示出民族优势，毫无争议地成为美国殖民和建国时期的核心民族。因此，当英国人占领新法兰西后，"盎格鲁遵从"便成为其统治新法兰西、建立"一致性"社会的首要理论工具。然而，在这片受法兰西文化熏陶达一个半世纪之久的土地，"盎格鲁遵从"从一开始就预

① 胡敬萍. 加拿大民族政策的演进及其启示[J]. 广西民族研究，2003（1）：7－11.

示了其失败的景象。

与“盎格鲁遵从”相对，“法兰西化”是加拿大自被发现之日到英法“七年战争”前后的主流思潮，也是指导新法兰西殖民地建设的理论指导工具。在法国殖民者独占新法兰西的150多年间，法国殖民者按照其母国的政治制度、法律、宗教、《巴黎习惯法》以及世俗文化模式建设和发展新法兰西。随着时间的推移，法兰西文化深深地沉淀在这片土地上，而法语作为法国文化的载体，不仅承载着法国文化，也成为“盎格鲁遵从”无法逾越的一道语言和文化屏障。同时，在这个先有社会后有政府的魁北克地区，宗教长期以来一直是人们重要的情感归属和连接人与人之间的纽带，新法兰西90%的人口信奉天主教的事实使“盎格鲁化”更加难以推进。因此，民众认同基础的缺失，使新法兰西难以成为一个遵从英国政治制度、法律、语言和宗教信仰的“一致性”社会。当“盎格鲁遵从”同化政策在新法兰西地区无法实现其在美国早期社会的功效时，“二元社会”思潮便成为英国殖民统治者和法国臣民共建上、下加拿大的诉求。

“二元化”主张在统一的国家制度下使英、法两种文化都得到适当的体现，英裔和法裔两大族群享有同等机会保留和传播自己的文化。1774年，英国殖民统治者颁布了《魁北克法案》，该法案对法裔加拿大居民采取了宽容政策，承认罗马天主教会的存在胜过没有任何教会，取消了在魁北克实行英国代议制和英国法律的计划，规定在该省并行英国刑法和法国民法，法语和英语同是官方语言，并保障法国人的天主教会不被英国统治者的新教徒教会所替代。《魁北克法案》的颁布为加拿大实行二元社会奠定了基础。

在加拿大自治领建立之前，英法两大族群经历了近百年的谈判，法裔族群不断发动起义，最终促使英裔统治者在1867年加拿大建国宪法《英属北美法案》中明确规定：英、法双语在联邦议会和魁北克省立法机构通行；用英、法两种文字笔录议会文件；英法双语在联邦和魁北克法院通行。该法案以法律形式正式确认代表盎格鲁和法兰西文化的英、法两种语言为加拿大自治领的通行语言，这无疑是为加拿大英法二元社会结构模式的奠定提供了法律保障。

在加拿大自治领时期，“熔炉”同化理论也曾一度从美国传至加拿大，但保守的英裔和法裔加拿大人均不愿意在此“熔炉”中形成一个“新人”，从而完全丧失本民族引以为傲的优秀文化传统和民族特质。因此，“熔炉论”在遭到加拿大两大建国民族的强烈抵制后，又悄然回到了美国故乡。

6.5.2 多元文化政策的确立

加拿大多元文化主义的确立经历了奠基阶段（20世纪40年代至1971年）、

发展阶段（1971－1982年）和制度化阶段（1982年至21世纪）。在各方族裔力量的博弈下，加拿大最终到达了多元文化的彼岸。

加拿大于1867年建国，成为除外交权归属大英帝国的自治领国家。1885年太平洋铁路建成通车和1936年加拿大广播公司的成立，在地域和空间上将加拿大的东、西部连成一体。进入20世纪，经历了“盎格鲁遵从”“二元论”和“熔炉理论”的理论思辨和实践检验后，加拿大政府在面对大量来自东南欧和亚洲的移民时，依据当时的社会经济发展实情和移民的经济状况，明智地搁置了用同化理论塑造加拿大的想法。从20世纪初到二战后，加拿大的社会发展始终在英法两大族裔主导下的英法双语和双文化社会架构下向前推进，直至加拿大“中等国家”身份的确定，为加拿大建立有别于美国式“熔炉社会”的多元文化社会提供了思想上的准备。

20世纪60年代，席卷欧洲和美国的文化多元思潮随“反主流文化”运动正式从学术界的论争中走向欧美社会。在美国，西班牙裔移民的“奇卡诺运动”、黑人的“民权运动”与“反战运动”“妇女运动”和“反主流文化运动”交替上演，共同演绎了一场“平权运动”。弱势族裔群体在美国爆发的“民权运动”和“族裔认同”行动也迅速传播到其邻国加拿大，激发了加拿大少数族裔群体对平等权利的诉求。一是魁北克人的“平静革命”，这场运动在1970年“十月危机”中达到顶峰。二是原住民的自治诉求，两百年的托管制度造成了原住民贫民窟的聚集，他们仍然按照18世纪的标准和做法被统治着，生活水平远低于其白人同胞。三是于19世纪末、20世纪初进入加拿大的非英、法裔人的第三、四代对“我是谁”的追问，使“族裔认同”问题成为加拿大文化的中心命题，把加拿大带入了“多元文化主义”大辩论的时代。

在政府层面，皮尔逊政府早在1963年就设立了“双语和双文化皇家委员会”（以下简称“BB委员会”），其职责是调查和报告加拿大双语和双文化生存现状以及与联邦的关系，并对文化政策建言建策。1965年，该委员会提交了最初的报告，对加拿大各行各业的双语和双文化的历史及现状做了细致的调查和研究。该报告建议在加拿大全面实现“双语制和二元文化”，但却遭到非英、法裔（包括部分法裔）加拿大人的坚决抵制，反对将他们作为二等公民来看待。1968年，由加拿大各族裔集团组成的“民间艺术理事会”在多伦多召开会议，要求政府接受多元文化主义，这是非英、法各族裔人民正式公开要求政府实行多元文化政策。面对日益增多的外来移民和少数族裔团体，在皮埃尔·特鲁多总理的要求下，BB委员会对加拿大少数族裔（包括新移民）的语言和文化结构做了详细的田野调查。1970年，BB委员会在其1967－1970年系列卷宗报告中用很大的篇幅叙述了其他少数族裔团体对加拿大政治、经济、文化艺术、语言等方面的贡献，并对比给予了积极肯定。报告明确指出，加拿大不再只是英国和法国两大族裔构成的社会，建议加拿大在语言和文化政策方面实行全面的改革，并对双语政策提出了 5 项改革建议。

面对“平静革命”中魁北克分离主义的崛起以及原住民和其他族裔对联邦政策的不满，特鲁多政府决定采纳 BB 委员会有关采用英语和法语同为加拿大官方语言的建议，以“怀柔”方式争取魁北克中间力量，巩固联邦。在特鲁多的推动下，联邦政府于 1969 年出台《官方语言法》，规定法语和英语同为加拿大官方语言，在议会和政府各机构里具有同等的地位。这是加拿大第一次从法律上赋予法语与英语同等地位。此法缓和了魁北克法裔民族的情绪，对魁北克省内温和派的政治立场产生了积极的影响，但也引起了非法、英族裔团体的不满和愤怒，他们的人口比例之大（近 40%）也足以引起社会的不平静。在多重压力之下，特鲁多总理选择与双文化主义决裂，决定通过一项旨在保护英、法双语同时又尊重各族裔文化传统的政策。1971 年，在充分论证和多方考虑下，特鲁多总理正式宣布，政府决定接受多元文化和多元民族的概念，在加拿大实行多元文化主义政策。他强调：“文化多元主义是加拿大认同的根本。每一个族裔群体都有权在加拿大保留和发展自己的文化和价值。我们有两种官方语言，并不意味着我们有两种官方文化，没有哪一种特别的文化比另一种更具‘官方’性。多元文化主义政策必须是所有加拿大人的政策。”

1971 年出台的《双语框架下的多元文化主义政策》标志着多元文化主义作为加拿大主流社会意识形态的奠基阶段已经完满落幕。此后，加拿大进入了多元文化主义的大发展阶段。在这一阶段中，政府为推动多元文化政策的有效执行设立了很多监督机构，如 1972 年成立的多元文化部。在多元文化部的主导下，加拿大政府为非官方语言教科书、广播和电视建设以及加拿大民族研究和民族史丛书的出版提供资助；帮助新移民子女进入公立学校学习官方语言；为人类学博物馆、公共图书馆、档案馆等文化机构提供专款资助；在部分大学里设立民族学访问学者项目，资助英裔和法裔学者开展多元文化研究，以消弭英、法裔民族对多元文化政策的抵触情绪；设立各种非官方语言教育基金会，资助各种有关多元文化主义的学术研究项目和第三种语言教学等。在美国“肯定性行动”和“伟大社会”施政纲领的影响下，加拿大在联邦和省级政府的各级机构中实行了少数民族雇员配额制，以消除对少数族裔集团在就业方面的歧视行为和现象，保障各族裔集团在政治和经济上的平等权利和地位。1982 年，特鲁多自由党政府重申多元文化主义政策，并在加拿大《1982 年宪法法案》第一章“加拿大权利与自由宪章”中将多元文化主义法律化。该宪章在“平等权利”条款的第 15 条中明确规定：“每个人在法律面前和法律之下一律平等，并且享有平等的法律保护和平等的权益，不受歧视，特别是不受基于种族、国家或民族出身、肤色、宗教、性别、年龄或身心缺陷的歧视。”宪章第 23、27 条规定了少数民族的语言教育权利，并明确指出宪章应按照符合保存和增进加拿大多种文化遗产的方针进行解释。《1982 年宪法法案》表明加拿大将致力于消除种族歧视，建设一个公平的多元文化社会。

1987 年，为满足加拿大多元文化社会的需求，马尔罗尼保守党政府推出多元文化主义八项原则。1988 年，加拿大议会通过《加拿大多元文化主义法》，该法成为国际社会中第一个用以法律形式确认其实行多元文化主义的国家。该法声明：多元文化主义为加拿大民族的基本特征和宝贵资源；加拿大政府承认族裔与文化多样化的合法性并予以保护；承认原住民权利；承认英语和法语为官方语言，但其他语言也可以使用；所有人不论种族、肤色等一律平等；承认少数族裔保守其文化的权利；保障并鼓励少数族裔为民族文化的繁荣作出贡献。该法在生效后成为加拿大融合各族裔社团和保护族裔多元文化的法律工具。在众多的联邦多元文化基金项目中，以 1990 年由加拿大商业发展银行设立的“文化产业发展基金”资助面最广，包括电影电视、多媒体、信息技术、广播、书刊出版等。1991 年，加拿大出台《广播法》，要求广播系统体现加拿大的多元文化特色；2002 年，为承认和庆祝族裔人口和文化多样性，加拿大联邦政府决定每年 6 月 27 日为加拿大多元文化日。至此，多元文化主义作为加拿大立国之本的制度已经完善。①

① 钱皓. 从二元到多元：加拿大文化政策的嬗变与公平社会的建构[J]. 国际观察，2013（3）：63－70.

参考书目

[1] 巴巴拉·L·米勒. 加拿大金融制度. 王海晔，译. 北京：中国金融出版社，2005.

[2] 曾序勇. 加拿大. 上海：上海辞书出版社，1987.

[3] 陈云生. 超越时空——加拿大多元文化主义. 石家庄：河北人民出版社，2000.

[4] 储建国. 当代各国政治体制——加拿大. 兰州：兰州大学出版社，1998.

[5] 戴茸，王晓山. 加拿大文化. 北京：文化艺术出版社，2001.

[6] 董林夫. 加拿大商务文化. 济南：山东大学出版社，2005.

[7] 洪邮生. 加拿大：追寻主权和民族特性. 成都：四川人民出版社，2004.

[8] 姜芃，王昺. 美丽的加拿大. 上海：上海文艺出版社，2006.

[9] 李桂山，朱柯兵. 加拿大多元文化新视野. 北京：机械工业出版社，2012.

[10] 李桂山. 加拿大社会与文化散论. 北京：北京航空航天大学出版社，2008.

[11] 李节传. 加拿大通史. 上海：上海社会科学院出版社，2014.

[12] 李明洁. 加拿大. 乌鲁木齐：新疆人民出版社，2009.

[13] 刘军. 加拿大. 北京：社会科学文献出版社，2010.

[14] 刘艺工. 当代加拿大法律制度研究. 北京：民族出版社，2008.

[15] 刘艺工. 加拿大民商法. 北京：民族出版社，2003.

[16] 罗伯特·博斯韦尔. 加拿大史. 裴乃循，符延军，邢彦娜，耿小岩，译. 北京：中国大百科全书出版社，2012.

[17] 马君潞. 加拿大金融市场. 北京：中国金融出版社，2002.

[18] 钱荣堃，马君璐. 加拿大金融制度. 北京：中国金融出版社，1990.

［19］宋家珩. 枫叶国度——加拿大的过去与现在. 济南：山东大学出版社，1989.
［20］王俊. 加拿大. 长春：东北师范大学出版社，2012.
［21］王立民. 加拿大法律发达史. 北京：法律出版社，2004.
［22］王云弟，刘广臻. 枫林之国的复兴——加拿大百年强国历程. 哈尔滨：黑龙江人民出版社，1998.
［23］吴斐. 加拿大社会与文化. 武汉：武汉大学出版社，2011.
［24］夏申. 发现加拿大：加拿大优势产业导航. 北京：中国商务出版社，2014.
［25］闫长明. 加拿大商务与生活指南. 北京：当代世界出版社，2007.
［26］于洪. 加拿大社会保障制度. 上海：上海人民出版社，2011.
［27］张晓风. 生活在彼岸：加拿大全景介绍. 武汉：中国地质大学出版社，2006.
［28］张友伦. 加拿大通史简编. 天津：南开大学出版社，1994.
［29］邹德浩，李玫. 加拿大. 重庆：重庆出版社，2004.

致　谢

本书中的照片由多位朋友在当地现场拍摄并提供，其中包括加拿大环球通航科技有限公司中国区总裁赵云培先生、加拿大建筑主任设计师郑宁女士、中央新影集团“一带一路”文化交流节目组制片主任郑荣女士和加拿大伦敦理财金融服务公司投资与理财保障顾问梁春秀女士。对外经济贸易大学研究生公玉琪、梁梦溪、刘金立、李博林、李岚、刘志强、马嘉悦、尚沛瑶、杨晋川和周昕同学参与了资料的收集与整理工作。对于他们的支持与贡献，作者在此表示衷心的感谢！